POMUR BOOKS

我
们
一
起
解
决
问
题

弗布克流程设计与工作标准丛书

物流仓储配送管理
流程设计与工作标准

流程设计·执行程序·工作标准·考核指标·执行规范

孙宗虎　编著

人民邮电出版社

北　京

图书在版编目（CIP）数据

物流仓储配送管理流程设计与工作标准 ： 流程设计
·执行程序·工作标准·考核指标·执行规范 / 孙宗虎
编著. -- 北京 ： 人民邮电出版社，2020.12（2022.1重印）
（弗布克流程设计与工作标准丛书）
ISBN 978-7-115-55395-9

Ⅰ．①物… Ⅱ．①孙… Ⅲ．①物流管理 Ⅳ.
①F252

中国版本图书馆CIP数据核字(2020)第230847号

内 容 提 要

这是一本关于物流仓储配送管理人员如何干好工作的图书。本书始于流程，细说过程，关注全程，
附带规程，成于章程，体现了很强的操作性和实务性。

本书在介绍流程与流程管理的基础上，详细介绍了物流战略分析与选择管理、物流服务定价管理、
物流服务营销管理、物流订单与合同管理、物流包装管理、物流仓储管理、物流客户服务管理、物流服
务质量管理、物流服务成本管理、物流信息系统管理、物流组织与绩效管理等 12 大工作事项。

本书适合企业中高层管理人员、物流仓储配送管理从业者，尤其是物流仓储配送管理流程设计者阅
读，也适合高等院校物流仓储配送管理专业师生、培训和管理咨询人员阅读与使用。

◆ 编　 著　 孙宗虎

责任编辑　 程珍珍

责任印制　 彭志环

◆ 人民邮电出版社出版发行　　北京市丰台区成寿寺路 11 号
邮编　100164　　电子邮件　315@ptpress.com.cn
网址　https://www.ptpress.com.cn
北京虎彩文化传播有限公司印刷

◆ 开本：787×1092　1/16
印张：16.5　　　　　　　　　2020 年 12 月第 1 版
字数：400 千字　　　　　　　2022 年 1 月北京第 2 次印刷

定价：79.00 元

读者服务热线：(010)81055656　印装质量热线：(010)81055316
反盗版热线：(010)81055315
广告经营许可证：京东市监广登字 20170147 号

"弗布克流程设计与工作标准丛书" 序

"弗布克流程设计与工作标准丛书"自 2007 年上市以来得到了广大读者的认可，其间，结合广大读者提出的许多宝贵意见和管理发展现状，我们对这套书进行了改版，在此我们向通过邮件、电话给我们提出意见、指出错误的热心读者深表谢意！

为了满足广大读者细化内容、增强标准的实用性、添加考核指标、提供执行规范、更新业务流程的诉求，我们对本丛书中的 15 本图书进行了再次修订。

在借鉴前两版的基础上，我们对本丛书进行了全新的设计，务求根据读者的新诉求、管理的新变化、业务的新形态、技术的新发展，以流程化、标准化、绩效化和规范化为中心，直面企业的管理和业务两大类工作，提供工作流程，设计范本，细化包括执行程序、工作标准、考核指标、执行规范在内的整体工作解决方案，以实现向工作要效率、向管理要效能、向结果要价值的目标。

本丛书通过流程、程序、标准、指标和规范，将完成一项工作的所有过程要素"逐一细化，一网打尽"，从而帮助管理者、业务执行者能够更系统、更规范、更有效地完成工作任务，实现工作目标，倍增工作价值。

工作流程：让执行有导图可看，有路径可鉴。

工作程序：让执行有步骤可依，有重点可抓。

工作标准：让执行有依据可参，有尺度可量。

工作指标：让执行有结果可考，有效益可算。

工作规范：让执行有制度可循，有方案可用。

本丛书的写作始于流程，细说过程，关注全程，附带规程，成于章程。通过流程、过程、全程、规程，最终形成关于各项工作的章程。

始于流程：对每一项工作都绘制了工作流程图，将工作显性化、程序化、阶段化。

细说过程：对每个程序步骤都给出了重点提示，将工作关键化、细节化、重点化。

关注全程：对工作的进展和目标达成全程关注，将工作阶段化、进程化、成果化。

附带规程：对每项工作都附带了相关制度规范，将工作制度化、规范化、方案化。

成于章程：通过对工作的 360 度解析，最终形成一系列关于工作规则的规范性文书。

在修订图书的过程中，我们也考虑了技术变化对工作的影响，并将新技术对工作方式、工作方法、工作流程的改变，尽力体现在相关的流程、程序、标准、指标和规范的设计中。

本丛书试图通过完美的设计，并兼顾技术发展对工作的影响，为读者提供贴合工作实际的管理内容，以达成**"人与事的完美结合"，**实现从**"如何做"**向**"如何有效地做"**的转变，最终为读者提供一套关于**"干工作、干好工作、追求卓越工作"**的有效解决方案。

我们希望本丛书能够为您的管理工作减少一些流程设计方面的麻烦，为您提供流程设计方面的帮助，并为您和您的企业在工作规范化方面提供完备的章程。

您的意见对我们下次改版非常重要！再次期待您的宝贵建议！

2020 年 6 月

前言

《物流仓储配送管理流程设计与工作标准：流程设计·执行程序·工作标准·考核指标·执行规范》是"弗布克流程设计与工作标准丛书"中的一本。这本书围绕物流仓储配送管理工作的流程设计，辅以相应的工作标准，将物流仓储配送管理 12 大事项的执行工作落实到具体的流程上，既解决了"由谁做""做什么"的问题，也解决了"如何有效地做、按照什么标准做"的问题。本书提供了一套关于物流仓储配送管理人员如何干工作、干好工作、追求卓越工作的有效解决方案。

为符合当前企业发展的大趋势及精细化管理的需求，本书在之前版本的基础上做了大量修订，具体如下所述。

一、重构了流程体系，使逻辑关系更清晰

首先，从整体内容结构上，本书重新梳理了流程的顺序，从"服务"与"管理"两大维度将物流仓储配送管理工作划分为物流战略分析与选择管理、物流服务定价管理、物流服务营销管理、物流订单与合同管理、物流包装管理、物流仓储管理、物流客户服务管理、物流服务质量管理、物流服务成本管理、物流信息系统管理、物流组织与绩效管理等 12 大工作事项，梳理了物流仓储配送管理的工作内容，使物流仓储配送管理流程更加符合当今企业的实际情况。

其次，根据梳理后的物流仓储配送管理流程体系，结合当今企业更加务实地推动流程管理的需要，本书又增补了一些新的流程和工作标准，进一步细化了物流仓储配送管理的具体工作事项，使物流仓储配送管理流程更加全面、详细，便于企业将流程管理应用到物流仓储配送管理的每一个具体事项上。

最后，为方便企业推动流程管理或应用本书推动流程再造，本书的每一章都新设了一节内容，即在介绍流程设计之前，先对流程设计的目的或流程在企业中发挥的作用进行了说明，并给出了本章流程之间的内在逻辑关系，为企业选用本书介绍的相关流程提供决策依据。

二、细化了管理过程，使内容更翔实

（1）对于某一个具体的流程，本书按企业运行实际重新梳理或更新流程的步骤，进一步细化、补充了流程中节点事项的工作标准，使物流仓储配送管理流程、工作标准更加符合物流仓储配送管理的实际工作需要，方便企业相应部门的员工"拿来即用"。

（2）本书还针对物流仓储配送管理流程中关键事项的落实与执行设计了相应的考核指标与操作说明，为流程中关键事项的执行效果提供考核依据，从而确保流程与工作标准能够得到高效执行，最终为企业推动流程管理提供有力的保障。

三、根据管理现状编写，使企业能据实而作

本书提供的是"参照式"流程设计范本。随着企业管理水平的不断提高，企业的流程与工作标准也在不断地发生变化，因此，读者在应用本书时可参考以下建议。

（1）读者可根据所在企业的实际情况，适当修改或重新设计书中提供的物流仓储配送管理流程与工作标准，使之更加适合本企业的情况。

（2）读者可参照本书中的流程，将所在企业每个部门内每个岗位的工作流程适当压缩，力求达到流程再造的目的，以提高企业的运营效率。

（3）读者要在实践中不断改进已经形成的工作流程，真正做到因需而变、高效管理、高效工作，最终达到"赢在执行"的目标。

最后，衷心希望本书能为企业在物流仓储配送管理方面推动流程管理提供业务运用层面的指导和实务性的解决方案。

再次感谢数以万计的读者对本书的支持与厚爱，没有你们这些实践专家，就不会有对本书的这些改进和修补！

目录 Contents

第 2 章　物流战略分析与选择管理

第 5 章 物流订单与合同管理

第6章　物流包装管理

第7章　物流仓储管理

第8章　运输、装卸、搬运与配送管理

目录

第9章 物流客户服务管理

第 10 章　物流服务质量管理

目录

第 11 章　物流服务成本管理

第 12 章　物流信息系统管理

第 13 章　物流组织与绩效管理

目录

物流仓储配送管理 流程设计与工作标准

第1章 流程与流程管理

管理的核心目标是用制度管人，按流程做事。不论是制度设计，还是流程设计，都是每一个企业要开展的工作，而且是每年都要循环开展的工作。

企业在进行流程设计之前，应先对流程的概念有一个清晰的认识，并在此基础上掌握流程图绘制的方法，选好绘制工具，然后着手设计。同时，企业要根据自身的运营情况，及时对流程进行修改、调整和再造。

1.1 流程

1.1.1 流程的定义

关于流程，不同的人有不同的看法。有人认为，流程就是程序，其实，"流程"和"程序"是两个互相关联但绝不等同的概念。"程序"体现出一件工作中若干作业项目哪个在前、哪个在后，即先做什么、后做什么。而在"流程"中，除了体现出先做什么、后做什么之外，还体现出每一项具体任务是由谁来做，即甲项工作由谁负责，乙项工作由谁负责等，从而反映出他们之间的工作关系。

只有通过流程，才能把一件工作的若干作业项目或工作环节，以及责任人之间的相互工作关系清晰地表示出来。

一般情况下，企业流程有以下五大特征：

（1）流程是为达成某一结果所必需的一系列活动；

（2）流程活动是可以被准确重复的过程；

（3）流程活动集合了所需的人员、设备、物料等；

（4）流程活动的投入、产出、品质和成本可以被衡量；

（5）流程活动的目标是为服务对象创造更多的价值。

我们不妨给流程下一个定义："流程就是为特定的服务对象或特定的市场提供特定的产品或服务所精心设计的一系列活动。"

流程包括六大要素，即输入的资源、活动、活动的相互作用（结构）、输出的结果、服务对象和价值。流程的基本模式如图1-1所示。

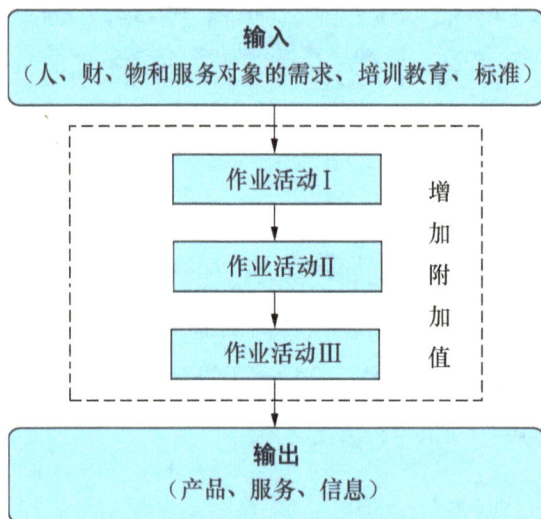

图 1-1　流程的基本模式

1.1.2　流程的分类

企业流程可分为决策流程、管理流程和业务流程三大类，具体内容如表1-1所示。

表 1-1　企业流程的分类

序号	类别	定义	特点／构成
1	决策流程	◎能确保企业达到战略目标的流程 ◎确定企业的发展方向和战略目标，整合、发展和分配企业资源的过程	◎股东、董事、监事会等组建流程 ◎战略、重大问题及投资流程 ◎企业决策流程的构成如图1-2所示
2	管理流程	◎企业开展各种管理活动的相关流程 ◎通过管理活动对企业业务的开展进行监督、控制、协调、服务，间接为企业创造价值	◎上级组织对下级组织的管控流程 ◎资源配置流程（人、财、物以及信息） ◎企业管理流程的构成如图1-3所示
3	业务流程	◎直接参与企业经营运作的相关流程 ◎安排完成某项工作的先后顺序，对每一步工作的标准、作业方式等内容做出明确规定，主要解决"如何完成工作"这一问题	◎涉及企业"产、供、销"环节 ◎包括核心流程和支持流程 ◎企业业务流程的构成如图1-4所示
备注	从企业经营活动角度来说，企业流程又可分为战略流程、经营流程和支持流程		

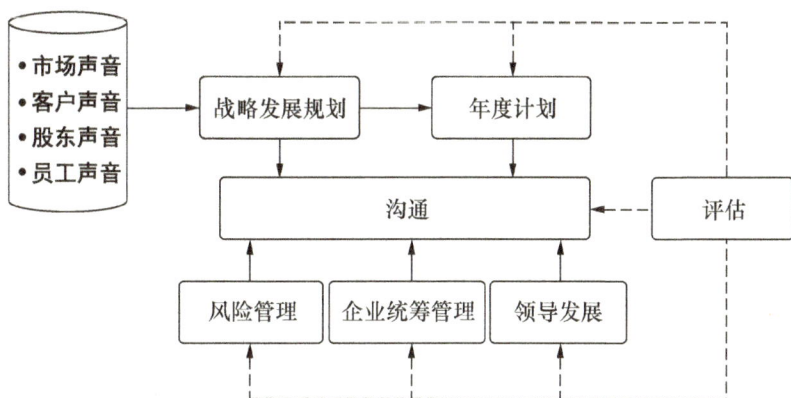

图1-2　企业决策流程的构成

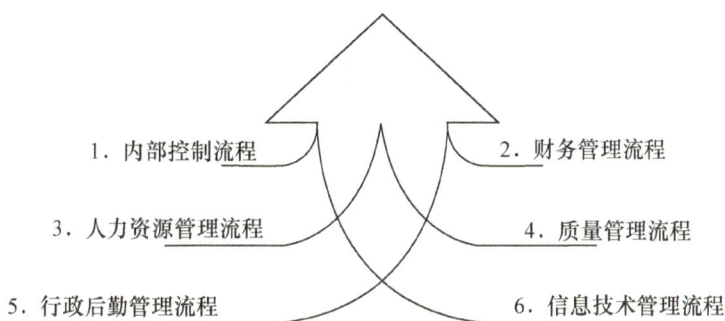

图1-3　企业管理流程的构成

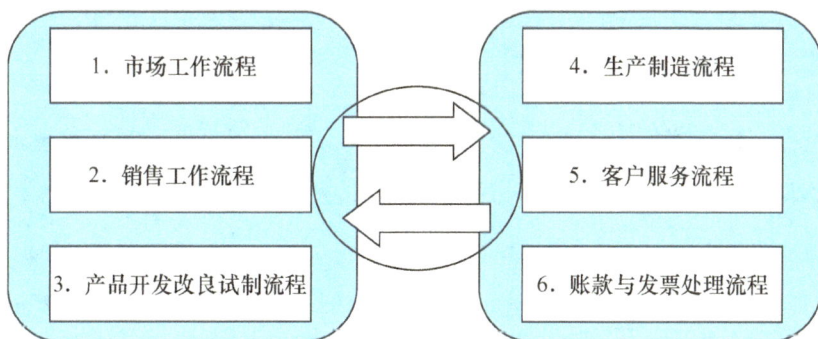

图1-4　企业业务流程的构成

1.1.3　流程的层级

为便于对各类流程进行管理，我们通常将企业内部流程分为三个层级，即企业级流程、部门级流程和岗位级流程，具体内容如图1-5所示。

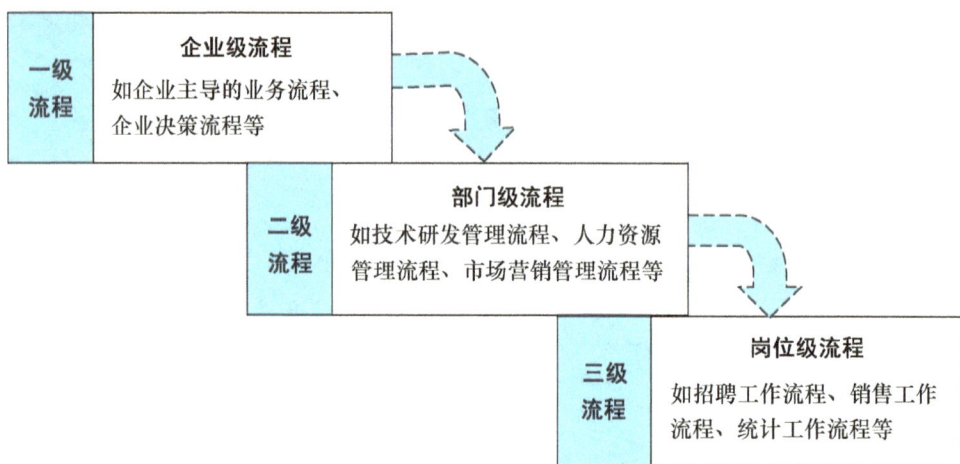

图 1-5　企业内部流程的层级

企业内部各级流程之间的关系是环环相扣的，上一级别流程中的某个节点在下一级别可能就会演化成另一个流程。

例如，在二级流程的人力资源管理流程中，招聘工作只是其中的一个节点，而它又会演化成三级流程中的招聘工作流程。

1.2　流程管理

1.2.1　流程管理的含义分析

企业进行流程管理是为了优化企业内部的各级流程，帮助企业提高管理水平，并通过优化的流程创造更多效益。因此，流程管理可被理解为是从流程角度出发，关注流程能否"为企业实现增值"的一套管理体系。

从客户角度来说，客户愿意付费/购买就能带来增值。但从企业角度来说，"增值"可以被理解为但不限于以下六种情况：

（1）效益提升，投资回报率上升；

（2）工作效率提高，业绩提升；

（3）工作质量、产品/服务质量提升；

（4）各种浪费减少，经营成本降低；

（5）沟通顺畅，办公氛围和谐、向上；

（6）品牌价值提升，知名度提升。

企业流程管理主要是对企业内部进行革新，解决职能重叠、中间层次多、流程堵塞等问题，使每个流程从头至尾责任界定清晰，职能不重叠、业务不重复，达到缩短流程周期、节约运作成本的目的。

1.2.2 流程管理的目标分析

流程管理是按业务流程标准，在职能管理系统授权下进行的一种横向例行管理，是一种以目标和服务对象为导向的责任人推动式管理。

流程管理的目标分析说明如表1-2所示。

表1-2 流程管理的目标分析说明

项次	分析项	具体描述
1	流程管理的最终目的	◎提升客户满意度，提高企业的市场竞争能力 ◎提升企业绩效
2	流程管理的宗旨	◎通过精细化管理提高管控程度 ◎通过流程优化提高工作效率 ◎通过流程管理提高资源的合理配置程度 ◎快速实现管理复制
3	流程管理的总体目标	管理者依据企业的发展状况制定流程改善的总体目标
4	总体目标分解	在总体目标的指导下，制定每类业务或单位流程的改善目标
5	流程管理的工作标准与要求	◎保证业务流程面向客户，管理流程面向企业目标 ◎流程中的活动都是增值的活动 ◎员工的每一项活动都是实现企业目标的一部分 ◎流程持续改进
6	流程管理在企业发展各阶段的具体目的	企业需要根据自身发展阶段和遇到的具体问题对流程管理有所侧重 ◎梳理：工作顺畅，信息畅通 ◎显化：建立工作准则，便于员工查阅、了解流程，便于员工之间沟通并发现问题，便于员工复制流程及对流程进行管理 ◎监控：找到监测点，监控流程绩效 ◎监督：便于上级对工作进行监督 ◎优化：不断改善工作，提升工作效率

1.2.3 流程管理工作的三个层级

总体来说，企业流程管理工作包括三个层级，即流程规范、流程优化和流程再造。各个层级的主要内容及适用情况如表 1-3 所示。

表 1-3　流程管理工作三个层级的主要内容及适用情况

层级划分	主要内容	关键输出	适用时机 / 阶段
第一层级 流程规范	整理企业流程，界定流程各环节的工作内容及相互之间的关系，形成业务的无缝衔接	◎流程清单 ◎流程体系框架图 ◎各流程图	适合所有企业的正常运营时期
第二层级 流程优化	流程的持续优化过程，持续审视企业的流程，不断完善和强化企业的流程体系	◎流程诊断表 ◎流程清单（新） ◎流程体系框架图（新） ◎各流程图（新）	适合企业任何时期
第三层级 流程再造	重新审视企业的流程和再设计	◎流程再造分析报告 ◎流程清单（新） ◎流程体系框架图（新） ◎各流程图（新）	适合企业变革时期，以适应企业变革阶段治理结构的变化、战略改变、商业模式变化，以及出现的新技术、新工艺、新产品、新市场等情况

需要注意的是，在流程建设管理工作中，企业应遵循"点面结合"的原则，在加强流程管理体系整体建设（面）的同时持续改进具体流程内容（点）。

1.3　流程管理工作的开展

1.3.1 项目启动

为确保流程能够满足企业战略发展的要求，企业需要从全局视角开展流程管理工作，构建企业流程体系框架，找到关键流程，设计出符合企业实际和发展需求的流程与流程体系。

企业可组建流程建设项目小组，启动流程建设项目的工作指引，具体内容如表 1-4 所示。

表 1-4　启动流程建设项目的工作指引

步骤	步骤细分	具体说明	责任主体	输出
启动流程建设项目	成立项目小组	具体参见表 1-5	流程管理部门	◎项目小组成员名单及职责说明 ◎项目工作计划
	选择规划工具或方法	包括基于岗位职责的建设方法（从下到上）、基于业务模型的建设方法（从下到上）和借助第三方（咨询公司）的流程建设方法等	流程管理部门	
	制订工作计划	明确项目里程碑，确定各项具体工作清单与步骤及其责任主体，可使用甘特图	流程规划项目组	◎规划项目操作指引 ◎会议记录/纪要
	发布项目操作指引	包括项目简介、工作计划、成员名单及职责、建设步骤方法、各步骤的详细操作说明、流程图模板、案例、已有流程清单、项目组激励方案等	流程管理部门	
	召开项目启动会	会议重点是项目整体介绍、背景及理念、角色与职责定位、总体计划、项目最终成果及意义等	流程管理部门	
备注	本阶段常用的工具或方法有甘特图、项目管理法等			

流程建设工作需要得到企业领导层的重视与支持，项目小组的组建及成员构成如表 1-5 所示。

表 1-5　流程建设项目小组的组建及成员构成

角色定位	成员构成	主要职责
企业流程管理委员会	由企业高层领导组成，如总经理、各主管副总等，成员人数控制在 3~5 人	◎提供资源支持 ◎任命建设项目经理 ◎审核建设项目计划 ◎参与关键问题决策 ◎参与关键环节的建设及决策

角色定位	成员构成	主要职责
流程建设项目经理	可由流程管理部门经理担任，也可考虑增设项目副总，由相关部门经理担任	◎编制项目计划 ◎监督项目成员完成目标 ◎评估项目成员工作表现
项目助理	可由流程管理部门人员担任	协助项目经理管理项目日常工作，如整理文档等
成员（各部门负责人）	项目成员应具有丰富的工作经验，多为各部门负责人，由其参与部门流程建设工作；也可指派部门人员参与项目小组的工作。各业务部门的流程应统一建设	◎根据项目计划，组织本部门完成相应的流程建设工作 ◎参与本部门流程图和企业全景流程图的绘制，宣贯和应用流程建设成果
成员（流程管理部门的人员）	流程管理部门的工作人员均应参与到项目中来	负责流程建设方法、工具的开发及各部门的相关培训与指导工作

1.3.2 识别流程

在识别流程阶段，企业需要做的是识别本企业有哪些流程，编制流程清单，界定流程之间的界限及为流程命名，帮助企业从流程的视角弄清企业管理现状，为后续的流程建设、每个流程的具体描述提供良好的基础。

由于各部门流程识别、流程清单的梳理对之后的工作至关重要，因此这项工作一般应由各部门领导牵头组织，先整理出部门业务流程主线，明确本部门的关键环节和核心业务，进而确定主要业务流程及流程之间的关系。识别流程阶段的工作指引如表1-6所示。

表1-6　识别流程阶段的工作指引

步骤	步骤细分	具体说明	责任主体	输出
识别流程	流程建设培训	流程管理部门对各部门进行流程建设方面的培训，培训的重点是如何使用各种表格等，具体内容包括项目简介、涉及的概念、目的和产出、职责划分、建设步骤、表格编制、工作计划、答疑等	流程管理部门	◎培训课程 ◎培训计划 ◎部门流程清单 ◎企业流程清单（参见表1-7）

步骤	步骤细分	具体说明	责任主体	输出
识别流程	各部门流程识别	进行部门内岗位分析、业务线分析；将职责分解，细化到岗位、业务活动，并按活动的先后顺序排列，提炼出流程；界定流程的上下接口、输入输出及责任主体；汇总部门内流程，编制部门流程清单	各部门，包括岗位代表人员、部门负责人	◎培训课程 ◎培训计划 ◎部门流程清单 ◎企业流程清单（参见表1-7）
	编制企业流程清单	流程管理部门汇总各部门流程清单，与各部门充分沟通，删除重复流程，查漏补缺，形成企业流程清单	流程管理部门	
备注	本阶段常用的工具及方法有战略地图、业务单元分析法、部门职能分析法、岗位工作分析法等			

1.3.3　构建流程清单

流程建设项目小组在本阶段的主要任务是与各部门进行沟通、讨论，对企业流程进行分类和分级，构建企业流程框架，输出企业流程清单，具体内容如表1-7所示。

表1-7　企业流程清单

序号	一级流程	二级流程	三级流程	归口管理部门	流程状态
备注	流程状态的填写说明：1代表流程已有且有效；2代表流程已有，待梳理；3代表无文件，待设计梳理				

1.3.4　评估流程重要程度

本阶段的工作任务是评估企业流程的重要程度，识别出关键流程、核心流程等，将其作为流程设计、运行管理、优化再造工作的重点，以提高企业流程建设工作的效率和效益。

企业的所有活动都是为了提高客户的满意度，实现价值，企业流程重要程度的衡量标准是流程的增值性。一般情况下，直接与客户产生业务关系的流程（如售后服务流程）、与企业核心竞争力相关的流程（如产品质量管理流程）等为企业的重要流程。

表 1-8 为某公司流程建设项目的流程重要程度评估分析表，供读者参考。

表 1-8　某公司流程建设项目的流程重要程度评估分析表

流程名称	与客户相关度（30%）	与整体绩效相关度（30%）	与战略相关度（25%）	流程横向跨度（15%）	评估得分	重要程度等级
××××流程	60	60	60	60	60	
用表说明	1. 以"××××流程"的评估为基准，其他各流程与之对比 2. 各评估项单项总分为 100 分，各单项评分乘以权重后的"和"为总分 3. 重要程度评估根据最终评分结果，采取强制百分比法，排名前 5% 的为 A 级流程，排名前 5% ~ 20%（包含）的为 B 级流程，排名前 20% ~ 30%（包含）的为 C 级流程，排名前 30% ~ 50%（包含）的为 D 级流程，其他为 E 级流程 4. 评级结果为 A、B、C 级的流程要重点管理					

1.3.5　完善体系框架

完成流程重要程度评估分析后，企业需要在流程清单的基础上进一步完善流程体系框架，标注流程的重要程度等级，具体内容如表 1-9 所示。

表 1-9　企业流程的重要程度等级

一级流程	二级流程	三级流程	归口管理部门	流程状态
××××流程（B 级）	××××流程（B 级）	××××流程（A 级）		
		××××流程（B 级）		
	××××流程（C 级）	××××流程（C 级）		
		××××流程（D 级）		

1.3.6 进行流程设计

企业在进行流程设计时，可遵循以下七个步骤。

第1步：界定流程范围

流程设计的第 1 步是界定流程范围，即确定信息的输入和输出。

在这一环节，企业需要回答以下几个问题。

- 有哪些流程业务活动？
- 流程从何处开始、何处终止？
- 流程的输入和输出是什么？
- 输出的成果交给谁（客户）？
- 客户有何要求？

在此，我们以设计"外部招聘管理流程"为例，来说明流程范围界定，具体内容如表 1-10 所示。

表 1-10　外部招聘管理流程范围界定

流程名称	外部招聘管理流程	流程编号	
流程责任部门/责任人	人力资源部 / 招聘主管	流程对应客户	各用人部门
本流程业务活动	人力资源部招聘、面试、录用管理工作		
流程开始	招聘需求	流程结束	录用决策、签订劳动合同
流程输入	已批准的招聘计划、临时招聘需求	流程输出	面试评估报告、劳动合同
流程客户要求（目标）	1. 期限内完成招聘任务 2. 人岗匹配		

第2步：确定流程活动的主要步骤

流程设计人员在界定完流程范围后，接下来需要进行调查分析，确定本流程活动的主要步骤，操作方法如图 1-6 所示。

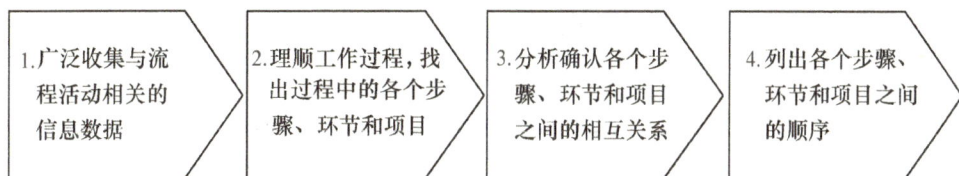

图 1-6　确定流程活动的主要步骤

我们以设计"外部招聘管理流程"为例，其主要步骤（参见表1-11）包括招聘需求汇总、招聘岗位分析与条件确定、发布招聘信息、简历收取与筛选、面试与评估、做出录用决策、签订劳动合同及试用期管理等。

第3步：步骤详细说明

本阶段应针对已确定的流程活动的主要步骤进行分析和描述，需要完成的工作如下：

- 分析每一个步骤的输入、输出（成果）；
- 明确后续步骤的客户要求；
- 确定每一步骤工作／活动的检查、考核、评估指标；
- 确定每一步骤涉及的部门／人员，明确其责任、权限和资源需求；
- 确定本流程的层次及与上下层级之间的关系。

我们仍以设计"外部招聘管理流程"为例，本阶段流程活动的主要步骤及具体描述如表1-11所示。

表1-11　外部招聘管理流程活动的主要步骤及具体描述

流程名称	外部招聘管理流程	流程编号	
流程责任部门／责任人	人力资源部／招聘主管	流程对应客户	各用人部门
本流程业务活动	人力资源部招聘、面试、录用管理工作		
流程开始	招聘需求	流程结束	录用决策、签订劳动合同
流程输入	已批准的招聘计划、临时招聘需求	流程输出	面试评估报告、劳动合同
流程客户要求（目标）	1. 期限内完成招聘任务 2. 人岗匹配		

流程步骤	步骤描述	重要输入	重要输出
招聘需求汇总	人力资源部在经过批准的年度招聘计划指导下，按时进行计划内的人员招聘工作	招聘计划	—
	计划外招聘需由部门提出招聘申请并拟定上岗要求和资格条件，报总经理或相关副总经理审核	岗位说明书	招聘岗位清单
招聘岗位分析与条件确定	人力资源部根据当时的市场薪资行情和企业薪资架构体系，初步拟定待招聘的职位等级及基本薪资范围	—	—

流程步骤	步骤描述	重要输入	重要输出
招聘岗位分析与条件确定	根据待招聘职位的高低，呈交相应的决策层核准，之后正式启动招聘工作 ◎部门经理及以上管理职位由总裁核准 ◎部门主管及主管以下职位由分管人力资源副总经理核准	—	—
发布招聘信息	通过内外部多种渠道发布招聘信息，同时收集人才资料，可经由下列方式进行 ◎刊登内部职位空缺公告 ◎刊登报纸广告 ◎接洽人才中介机构 ◎请高校推荐 ◎参加人才交流会等	岗位说明书	招聘广告
简历收取与筛选	人力资源部收到应聘者的各项资料后，先进行初步审核，审阅其学历、经验是否符合企业要求，再将审核通过的应聘者的资料转交用人部门进一步审核，通过书面资料审核淘汰一部分不符合岗位要求的应聘者	应聘简历	面试人员清单
面试与评估	由人力资源部主导，对通过审核的应聘者进行笔试及面试，从人员的基本素质方面进行评估，筛选出符合要求的应聘者	面试清单	面试记录 面试评估表
	在人力资源部的协助下，由相关业务部门的人员对应聘者进行专业技能考核	—	面试评估表
	◎主管级别及以下职位由副总经理进行最终面试 ◎部门经理及以上管理职位由总经理进行最终面试	—	面试评估表
做出录用决策	根据企业高层领导及用人部门的意见，人力资源部告知被录用者其最终职位和薪资金额	—	—
	将其他优秀但未被录用的应聘者的资料存入人才库	—	人才库
	通过面试的应聘者必须参加体检，体检未通过者不予录用	—	体检报告
签订劳动合同	人力资源部发出录用通知单，与被录用者签订劳动合同，并根据招聘/录用管理制度为被录用者办理相关的入职手续	—	劳动合同

第一章 流程与流程管理

流程步骤	步骤描述	重要输入	重要输出
试用期管理	执行试用期管理流程	—	—
考核评估方法	招聘任务是否按期完成、招聘人数完成率、招聘计划出错次数、招聘广告出错次数等		

第 4 步：选择流程形式

根据流程的分类、层级、复杂程度，以及流程活动的内部关联性等因素，企业流程主要有四种展现形式，即箭头式流程图、业务流程图、矩阵式流程图和泳道式流程图。

☆ 箭头式流程图

箭头式流程图的特点是直观、一目了然，适用于企业员工都熟悉流程中各项作业概况的情况或流程中各项作业任务较简单的情况。箭头式流程图的示例如图 1-7 所示。

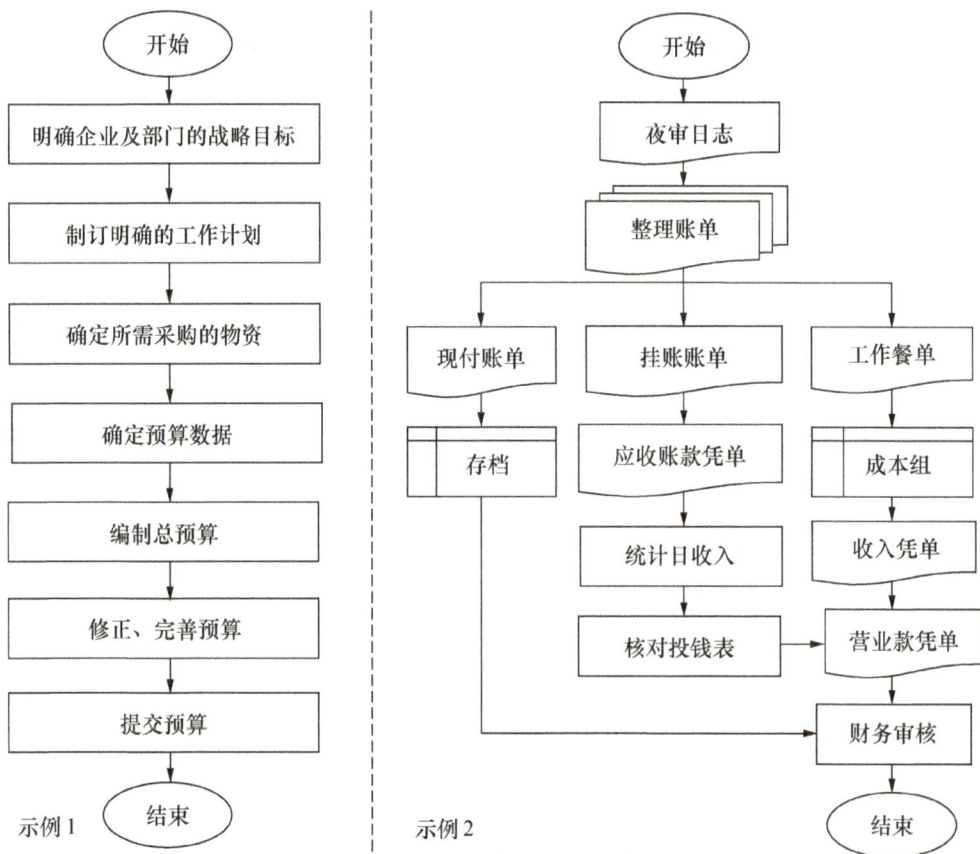

图 1-7　箭头式流程图的示例

企业在设计箭头式流程图时，需要注意以下两个问题。

● 在图中明确执行主体，如果是单一的执行主体，可将执行主体省略。

● 用简洁的语言对流程图中的主要活动进行解释说明，以进一步明确活动要求和指令。

☆ 业务流程图

在业务流程图中，需要明确流程的上下执行主体、活动内容、要求及指令，并将要求和指令用统一的语言表达出来。流程活动的承担者之间必须是平等、互助、尊重、关怀的关系。业务流程图的示例如图1-8所示。

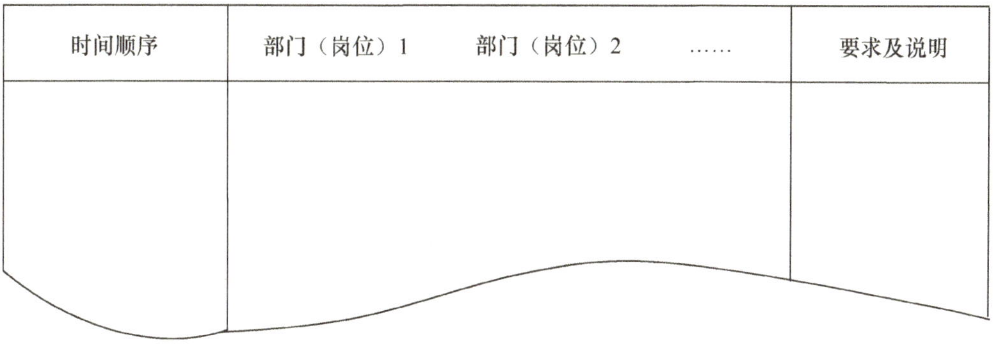

时间顺序	部门（岗位）1	部门（岗位）2	要求及说明

图1-8　业务流程图的示例

☆ 矩阵式流程图

矩阵式流程图有纵、横两个方向的坐标，它既解决了先做什么、后做什么的问题，又明确了各项工作的具体责任人。矩阵式流程图的示例如图1-9所示。

☆ 泳道式流程图

与矩阵式流程图相似，泳道式流程图也是通过纵、横双向坐标来设计流程，纵向为分项工作任务，横向是承担任务的部门、岗位（即执行主体）。

这种流程图样式与其他流程图类似，但在业务流程的执行主体上，主要通过泳道（纵向条）区分执行主体。泳道式流程图的示例如图1-10所示。

第5步：绘制流程草图

流程图的绘制是指流程设计人员将流程设计或流程再造的成果以书面形式呈现出来。

单位名称	质量管理部	流程名称	制程质量检验工作流程
层级	3	任务概要	制程质量检验

主体	质量管理部经理	质检专员	生产部	生产车间
节点	A	B	C	D

1	开始
	实施常规检验 ← 参与 ← 协助
2	分析检验结果
3	判断是否存在问题 — 否
	是
	限期整改 → 查找原因 ← 配合
4	否 安排整改 → 实施整改
5	复检是否合格
	是
	审批 ← 编制质量报表
6	资料归档
	结束

企业名称		密级		共　　页第　　页
编制单位		签发人		签发日期

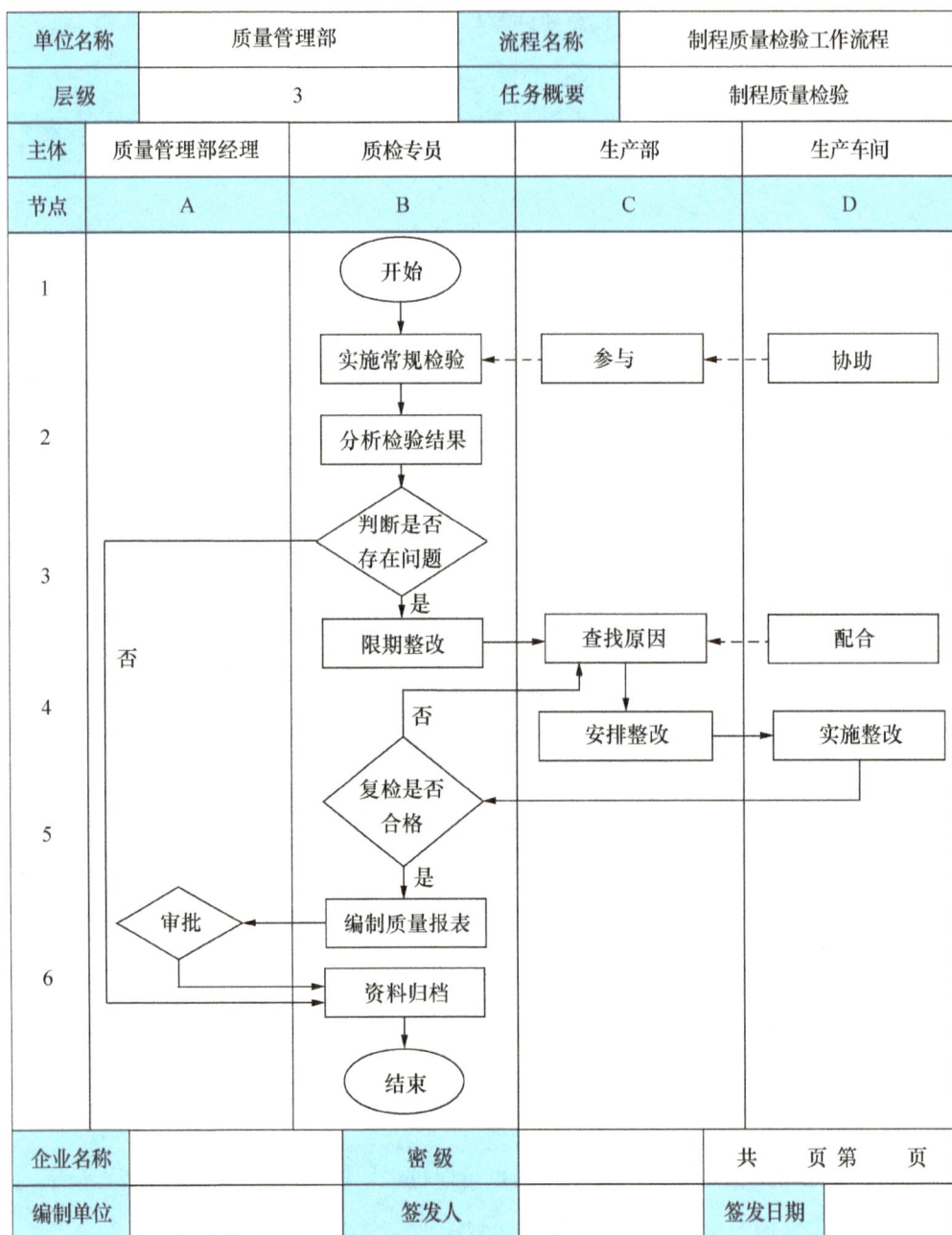

图 1-9　矩阵式流程图的示例

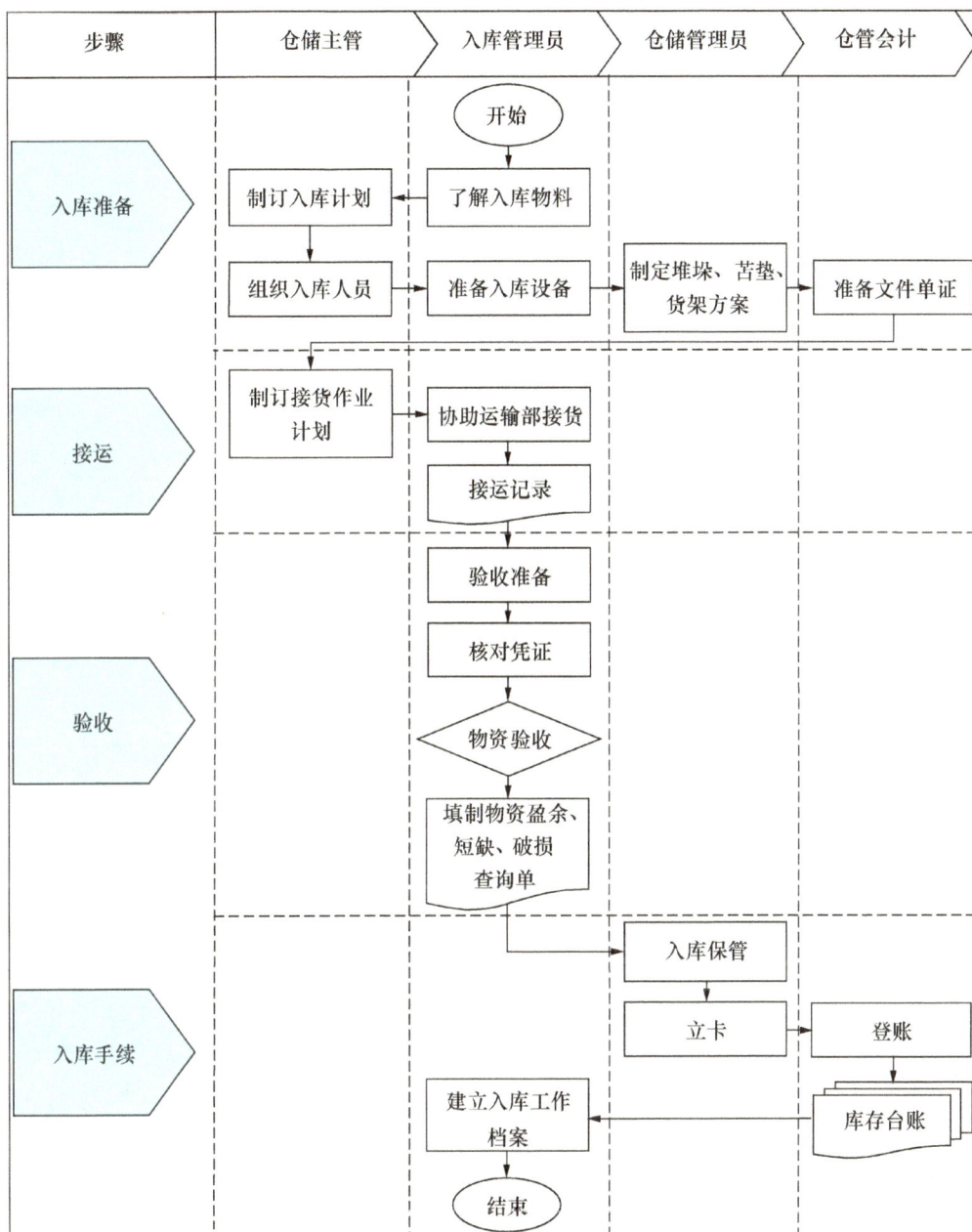

图 1-10　泳道式流程图的示例

步骤	仓储主管	入库管理员	仓储管理员	仓管会计
入库准备	制订入库计划 组织入库人员	开始 了解入库物料 准备入库设备	制定堆垛、苫垫、货架方案	准备文件单证
接运	制订接货作业计划	协助运输部接货 接运记录		
验收		验收准备 核对凭证 物资验收 填制物资盈余、短缺、破损查询单		
入库手续	建立入库工作档案 结束		入库保管 立卡	登账 库存台账

第 1 章　流程与流程管理

☆ **绘制工具的选择**

绘制流程图常用的工具有 Word、Visio 等，这两个工具各有各的特点（见表 1–12），流程图设计人员可根据本企业流程设计的要求、个人的使用习惯等自由选择。

表 1-12 常用的流程图绘制工具

工具名称	工具介绍
Word	1. 普及率高 2. 方便发排、打印及流程文件的印制 3. 绘制的图片清晰，文件量小，容易复制到移动存储器中，容易作为电子邮件进行收发 4. 较费时，绘制难度较大 5. 与其他专用绘图软件相比，绘图功能不够全面
Visio	1. 专业的绘图软件，附带相关建模符号 2. 通过拖曳预定义的图形符号很容易组合图表 3. 可根据本单位流程设计需要进行组织的自定义 4. 能绘制一些组织复杂、业务繁杂的流程图

☆ **流程绘制符号**

美国国家标准学会（ANSI）规定了流程设计中绘制流程图的标准符号，常用的流程绘制符号如表 1–13 所示。

表 1-13 常用的流程绘制符号

序号	符号名称	符号
1	流程的开始或结束	⬭
2	具体作业任务或工作	▭
3	决策、判断、审批	◇
4	单向流程线	→

序号	符号名称	符号
5	双向流程线	
6	两项工作跨越、不相交	
7	两项工作连接	
8	作业过程中涉及的文档信息	
9	作业过程中涉及的多文档信息	
10	与本流程关联的其他流程	
11	信息来源	
12	信息储存与输出	

实际上，流程绘制的标准符号远不止表 1–13 所列的这些。但是，流程图的绘制越简洁、明了，操作起来就越方便，企业也更容易接受和落实；符号越多，流程图就越复杂，越难以落实到位。所以，一般情况下，企业使用 1~4 项流程绘制的标准符号就基本可以满足绘制流程图的需要了。

☆ 绘制草图

不同的流程展现形式体现了不同层次的流程。例如，一二级流程适合用矩阵式流程图和泳道式流程图呈现，而三级流程中的部分业务流程适合用箭头式流程图和业务流程图呈现。

值得一提的是，流程设计人员在绘制流程图的过程中，需要确定该流程与上下游流程之间的接口，以及与规范流程运行要求相关联的制度之间的关系，并根据实际情况尽量将其在流程图中反映出来，如流程图中可根据流程节点给出相应的制度、表单等。

第6步：流程意见反馈

流程图绘制完成后，需要通过意见征询、试运行等方式获得相关意见和建议，发现不足和纰漏，以便对其做出进一步修改和完善，直至最终定稿。

针对初步绘制的流程图，流程设计人员可通过以下三种方式征求各方的意见，具体内容如图1-11所示。

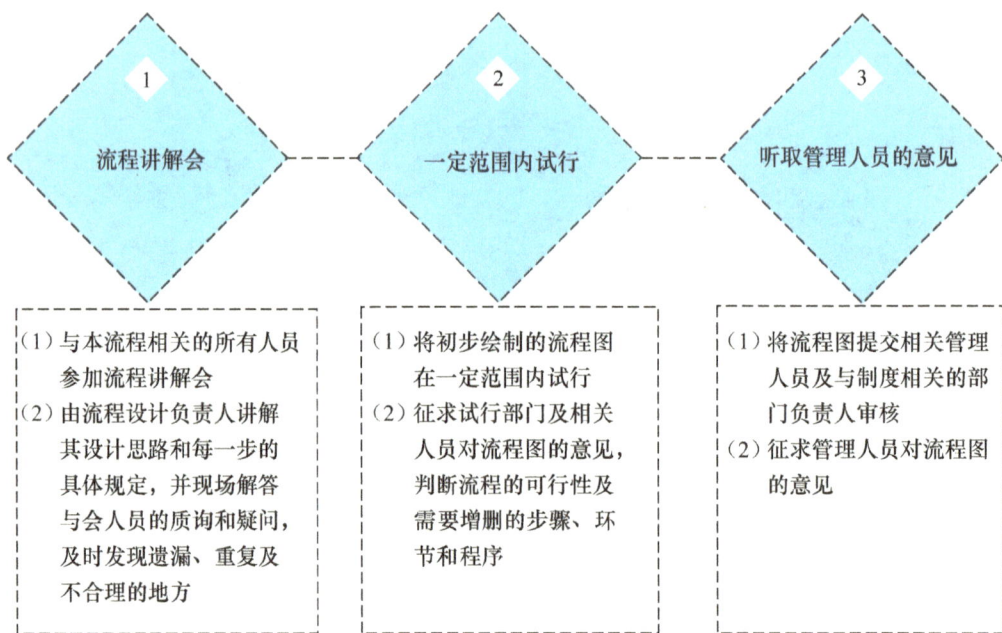

1 流程讲解会	2 一定范围内试行	3 听取管理人员的意见
（1）与本流程相关的所有人员参加流程讲解会 （2）由流程设计负责人讲解其设计思路和每一步的具体规定，并现场解答与会人员的质询和疑问，及时发现遗漏、重复及不合理的地方	（1）将初步绘制的流程图在一定范围内试行 （2）征求试行部门及相关人员对流程图的意见，判断流程的可行性及需要增删的步骤、环节和程序	（1）将流程图提交相关管理人员及与制度相关的部门负责人审核 （2）征求管理人员对流程图的意见

图1-11　流程图草案意见征询方式

第7步：流程调整修正

通过上述方式进行意见征询后，流程设计人员应综合分析意见征询结果，汇总各种修改意见，对流程图进行修改和完善，提交权限主管领导审核后再呈交总经理批准，或在董事会审议通过后公示执行。

☆ **流程定稿要求**

老员工能够按流程图做事，新员工根据流程图知道怎样做事。

☆ 流程试运行与检查

流程设计人员要监控流程试运行过程，检查并汇总试运行过程中出现的问题，做好检查记录，为问题分析和流程改善做准备。流程实施与检查内容说明如表1-14所示。

表 1-14　流程实施与检查内容说明

项次	检查项目	具体检查内容
1	检查流程是否稳定	◎在实施过程中是否出现例外活动 ◎在实施过程中是否出现步骤、时间、权责方面的冲突 ◎是否出现上一部分的步骤成果（输入）不能充分影响下一步骤的活动 ◎是否出现资源（特别是人力资源）与任务不匹配的情况
2	检查程序是否合理	◎适宜性：程序适应内外部环境变化的能力 ◎充分性：程序各过程的展开程度 ◎有效性：达到的结果与所使用的资源之间的关系，确保程序的经济性

☆ 流程简化

流程简化的目标是用最少的资源执行流程，减少资源浪费。流程简化的方法包括取消环节、合并环节、环节调序、简化环节、自动化环节以及一体化环节等。

流程简化工作的一般操作方法如下：

● 对评估流程进行再评估，确认和削减增加资源耗费的活动；

● 评估各种测量方法，判断其能否提供有用和可控的信息；

● 缩短时间，测试输出数量/质量是否相应减少；

● 依据上述变动调整程序简化计划；

● 将程序置于自动运行状态，通过周期性检查发现问题。

1.3.7　发布、实施与检查

1. 流程的确定与发布

流程设计人员将经过实践检验的流程图提交企业领导审核签字后，以适当的方式向全体员工公示，并自公示之日起生效，便于员工遵照执行。

一般情况下，常用的流程公示方式有四种，企业可根据实际情况选择运用，具体内容如表1-15所示。

表 1-15　流程公示的四种方式及操作说明

序号	公示方式	操作说明
1	全文公告公示	在企业公共区域将流程图及相关说明全文公告，并将公告现场以拍照、录像等方式加以记录
2	集中学习	召开员工会议或组织员工进行集中学习、培训，并让员工签到确认参与了学习或培训
3	员工阅读并签字确认	将流程及相关说明做成电子或纸质文件交由员工阅读并签字确认。确认方式包括在流程文件的尾页签名、另行制作表格登记、制作单页的"声明"或"保证"
4	作为劳动合同附件	将流程文件作为劳动合同的附件，在劳动合同专项条款中约定"劳动者已经详细阅读，并自愿遵守本企业的各项规定"等内容

企业的经营管理人员或人力资源管理人员，对流程公示工作要细心谨慎，注意以下两大事项。

事项 1：务必让当事人知晓

务必将相关通知、决定等送到当事人手中，而不是"通告一贴，高高挂起"，要确保能够达到公示与告知的目的。

事项 2：注意留存公示的证据

不同的公示方式有不同的证据留存方式。例如，让员工在"签阅确认函"上签字确认，可签"已经阅读、明了，并且承诺遵守"等。

2. 优化流程实施的环境

设计了流程并不意味着企业的运行效率和经济效益必然会有大幅度的提高，更重要的工作是抓好流程管理的落实。

在管理和实施流程的过程中，企业不能忽视对流程实施环境的管理，应该注意以下几点。

● 建立合适的企业文化

企业流程设计或再造一般均以流程为中心、以追求客户满意度的最大化为目标，这就要求企业从传统的职能管理向过程管理转变。

企业在实施流程管理时，需要改变过去的传统观念和习惯做法，建立一种能够适应这种转变的以"积极向上、追求变革、崇尚效率"为特征的企业文化，以使每个流程中的各项活动都能实现最大化增值的目标，为企业经济效益的提高做贡献。

● 提高企业领导对流程管理的认识

提高企业领导，特别是企业高层领导对流程管理的认识是企业发展中的重要问题，是企业提高运营效率和经济效益的重要措施，是企业战胜竞争对手的主要手段，是企业发展战略的重要因素。

只有企业的董事长、总经理、总监等高层领导重视流程管理，才能推动企业的流程再造，实施才能见到效果。

● 加强培训，使企业上下共同提高对流程的认识

在实施流程管理的过程中，企业高、中层管理人员是推动流程管理的骨干，广大员工则是推动流程管理的重要力量。

通过培训，使企业的管理团队与员工提高对流程设计或再造的认识，共同认识到流程的意义，认识到流程再造对企业生存和发展的作用，只有这样推动与实施流程再造，才能达到良好的效果。

此外，通过培训，可以提高员工的自觉性，使员工自觉遵守新的流程。

3. 实现流程的有效落实

企业的流程图绘制完毕、装订成册后，需要发给企业各部门，以便员工遵照执行。流程图实际上是企业的一项规章制度，它可以帮助企业建立正常的工作规则和工作秩序。

以下是流程有效落实的四种思路，具体内容如图 1-12 所示。

新员工入职流程、制度培训　　明确流程负责人，实行问责制

流程E化　　流程制度化

注：流程E化是指应用现有的IT技术，实现企业各项管理和业务流程的电子化。

图 1-12　流程有效落实的四种思路

4. 开展有针对性的流程检查

流程检查的目的是提高企业的效益，保证流程目标的最终实现。

● 控制流程检查的成本投入。流程检查成本投入需要与该流程的产出价值相匹配，否则既浪费资源，又不能创造价值。企业在流程检查工作中要有成本意识，强化"投资回报"的概念。

● 把握好流程检查的度。在设计流程检查方案时，需要确定流程检查的精细度、频次及抽样方法，控制检查成本。流程检查工作要抓住关键流程，抓住流程的关键环节，结合实际情况和流程的运转时间确定流程检查的频次和抽样方式。

5. 流程检查重点的选取

流程检查需要与流程实际执行情况相匹配，合理设置流程关键控制点。

● 对于流程成熟度高（流程绩效表现合理且稳定）、人员能力较强的流程，企业可降低检查投入，也可取消相关的关键控制点。

● 对于流程成熟度较低（流程绩效波动较大）的流程，企业需要加强对该流程的检查力度或新增关键控制点，以稳定流程绩效。

流程检查重点选取的矩阵分析如图 1-13 所示。

注：流程的重要程度评估请参照本章1.3.4所述。

图 1-13 流程检查重点选取的矩阵分析

6. 流程检查工作的实施程序

流程检查工作的实施程序如图 1-14 所示。

7. 流程绩效评估与改进

从本质上看，流程绩效评估是为企业战略与经营服务的，企业需要对某些关键的流程进行绩效评估，将流程绩效作为企业绩效管理的一个重要维度。

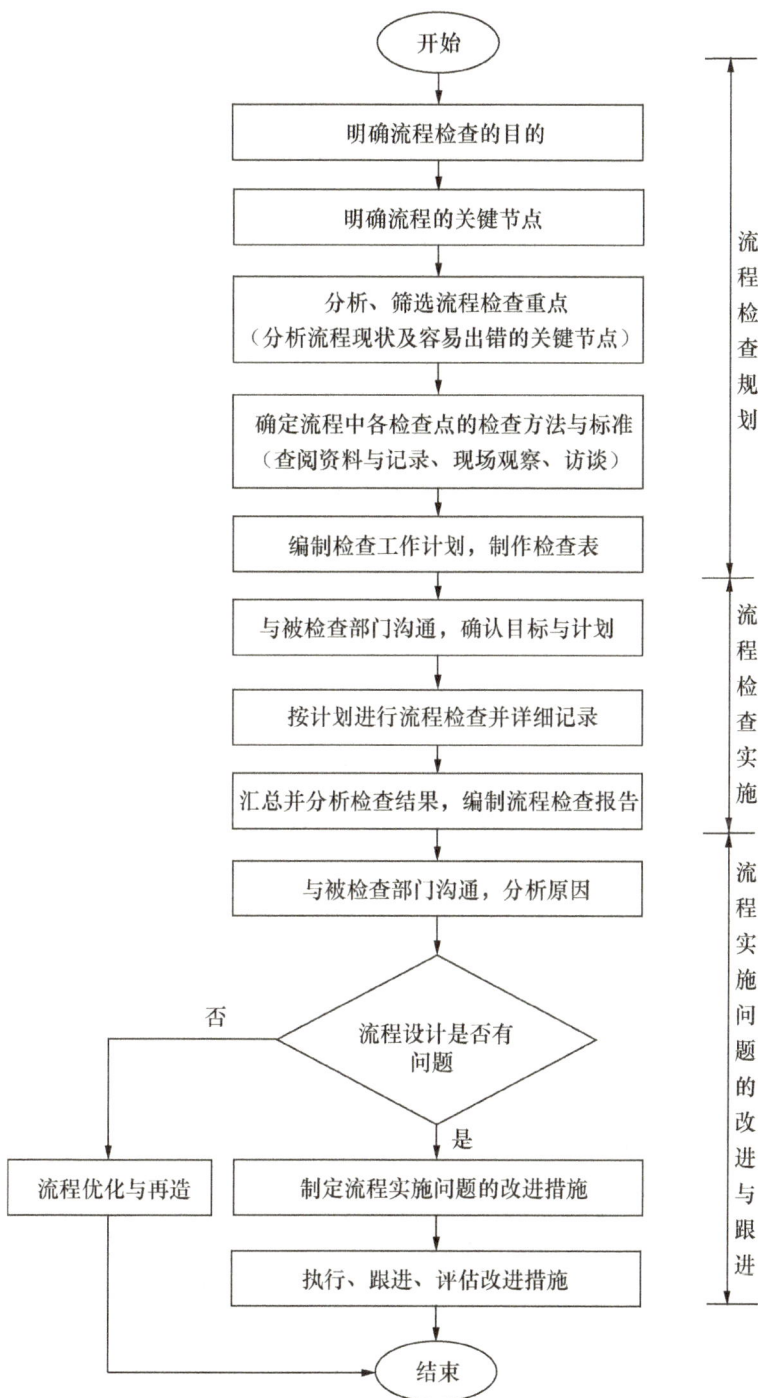

```
                        ┌─────────┐
                        │   开始   │
                        └────┬────┘
                             │
                 ┌───────────┴───────────┐
                 │    明确流程检查的目的    │
                 └───────────┬───────────┘
                             │
                 ┌───────────┴───────────┐        ─┐
                 │    明确流程的关键节点    │         │
                 └───────────┬───────────┘         │
                             │                     │
                 ┌───────────┴───────────┐         │
                 │   分析、筛选流程检查重点  │         │ 流
                 │（分析流程现状及容易出错的  │         │ 程
                 │      关键节点）         │         │ 检
                 └───────────┬───────────┘         │ 查
                             │                     │ 规
                 ┌───────────┴───────────┐         │ 划
                 │ 确定流程中各检查点的检查方 │         │
                 │ 法与标准（查阅资料与记录、 │         │
                 │   现场观察、访谈）        │         │
                 └───────────┬───────────┘         │
                             │                     │
                 ┌───────────┴───────────┐         │
                 │ 编制检查工作计划，制作检查表 │        ─┘
                 └───────────┬───────────┘
                             │
                 ┌───────────┴───────────┐        ─┐
                 │ 与被检查部门沟通，确认目标 │         │ 流
                 │      与计划            │         │ 程
                 └───────────┬───────────┘         │ 检
                             │                     │ 查
                 ┌───────────┴───────────┐         │ 实
                 │ 按计划进行流程检查并详细记录 │        │ 施
                 └───────────┬───────────┘         │
                             │                    ─┘
                 ┌───────────┴───────────┐        ─┐
                 │ 汇总并分析检查结果，编制流程 │        │
                 │      检查报告          │         │
                 └───────────┬───────────┘         │
                             │                     │ 流
                 ┌───────────┴───────────┐         │ 程
                 │ 与被检查部门沟通，分析原因 │         │ 实
                 └───────────┬───────────┘         │ 施
                             │                     │ 问
                      ┌──────┴──────┐              │ 题
              否      ╱             ╲             │ 的
        ┌────────────╱  流程设计是否有  ╲           │ 改
        │            ╲    问题         ╱           │ 进
        │             ╲             ╱             │ 与
        │              └──────┬──────┘             │ 跟
        │                     │是                  │ 进
  ┌─────┴─────┐      ┌────────┴────────┐          │
  │ 流程优化与再造 │     │ 制定流程实施问题的改进措施 │        │
  └─────┬─────┘      └────────┬────────┘          │
        │                     │                   │
        │            ┌────────┴────────┐          │
        │            │ 执行、跟进、评估改进措施 │       ─┘
        │            └────────┬────────┘
        │                     │
        │              ┌──────┴──────┐
        └──────────────┤     结束     │
                       └─────────────┘
```

图 1-14　流程检查工作的实施程序

- **确定流程的绩效目标**

企业战略目标被分解为部门绩效目标与岗位绩效目标，并被包含在关键流程中，即流程被赋予绩效目标。因此，流程的绩效评估需围绕目标展开，实行目标导向的流程绩效评估。

- **流程绩效评估维度**

企业流程绩效评估的维度及指标如表1-16所示。

表1-16 流程绩效评估的维度及指标

评估维度	详细说明	指标举例
效果	◎流程的产出 ◎流程的产出满足客户（包括内部客户和外部客户）需求和期望的程度	产量、产值、计划目标完成率、外部客户满意度、内部客户满意度等
效率	通过效果评估，确认资源节约与浪费的情况	处理时间、投入产出比、增值时间比、质量成本等
弹性	流程应具备调整能力，以便满足客户当前的特殊要求和未来的要求	处理客户特殊要求的时间、被拒绝的特殊要求所占的比例、特殊要求递交上级处理的比例等

- **流程实施绩效评估的标准及方法**

流程实施绩效评估的标准及方法如下。

（1）流程绩效目标达成情况。对比流程实际绩效与流程绩效目标，找出实际绩效与流程绩效目标之间的差距，分析差距产生的原因并加以改进。

（2）内部流程绩效排名情况。企业内部可以做横向比较，这适用于不同区域的业务流程竞争、成功经验分享等。

（3）外部同类竞争对比情况。与同行业主要竞争对手的流程绩效进行对比，以了解企业在该方面的市场表现。

（4）流程绩效稳定性情况。对流程绩效评估结果的稳定性进行分析，确认流程是否处于受控状态。

（5）流程客户满意度评估。有些流程（如售后服务流程）的绩效管理需要客户与市场的评估，此时需要一个好的客户沟通与信息管理平台，其能够记录与客户的日常沟通信息、投诉信息、回访信息、满意度调查信息等，并可将这些信息作为客户满意度评估的依据。

● 流程绩效评估结果的运用

企业流程绩效评估结果可运用于五个方面，具体内容如图 1-15 所示。

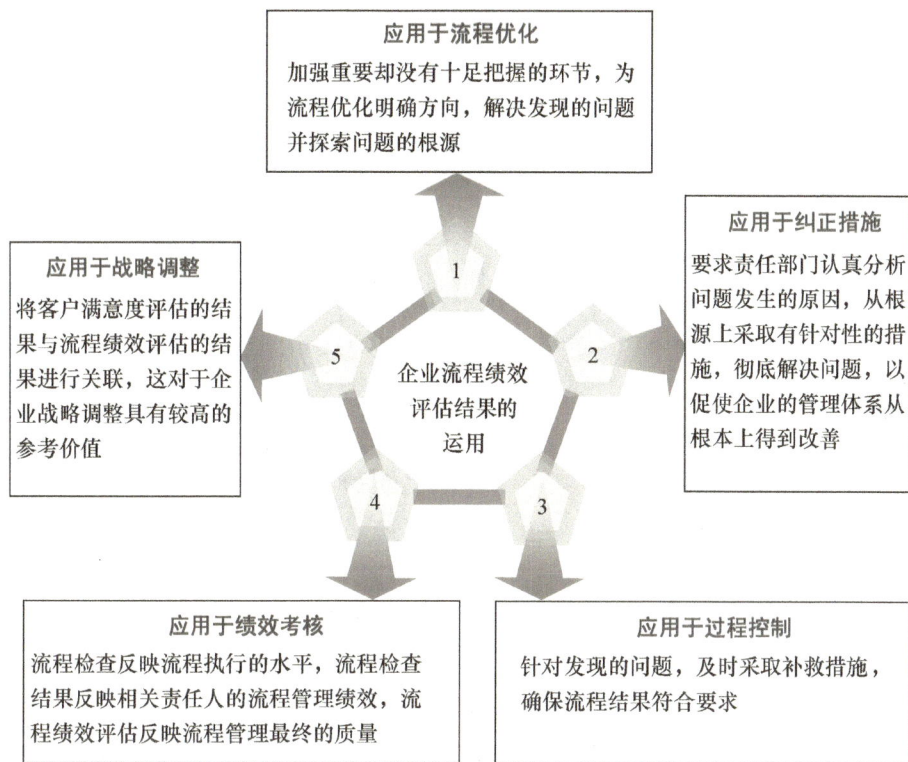

应用于流程优化
加强重要却没有十足把握的环节，为流程优化明确方向，解决发现的问题并探索问题的根源

应用于纠正措施
要求责任部门认真分析问题发生的原因，从根源上采取有针对性的措施，彻底解决问题，以促使企业的管理体系从根本上得到改善

应用于战略调整
将客户满意度评估的结果与流程绩效评估的结果进行关联，这对于企业战略调整具有较高的参考价值

企业流程绩效评估结果的运用

应用于绩效考核
流程检查反映流程执行的水平，流程检查结果反映相关责任人的流程管理绩效，流程绩效评估反映流程管理最终的质量

应用于过程控制
针对发现的问题，及时采取补救措施，确保流程结果符合要求

图 1-15　企业流程绩效评估结果的运用

1.4　流程执行章程设计

1.4.1　配套制度设计

制度是规范员工行为的标尺之一，是企业进行规范化、制度化管理的基础。只有不断推进规范化、制度化管理，企业才能逐步发展壮大。

1. 制度设计步骤

企业在设计流程配套制度时，要明确需要解决的问题及要达到的目的，为制度准确定位，开展内外部调研，明确制度规范化的程度，统一制度格式等。制度设计的步骤如图 1-16 所示。

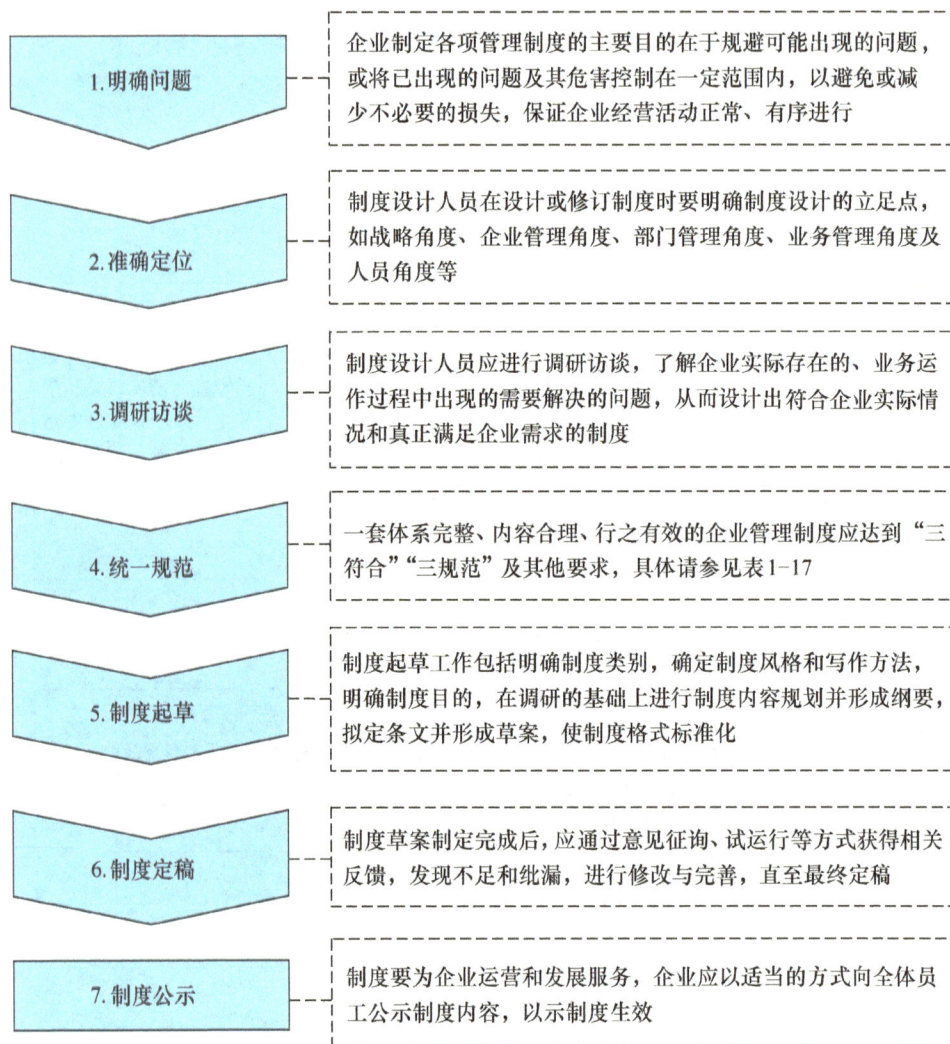

图 1-16 制度设计的步骤

2. 制度设计规范及要求

要想设计一套体系完整、内容合理、行之有效的企业管理制度，制度设计人员必须遵循一定的规范及要求，具体内容如表 1-17 所示。

表 1-17 制度设计规范及要求

设计规范	具体要求
三符合	符合企业管理者最初设想的状态

设计规范	具体要求	
三符合	符合企业管理科学原理	
	符合客观事物发展规律或规则	
三规范	规范 制度制定者	◎品行好，能做到公正、客观，有较强的文字表达能力和分析能力，熟悉企业各部门的业务及具体工作方法 ◎了解国家相关法律法规、社会公序良俗和员工习惯，了解制度的制定、修改、废止等程序及审批权限 ◎制度所依资料全面、准确，能反映企业经营活动的真实面貌
	规范 制度内容	◎合法合规，制度内容不能违反国家法律法规，要遵守公德民俗，确保制度有效、内容完善 ◎形式美观、格式统一、简明扼要、易操作、无缺漏 ◎语言简洁、条例清晰、前后一致、符合逻辑 ◎制度可操作性强，能与其他规章制度有效衔接 ◎说明制度涉及的各种文本的效力，并用书面或电子文件的形式向员工公示或向员工提供接触标准文本的机会
	规范 制度实施过程	◎明确培训及实施过程、公示及管理、定期修订等内容 ◎营造规范的执行环境，减少制度执行过程中可能遇到的阻力 ◎规范全体员工的职责、工作行为及工作程序 ◎制度的制定、执行与监督应由不同人员完成 ◎监督并记录制度执行的情况

3. 制度框架设计

制度的内容结构常采用"一般规定—具体制度—附则"的模式。一个规范、完整的制度所需具备的内容包括制度名称、总则/通则、正文/分则、附则与落款、附件这五大部分。制度设计人员应注意每一部分，使所制定的制度内容完备、合规、合法。

根据制度的内容结构，图1-17给出了常用的制度内容框架及设计规范，供读者参考。

需要说明的是，对于针对性强、内容单一、业务操作性强的制度，正文中不用分章，可直接分条列出，但总则与附则中的有关条目不可省略。

第一章 流程与流程管理

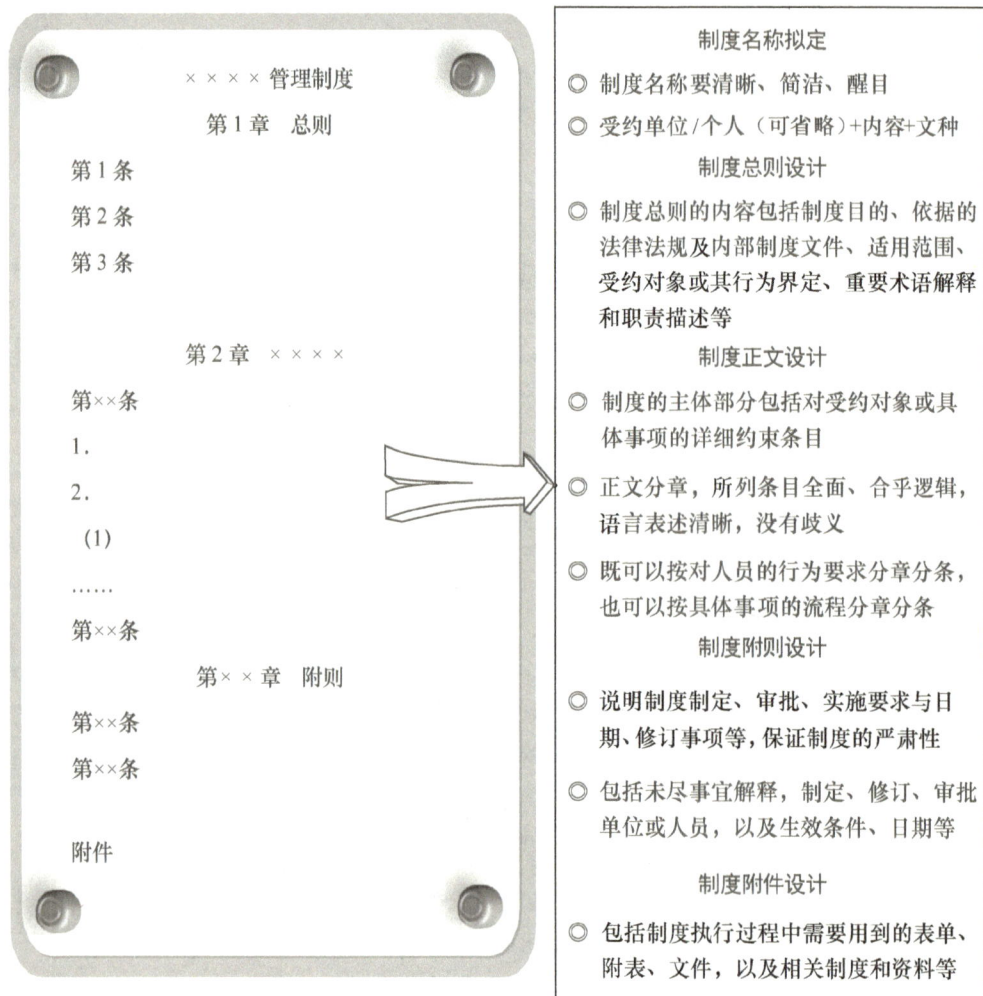

	制度名称拟定
××××管理制度 第1章 总则 第1条 第2条 第3条	◎ 制度名称要清晰、简洁、醒目 ◎ 受约单位/个人（可省略）+内容+文种 **制度总则设计** ◎ 制度总则的内容包括制度目的、依据的法律法规及内部制度文件、适用范围、受约对象或其行为界定、重要术语解释和职责描述等 **制度正文设计**

图 1-17　制度内容框架及设计规范

4.制度修订

企业在发展过程中，有些制度可能会成为制约其发展的因素，因此企业需要不断修订、完善甚至废止这些制度。总之，不断推进制度化管理伴随着企业发展的整个过程。

制度设计人员或修订人员需要根据实际情况，及时修订与企业发展不相适应的规范、规则和程序，以满足企业日常经营及长远发展的需要。配套制度修订时间的选择如表 1-18 所示。

表 1-18　配套制度修订时间的选择

状况类别	修订时间
企业外部	◎国家或地方修订或新颁布相关法律法规，导致企业某些制度或条款不合法、有缺陷或多余等 ◎企业所处的外部环境、市场条件等发生重大变化，影响了企业的日常经营活动
企业内部	◎配套的流程发生了变化 ◎企业定期复审制度、调整机构、重新设置岗位等 ◎企业各部门或各岗位通过工作实践，认为已有制度存在问题
备注	在上述情况下，如果制度确实不符合企业当前的实际情况，可撤销或合并到其他制度中

制度修订就是在现存相关制度的基础上，对制度的内容进行添加、删减、合并等处理，以及对制度的体系结构进行再设计。制度设计人员可根据图 1-18 所示的流程修订制度。

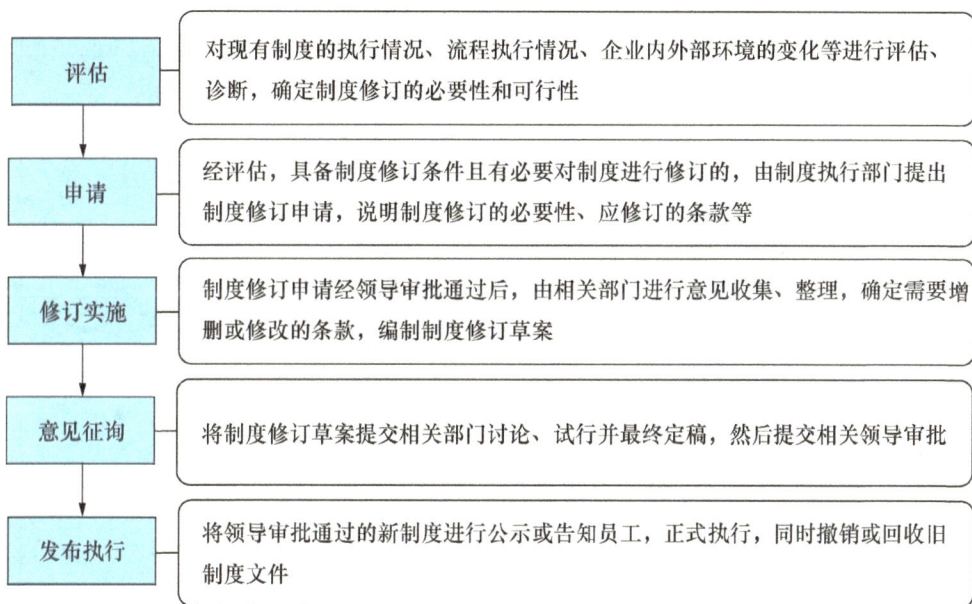

评估	对现有制度的执行情况、流程执行情况、企业内外部环境的变化等进行评估、诊断，确定制度修订的必要性和可行性
申请	经评估，具备制度修订条件且有必要对制度进行修订的，由制度执行部门提出制度修订申请，说明制度修订的必要性、应修订的条款等
修订实施	制度修订申请经领导审批通过后，由相关部门进行意见收集、整理，确定需要增删或修改的条款，编制制度修订草案
意见征询	将制度修订草案提交相关部门讨论、试行并最终定稿，然后提交相关领导审批
发布执行	将领导审批通过的新制度进行公示或告知员工，正式执行，同时撤销或回收旧制度文件

图 1-18　制度修订流程

在制度修订的过程中，制度设计人员要注意以下几点：

- 要适应企业新的机构运行模式与流程管理的要求；
- 要发挥各制度管理部门的主动性和制度执行部门的能动性；
- 要强化各项工作的管理责任要求；
- 要强调各职能部门的管理服务标准；
- 要规范制度的编制格式，为制度的再修订和日后的统稿工作制定标准。

1.4.2 辅助方案设计

方案是指某一项工作或行动的具体计划或针对某一问题制定的规划。撰写工作方案是员工必须完成的一项任务。一份实操性强、思路清晰、富有创新性的方案，不仅有利于方案的实际操作，而且还能获得上级领导的称赞。

1. 方案设计的步骤

方案设计的步骤如图1-19所示。

第1步 确定方案目标主题
将方案的目标主题确立在一定范围内，力求主题明晰，重点突出
第2步 收集相关资料
围绕目标主题收集相关资料
第3步 调查外部环境态势
围绕目标主题进行全面的外部环境调查，掌握第一手资料
第4步 整理与分析资料
综合调查获得的第一手资料和手中的其他资料，整理出对目标主题有用的信息
第5步 提出具体的创意/措施
根据企业的实际需要提出方案策划的创意/措施，并将其具体化
第6步 选择、编制可行方案
将符合目标主题的创意细化成具体的执行方案
第7步 制定方案实施细则
根据选定的方案，将具体的任务分配到各职能部门，分头实施，并按进度表与预算表进行监控
第8步 制定检查、评估办法
对选定的方案提出详细可行的检查办法、评估标准及成果巩固措施

图1-19　方案设计的步骤

2. 方案的内容结构

方案一般包括指导思想、主要目标、工作重点、实施步骤、政策措施和具体要求等内容，其结构如图 1-20 所示。

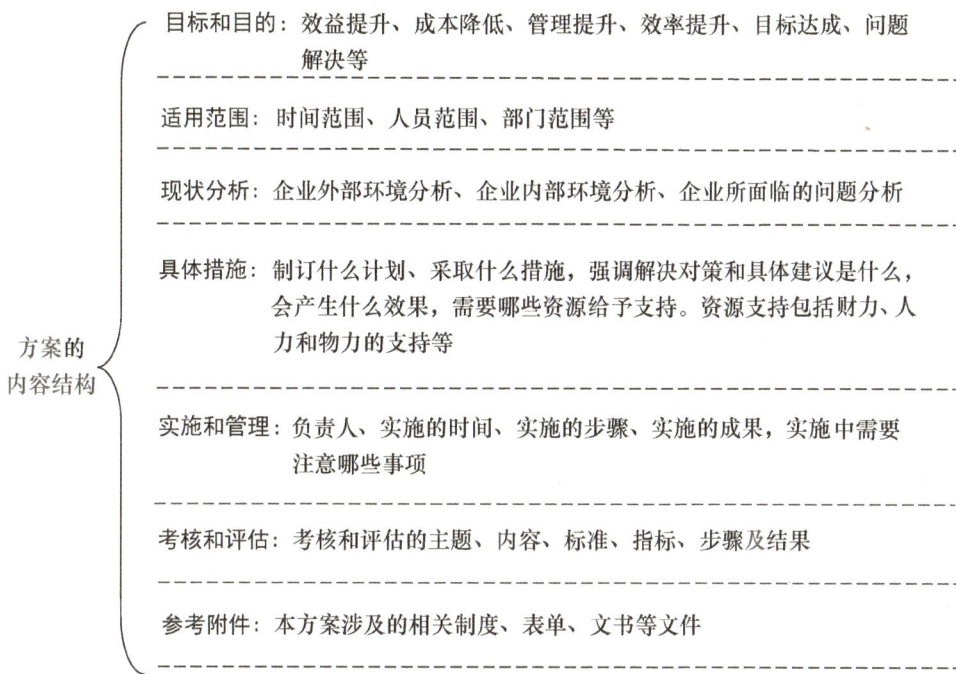

方案的
内容结构

目标和目的：效益提升、成本降低、管理提升、效率提升、目标达成、问题解决等

适用范围：时间范围、人员范围、部门范围等

现状分析：企业外部环境分析、企业内部环境分析、企业所面临的问题分析

具体措施：制订什么计划、采取什么措施，强调解决对策和具体建议是什么，会产生什么效果，需要哪些资源给予支持。资源支持包括财力、人力和物力的支持等

实施和管理：负责人、实施的时间、实施的步骤、实施的成果，实施中需要注意哪些事项

考核和评估：考核和评估的主题、内容、标准、指标、步骤及结果

参考附件：本方案涉及的相关制度、表单、文书等文件

图 1-20　方案的内容结构

1.4.3　文书设计

文书是用于记录信息、交流信息和发布信息的一种工具。企业管理文书是指企业为了某种需要，按照一定的体例和要求形成的书面文字材料，包括各类文书、公文、文件等。

1. 企业管理文书分类

企业管理文书分类如表 1-19 所示。

表 1-19　企业管理文书分类

文书分类	具体文书种类
通用类文书	请示、批复、批示、通知、决定等，由企业统一规定编写格式与编号
合同类文书	劳动合同、业务合同等
会务类文书	企业各类会议的开幕词、闭幕词、演讲稿、会议记录、会议纪要、会议报告和会议提案等

文书分类	具体文书种类
社交类文书	介绍信、感谢信、慰问信、表扬信、祝贺信和邀请函等
法务类文书	纠纷报告书、申诉书、仲裁申请书、起诉书和答辩书等
事务类文书	计划、总结、建议、报告、倡议、简报、启事、消息、号召书、意向书、企划书、调查报告等
制度规范类文书	制度、守则、规定、办法、细则、方案、手册等
与业务工作相关的文书	各项职能及日常事务相关文书，如内部竞聘公告、招聘广告、营销广告等

2. 文书设计的注意事项

- 遵循企业规定的文书格式、编写要求和编号规范。
- 语言表述规范、完整、准确，避免表达残缺、出现歧义等错误。
- 语言简明精炼、言简意赅，行文流畅，主题明确。

3. 文书设计规范

我们以工作计划为例，对文书的设计规范进行说明。工作计划是对即将开展的工作的设想和安排，如提出任务指标、任务完成时间和实施方法等。工作计划既是明确工作目标、推进工作开展的有效指导，也是对工作进度和工作质量进行考核的依据之一。工作计划的内容结构如图 1-21 所示。

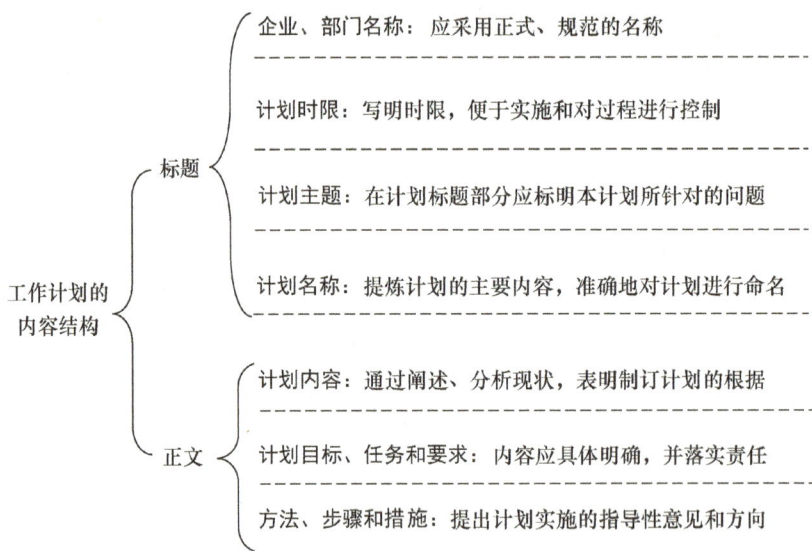

工作计划的内容结构

标题
- 企业、部门名称：应采用正式、规范的名称
- 计划时限：写明时限，便于实施和对过程进行控制
- 计划主题：在计划标题部分应标明本计划所针对的问题
- 计划名称：提炼计划的主要内容，准确地对计划进行命名

正文
- 计划内容：通过阐述、分析现状，表明制订计划的根据
- 计划目标、任务和要求：内容应具体明确，并落实责任
- 方法、步骤和措施：提出计划实施的指导性意见和方向

图 1-21　工作计划的内容结构

1.4.4 表单设计

1. 表单种类

表单主要分为文字表单、工具表单和数量表单三种：

- 文字表单就是将文字信息按要求整理成表单，借以说明某一概念或事项等；
- 工具表单是企业员工经常使用的一种表单；
- 数量表单用于呈现数据，以便相关人员进行统计。

2. 表单的编制要求

表单的编制要求如下：

- 表单的内容要与标题相符；
- 表单的内容应言简意赅；
- 表单的格式应简洁明了且前后连贯。

3. 设计表单

设计表单就是将表单的行、列看作一个坐标的横轴、纵轴，将需要表达的内容清晰、简洁、直观地置入坐标中予以展现。

常见的表单绘制工具有 Word、Excel 等，表单设计人员可以根据工作需要进行选择。下面以 Word 为例介绍绘制表单的步骤，具体内容如图 1-22 所示。

步骤1 创建表单	步骤2 输入表单内容	步骤3 设置表单属性	步骤4 表单形式的编辑与修饰
运用设定插入法、选择插入法、手绘法、复制法和文本转换法等创建所需的表单	在表单中输入内容时，要使用关键词，这样既能简明扼要地表达主要意思，又能实现表述工整的目的	包括选用表单的样式，设置表单的边框、底纹、列与行的属性、单元格的属性等	包括插入或删除单元格、行、列和表格，改变单元格的行高和列宽，移动、复制行和列，合并、拆分单元格，表格的拆分，表单标题行的重复、对齐和调整，表头的绘制等

图 1-22 绘制表单的步骤

1.5 流程诊断与优化

1.5.1 流程诊断分析

流程优化的前提是对现有流程进行调查和研究，分析流程中存在的问题，即流程诊断。

1. 流程诊断分析工作的步骤

流程诊断分析工作的步骤如表 1-20 所示。

表 1-20 流程诊断分析工作的步骤

步骤	工作内容	采用的方法
1. 流程信息收集	◎收集信息/数据，了解企业流程执行现状 ◎找出流程建设、管理中存在的问题 ◎了解企业员工所关心的问题 ◎加强企业员工之间的沟通，让所有员工树立流程管理意识	内部调查、专家访谈、讨论会、外部客户访谈和座谈会等
2. 问题查找与分析	◎清晰地阐述需要解决的问题 ◎将大问题细分成若干小问题，这样更容易解决 ◎分析、探究问题的根源，提出解决方案	NVA/VA 分析法、5Why 分析法、鱼骨图法和逻辑树法等
3. 编制诊断报告	◎根据问题的根源，结合企业的实际情况编制诊断报告 ◎提出问题解决方案，提供创意，优化/再造流程	—

2. 流程诊断分析工作的要求

在流程诊断分析过程中，流程管理人员要重视以下要求，提高诊断工作的科学性、合理性和有效性。

- 不要拘泥于数据，要探究"我试图回答什么问题"。
- 不要在一个问题上绕圈子。
- 开阔视野，避免钻牛角尖。
- 假设也可能被推翻。
- 反复检验观点。
- 细心观察。
- 寻找突破性的观点。

3. 流程诊断分析的方法

企业常用的流程诊断分析方法有 NVA/VA 分析法、5Why 分析法等，具体内容如下。

● NVA/VA 分析法

NVA/VA 分析法是指将构成某一个流程的各项工作任务分为三类，即非增值活动、增值活动和浪费。NVA/VA 分析法的说明如图 1–23 所示。

VA		步骤2	步骤3		步骤5			步骤8
NVA	步骤1			步骤4		步骤6	步骤7	

注：了解增值活动（VA）在流程的全部活动中所占的比重，找出需要改进的重点，制定切实可行的改进目标。

◆非增值活动（NVA）指不增加附加值，但却是实现增值不可缺少的活动，是各项增值活动的重要衔接。

◆增值活动（VA）指能提高产品或服务的附加值的活动。

◆浪费（Waste）指既不能增值，也不是必需的活动。

图 1-23 NVA/VA 分析法的说明

● 5Why 分析法

5Why 分析法是指在对某一个流程进行诊断、分析和改进时，需针对其提出以下问题并给出答案。

◆为什么确定这样的工作内容？

◆为什么在这个时间和这个地点做？

◆为什么由这个人来做？

◆为什么采用这种方式做？

◆为什么需要这么长时间？

流程管理人员根据以上五个问题的答案，找出企业流程在实际运行过程中存在的问题，分析问题的根源，从而制定流程优化或再造方案。

1.5.2 流程优化的注意事项

流程优化的注意事项如下：

● 优化那些不能给企业带来利润或者效率、效益较差的流程，或者在日常运行中容易出现问题的流程；

●优化那些对企业运营非常重要且急需改造的流程；

●优化流程必须先易后难；

- 经过优化的流程必须和原有流程紧密衔接，确保流程管理的系统性和全面性；
- 经过优化的流程必须具有可操作性和稳定性。

1.5.3 流程优化程序

企业流程优化工作应抓住重点，找出最急迫和最重要的需求点。流程优化的具体程序如图 1-24 所示。

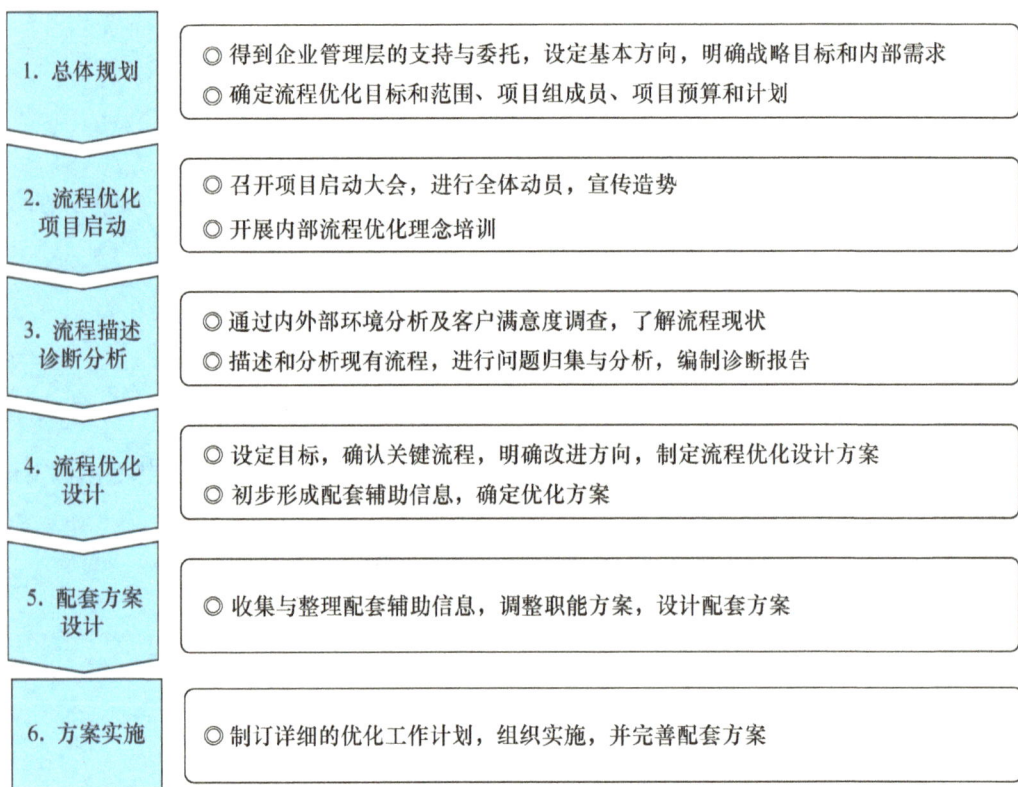

1. 总体规划	◎ 得到企业管理层的支持与委托，设定基本方向，明确战略目标和内部需求 ◎ 确定流程优化目标和范围、项目组成员、项目预算和计划
2. 流程优化 项目启动	◎ 召开项目启动大会，进行全体动员，宣传造势 ◎ 开展内部流程优化理念培训
3. 流程描述 诊断分析	◎ 通过内外部环境分析及客户满意度调查，了解流程现状 ◎ 描述和分析现有流程，进行问题归集与分析，编制诊断报告
4. 流程优化 设计	◎ 设定目标，确认关键流程，明确改进方向，制定流程优化设计方案 ◎ 初步形成配套辅助信息，确定优化方案
5. 配套方案 设计	◎ 收集与整理配套辅助信息，调整职能方案，设计配套方案
6. 方案实施	◎ 制订详细的优化工作计划，组织实施，并完善配套方案

图 1-24　流程优化的具体程序

总体来说，流程优化工作包括以下三步：

- 现在何处——流程现状分析；
- 应在何处——流程优化目标；
- 如何到达该处——流程优化方法和途径。

1.5.4 流程优化 ESIA 法

企业流程优化可以从清除（Eliminate）、简化（Simplify）、整合（Integrate）和自动化（Automate）四个方面入手，该方法简称为"ESIA 法"，它可以帮助企业减少流程中的非增值活动和调整流程的核心增值活动。

1. 清除

清除主要指对企业现有流程内的非增值活动予以清除。

企业可通过以下问题判断某一活动环节是属于增值还是非增值。

- 这个环节存在的意义？
- 这个环节的成果是整个流程完成的必要条件吗？
- 这个环节有哪些直接或间接的影响？
- 清除该环节可以解决哪些问题？
- 清除该环节可行吗？

需要明确的是，对于流程而言，超过需要的产出就是一种浪费，因为它占用了流程有限的资源。浪费现象包括但不限于以下几种：

- 过量产出；
- 活动间的等待；
- 不必要的运输；
- 反复的作业；
- 过量的库存（包括流程运行过程中大量文件和信息的淤积）；
- 缺陷、失误；
- 重复的活动，如信息重复录入；
- 活动的重组；
- 不必要的跨部门协调。

2. 简化

简化是指在尽可能清除非必要的非增值环节后，对剩下的活动进一步简化。

简化的方法包括但不限于以下几种。

- 简化表单：消除表单设计上的重复内容，借助相关技术，梳理表单的流转，从而减少工作量和一些不必要的活动环节。
- 简化流程步骤／环节：运用 IT 技术，提高员工处理信息的能力，简化流程步骤，整合工作内容，提高流程结构效率。
- 简化沟通。
- 简化物流：如调整任务顺序或增加信息的提供。

3. 整合

整合，即对分解的流程进行整合，以使流程顺畅、连贯，更好地满足客户的需求。

● 活动整合：将活动进行整合，授权一个人完成一系列简单活动，减少活动转交过程中的出错率，缩短工作处理时间。

● 团队整合：合并专家组成团队，形成"个案团队"或"责任团队"，缩短物料、信息和文件传递的距离，改善在同一流程中工作的人与人之间的沟通。

● 供应商（流程的上游）整合：减少企业和供应商之间的一些不必要的业务手续，建立信任和伙伴关系，整合双方流程。

● 客户（流程的下游）整合：面向客户，与客户建立良好的合作关系，整合企业和客户的各种关系。

4. 自动化

● 简单、重复与乏味的工作自动化。

● 数据的采集与传输自动化。减少反复的数据采集，并缩短单次采集的时间。

● 数据的分析自动化。通过分析软件，对数据进行收集、整理与分析，提高信息利用率。

1.6 流程再造

1.6.1 流程再造的核心

企业流程再造也叫作"企业再造"，或简称为"再造"。它是 20 世纪 90 年代初期兴起的一种新的管理理念和管理方法，被誉为继"科学管理"和全面质量管理（TQC）之后的"第三次管理革命"。

企业再造概念的创始者迈克尔·哈默（Michael Hammer）和詹姆斯·钱皮（James Champy）在《企业再造——商业革命宣言》（*Reengineering the Corporation：A Manifesto for Business Revolution*）一书中指出，"再造就是对企业的流程、组织结构、文化进行彻底的、急剧的重塑，以达到绩效的飞跃"。

流程再造的核心，不是单纯地对企业的管理与业务流程进行再造，而是将以职能为核心的传统企业改造成以流程为核心的新型企业，这也就是我们所说的企业再造。通过不断地变革与创新（从广义上讲，这里不仅包括流程再造，还包括企业组织的再造和变革），使原来趋向衰落的企业重新焕发生机，并且永远充满朝气和活力。

1.6.2　流程再造的基础

当前，市场竞争越来越激烈，企业要想在激烈的市场竞争中求得生存和发展，且立于不败之地，就必须全面、彻底地了解客户的需求，最大限度地满足客户的需求，并且不断适应外部市场环境的变化。企业进行流程设计与流程再造的目的是使内部管理流程规范化，并对其不断加以改造，只有这样企业才能适应不断变化的市场形势。

通常情况下，现代企业所面临的外部挑战主要来自客户（Customer）、变化（Change）、竞争（Competition）三个方面。由于这三个英文单词的首字母都是 C，所以外部挑战又称为"3C"。企业在进行流程设计与流程再造时，切记要把握好"3C"。只有这样，企业所设计或再造的流程才能够适应自身的发展和市场的变化，满足客户的需求。

以上是企业进行流程设计或流程再造时的外部条件。

就企业内部而言，企业中长期发展战略规划是流程设计与流程再造的基础条件。因此，企业应先制定出发展战略，再着手开展流程设计与流程再造工作。

1.6.3　流程再造的程序

企业流程再造的一般程序如表 1-21 所示。

表 1-21　企业流程再造的一般程序

一般程序	具体事项
1. 设定基本方向	（1）得到高层管理者的支持 （2）明确战略目标，确定流程再造的基本方针 （3）分析流程再造的可行性 （4）设定流程再造的出发点
2. 项目准备与启动	（1）成立流程再造小组 （2）设立具体工作目标 （3）宣传流程再造工作 （4）设计与落实相关的培训
3. 流程问题诊断	（1）进行现状分析，包括内外部环境分析、现行流程状态分析等 （2）发现问题

一般程序	具体事项
4. 确定再造方案，重设流程	（1）明确流程方案设计与工作重点 （2）确认工作计划目标、时间以及预算计划等 （3）分解责任、任务 （4）明确监督与考核办法 （5）制定具体行动策略
5. 实施流程再造方案	（1）成立实施小组 （2）对参加人员进行培训 （3）发动全员配合 （4）新流程试验性启动、检验 （5）全面开展新流程
6. 流程监测与改善	（1）观察流程运作状况 （2）与预定再造目标进行比较分析 （3）对不足之处进行修正和改善

企业流程评估及流程再造的操作要点如下。

1. 流程评估的操作要点

- 确定企业与上下游互动关系的流程。
- 定义企业核心流程绩效评估的指标。
- 分析企业现有流程运作模式的优势和劣势。
- 确认企业流程现有运作模式。
- 确认企业流程的客户价值点。
- 确认企业流程与组织的关系。
- 确认企业流程的资源及成本。
- 分析决定企业流程再造的优先级别。

2. 流程再造的操作要点

- 了解现有流程及其目标、范围。
- 对比现有流程结构的优势和劣势。
- 分析流程各活动环节的责任归属。
- 确认与流程相匹配的绩效指标。

- 分析流程的瓶颈及再造切入点。
- 确定是否对流程控制点重新设计。
- 确认经重新设计的新流程系统。
- 建立评估体系，对新流程进行监测。

1.6.4 流程再造的技巧

图 1-25 提供了一些流程再造的技巧，供读者参考。

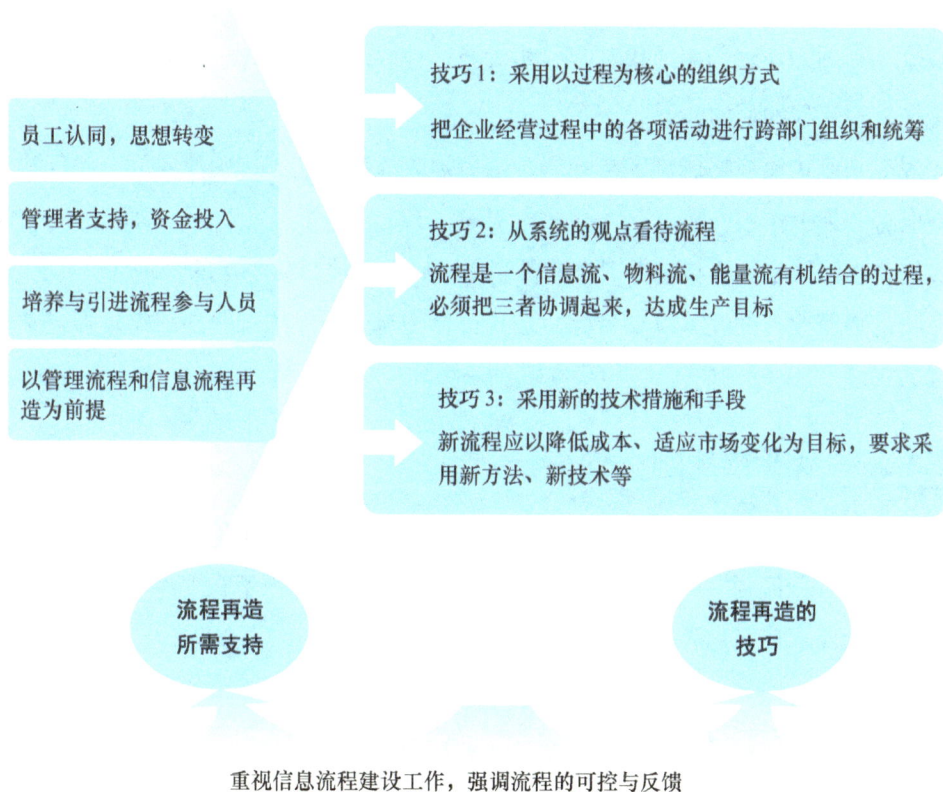

员工认同，思想转变

管理者支持，资金投入

培养与引进流程参与人员

以管理流程和信息流程再造为前提

技巧 1：采用以过程为核心的组织方式

把企业经营过程中的各项活动进行跨部门组织和统筹

技巧 2：从系统的观点看待流程

流程是一个信息流、物料流、能量流有机结合的过程，必须把三者协调起来，达成生产目标

技巧 3：采用新的技术措施和手段

新流程应以降低成本、适应市场变化为目标，要求采用新方法、新技术等

流程再造所需支持

流程再造的技巧

重视信息流程建设工作，强调流程的可控与反馈

图 1-25 流程再造的技巧

第2章 物流战略分析与选择管理

2.1 物流战略分析与选择管理流程

2.1.1 流程设计的目的

分析、规划和选择物流战略是企业物流业务发展的重要前提。企业设计物流战略分析与选择管理流程的目的如下：

1. 规范企业物流战略的制定与规划，避免物流战略制定工作脱离实际，确保物流战略发挥应有的指引作用；

2. 推动物流战略分析与选择工作的科学化，确保物流战略制定的合理性；

3. 明确物流业务的经营发展目标，选择符合物流业务发展规律的战略，促进物流战略目标的实现。

2.1.2 流程结构设计

物流战略分析与选择管理包括五大事项，我们可以就每个事项设计相应的流程，即物流战略分析管理流程、物流战略制定管理流程、物流系统规划管理流程、年度物流服务计划制订管理流程和物流服务方案制定管理流程，具体如图 2-1 所示。

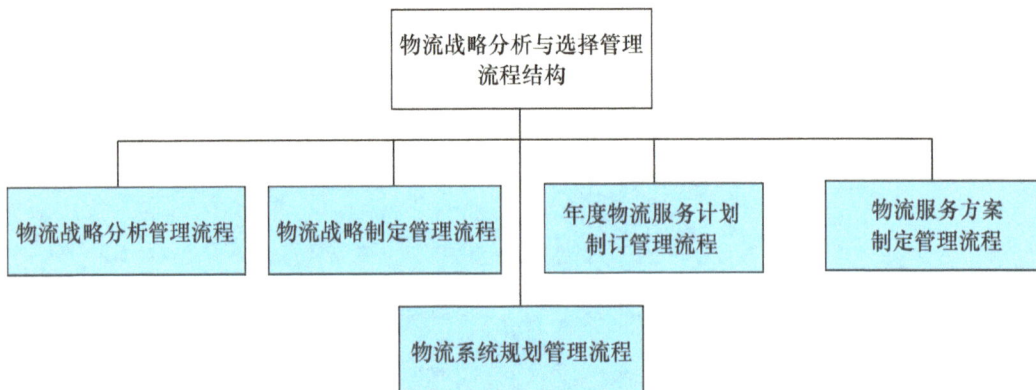

图 2-1 物流战略分析与选择管理流程结构

2.2 物流战略分析管理流程设计与工作执行

2.2.1 物流战略分析管理流程设计

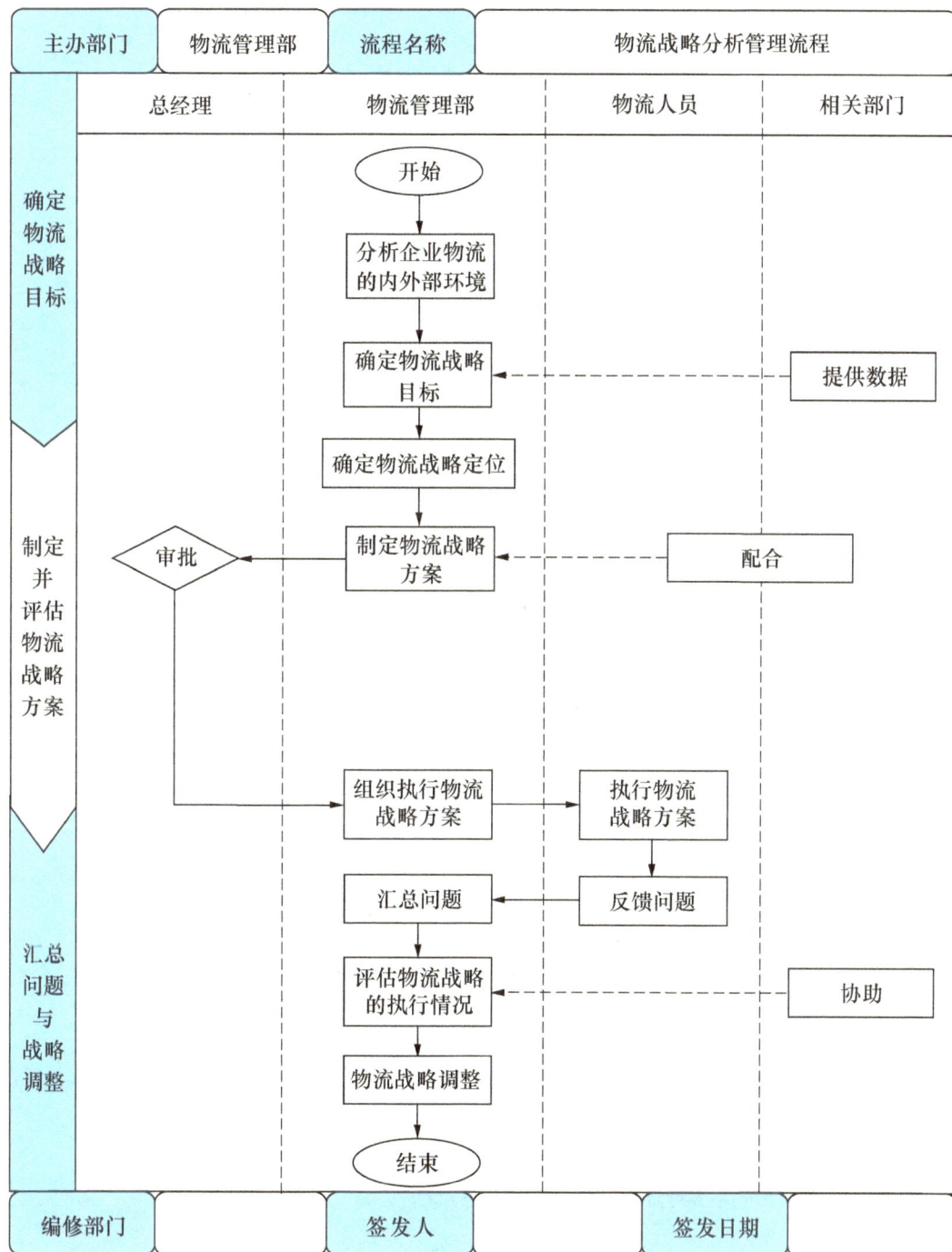

主办部门	物流管理部	流程名称	物流战略分析管理流程

	总经理	物流管理部	物流人员	相关部门
确定物流战略目标		开始 → 分析企业物流的内外部环境 → 确定物流战略目标 ← 确定物流战略定位		提供数据
制定并评估物流战略方案	审批 ←	制定物流战略方案 ←		配合
	→ 组织执行物流战略方案 →	执行物流战略方案	
		汇总问题 ←	反馈问题	
汇总问题与战略调整		评估物流战略的执行情况 ←		协助
		物流战略调整 → 结束		

编修部门		签发人		签发日期	

2.2.2　物流战略分析管理执行程序、工作标准、考核指标、执行规范

任务名称	执行程序、工作标准与考核指标
确定物流战略目标	**执 行 程 序** **1. 分析企业物流的内外部环境** 物流管理部负责分析本企业物流的内外部环境。 **2. 确定物流战略目标** 物流管理部根据相关部门提供的数据，确定物流战略目标。 **工作重点** 物流管理部须客观地分析企业物流的内外部环境。 **工 作 标 准** 物流管理部所确定的物流战略目标客观、合理、准确。 **考 核 指 标** 物流战略目标确定的及时性：应在__个工作日内完成。
制定并评估物流战略方案	**执 行 程 序** **1. 确定物流战略定位** 物流管理部根据本企业物流的实际情况，确定物流战略定位。 **2. 制定物流战略方案** 物流管理部根据物流战略定位制定物流战略方案，并将其提交总经理审批。 **工作重点** 物流战略方案内容应全面、结构要清晰且无重大纰漏。 **工 作 标 准** ☆质量标准：物流战略方案合理、可行。 ☆时间标准：物流管理部应在__个工作日内完成物流战略方案的制定工作。 **考 核 指 标** 物流战略方案应一次性审批通过。
汇总问题与战略调整	**执 行 程 序** **1. 汇总问题** ☆物流战略方案审批通过后，物流管理部组织物流人员执行该方案。 ☆物流人员应及时将在执行方案的过程中遇到的问题反馈给物流管理部。 ☆物流管理部应对物流人员反馈的问题进行汇总。

（续）

任务名称	执行程序、工作标准与考核指标
汇总问题 与 战略调整	**2. 评估物流战略的执行情况** ☆物流管理部应对物流战略的执行情况进行评估。 ☆相关部门要协助物流管理部做好物流战略执行情况的评估工作。 **3. 物流战略调整** 物流管理部根据评估结果，对物流战略做出相应的调整。 **工作重点** 物流战略方案执行问题的收集应全面、及时。
	工 作 标 准
	物流管理部应在＿个工作日内完成物流战略的调整工作。
	执 行 规 范
	"物流环境分析标准""物流战略方案""物流战略方案评估报告""物流战略规划"。

第2章 物流战略分析与选择管理

2.3 物流战略制定管理流程设计与工作执行

2.3.1 物流战略制定管理流程设计

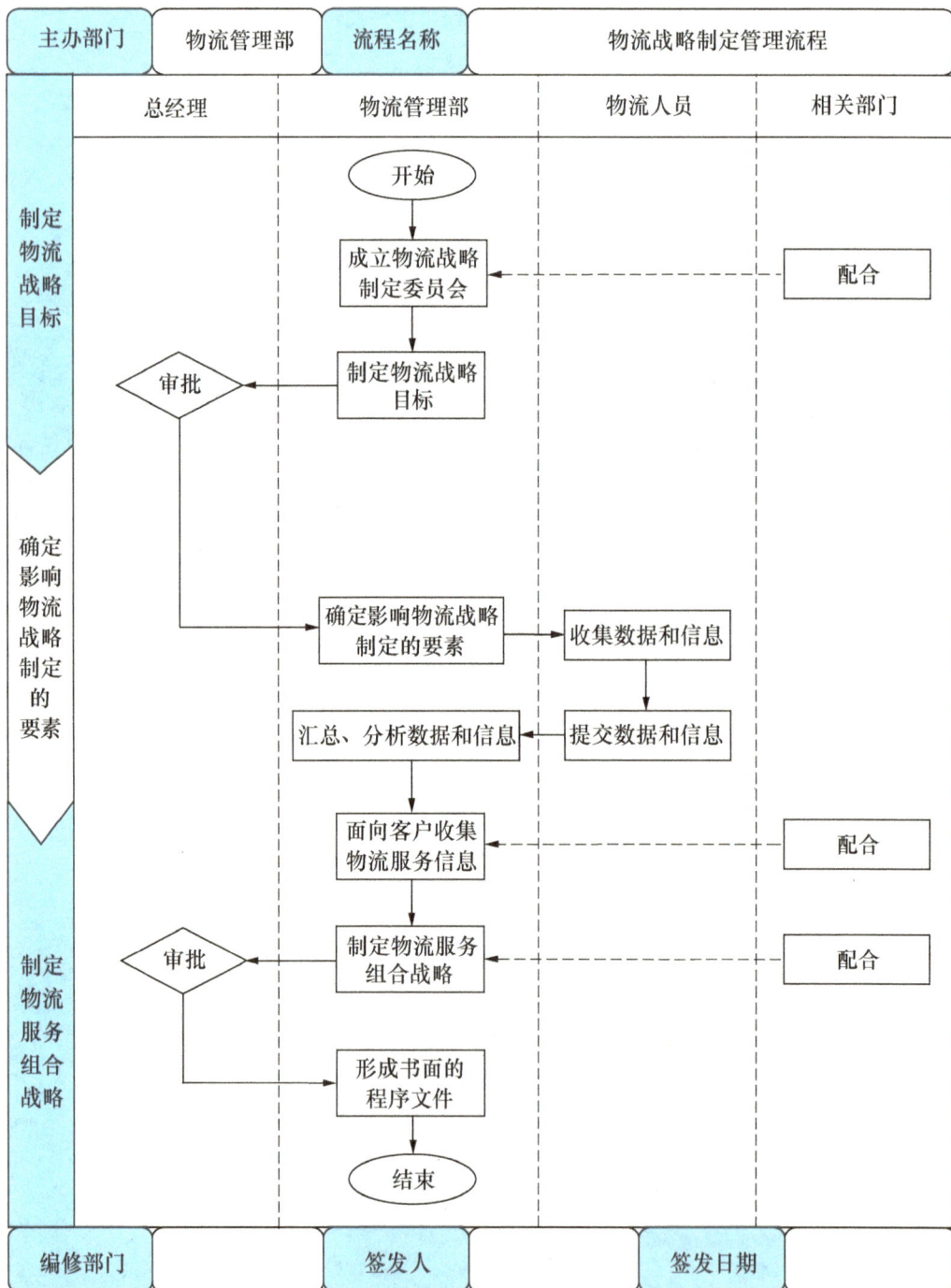

主办部门	物流管理部	流程名称	物流战略制定管理流程

	总经理	物流管理部	物流人员	相关部门
制定物流战略目标	审批	开始 → 成立物流战略制定委员会 → 制定物流战略目标		配合
确定影响物流战略制定的要素		确定影响物流战略制定的要素 → 汇总、分析数据和信息	收集数据和信息 → 提交数据和信息	
制定物流服务组合战略	审批	面向客户收集物流服务信息 → 制定物流服务组合战略 → 形成书面的程序文件 → 结束		配合 / 配合

编修部门		签发人		签发日期	

2.3.2 物流战略制定管理执行程序、工作标准、考核指标、执行规范

任务名称	执行程序、工作标准与考核指标
制定物流战略目标	**执 行 程 序** **1. 成立物流战略制定委员会** ☆物流管理部组织相关部门的人员成立物流战略制定委员会。 ☆相关部门要配合物流战略制定委员会的工作。 **2. 制定物流战略目标** 　物流管理部根据企业物流的需求制定物流战略目标，并将其整理成报告提交总经理审批。 **工作重点** 　物流管理部应根据本企业物流的实际情况制定物流战略目标。 **工 作 标 准** ☆质量标准：物流战略目标符合企业实际且可实现。 ☆时间标准：物流管理部应在__个工作日内完成物流战略目标的制定工作。 **考 核 指 标** 　物流战略目标应一次性审批通过。
确定影响物流战略制定的要素	**执 行 程 序** **1. 确定影响物流战略制定的要素** 　物流管理部负责确定影响物流战略制定的关键要素及相应的指标。 **2. 汇总、分析数据和信息** ☆物流人员在日常工作中要收集物流系统运营情况数据和内外部信息，并将这些数据和信息提交物流管理部。 ☆物流管理部应对物流人员提交的数据和信息进行汇总、分析。 **工作重点** 　物流管理部应根据本企业物流的实际情况，确定影响物流战略制定的关键要素。 **工 作 标 准** 物流战略要素清晰明确、准确可控。 **考 核 指 标** 物流战略制定要素确定的准确率：目标值为__%。

任务名称	执行程序、工作标准与考核指标
制定物流服务组合战略	**执 行 程 序** **1. 面向客户收集物流服务信息** 　物流管理部应组织相关人员收集客户对本部门物流活动的意见和要求。 **2. 制定物流服务组合战略** 　物流管理部应针对不同的客户群体制定相应的物流服务组合战略，并将其整理成报告提交总经理审批。 **3. 形成书面的程序文件** 　物流管理部须将总经理审批通过的物流服务组合战略形成书面的程序文件。 **工作重点** 　物流服务组合战略的制定不仅要规范，更要符合实际，便于企业后期实施和操作。 **工 作 标 准** ☆质量标准：物流管理部所收集的物流服务信息客观、真实、全面、准确。 ☆时间标准：物流管理部应在__个工作日内完成物流服务组合战略的制定工作。 **考 核 指 标** 　物流服务组合战略应一次性审批通过。
执 行 规 范	
"物流战略规划管理制度""关于影响物流战略的要素分析报告""物流服务组合战略"。	

2.4 物流系统规划管理流程设计与工作执行

2.4.1 物流系统规划管理流程设计

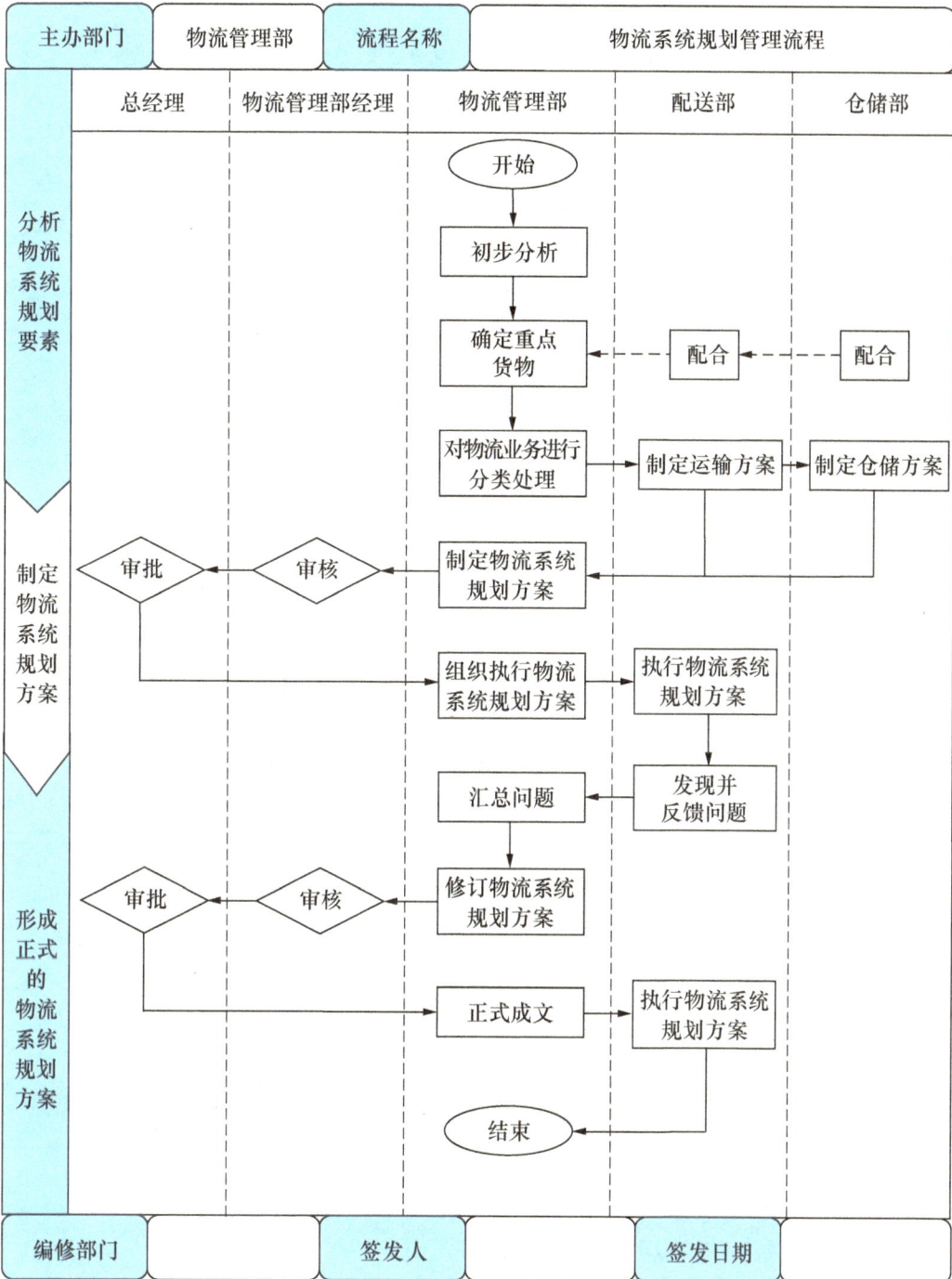

主办部门	物流管理部	流程名称	物流系统规划管理流程

	总经理	物流管理部经理	物流管理部	配送部	仓储部

分析物流系统规划要素

开始 → 初步分析 → 确定重点货物 ← 配合 ← 配合

对物流业务进行分类处理 → 制定运输方案 → 制定仓储方案

制定物流系统规划方案

审批 ← 审核 ← 制定物流系统规划方案

组织执行物流系统规划方案 → 执行物流系统规划方案

汇总问题 ← 发现并反馈问题

形成正式的物流系统规划方案

审批 ← 审核 ← 修订物流系统规划方案

正式成文 → 执行物流系统规划方案 → 结束

编修部门		签发人		签发日期	

2.4.2 物流系统规划管理执行程序、工作标准、考核指标、执行规范

任务名称	执行程序、工作标准与考核指标
分析物流系统规划要素	**执 行 程 序** **1. 初步分析** 物流管理部须对物流系统的整体环境和建设需求、目标进行初步分析,并提出规划意见。 **2. 确定重点货物** 物流管理部协同配送部和仓储部分析日常物流工作,确定本企业物流业务中的重点货物。 **3. 对物流业务进行分类处理** 物流管理部根据对本企业物流业务的分析情况,对不同的物流业务进行分类处理。 **工作重点** 企业须加强对物流业务中重点货物的分析工作。 **工 作 标 准** 重点货物的确定准确、合理,物流业务的分类科学、客观。 **考 核 指 标** 物流业务分类的及时性:应在__个工作日内完成。
制定物流系统规划方案	**执 行 程 序** **1. 制定物流系统规划方案** ☆配送部和仓储部根据物流业务的分类情况,分别制定运输方案和仓储方案,并将方案提交物流管理部。 ☆物流管理部根据配送部和仓储部提交的运输方案与仓储方案,制定物流系统规划方案,并将其提交物流管理部经理审核,之后报总经理审批。 **2. 组织执行物流系统规划方案** 物流系统规划方案审批通过后,物流管理部组织配送部和仓储部执行该方案。 **工作重点** 物流系统规划方案的内容应全面、结构要清晰且无重大纰漏。 **工 作 标 准** ☆时间标准:物流管理部应在__个工作日内完成物流系统规划方案的制定工作。 ☆完成标准:全面落实物流系统规划方案。 **考 核 指 标** 物流系统规划方案应一次性审批通过。

物流仓储配送管理流程设计与工作标准

任务名称	执行程序、工作标准与考核指标
形成正式的物流系统规划方案	**执 行 程 序** **1. 汇总问题** ☆配送部和仓储部应及时将在执行物流系统规划方案的过程中发现的问题反馈给物流管理部。 ☆物流管理部应对配送部和仓储部反馈的问题进行汇总。 **2. 修订物流系统规划方案** 　　物流管理部根据已汇总的问题，对物流系统规划方案进行修订，并将修订后的方案提交物流管理部经理审核，之后报总经理审批。 **3. 正式成文** 　　修订后的物流系统规划方案审批通过后，物流管理部根据总经理的审批意见将该方案形成正式文本，并发给配送部和仓储部执行。 **工作重点** 　　物流系统规划方案的修订要符合企业规范。

工 作 标 准
☆质量标准：物流系统规划方案修订及时、合理、可行。 ☆时间标准：物流管理部应在__个工作日内完成物流系统规划方案的修订工作。

考 核 指 标
问题发现及时率，其计算公式如下： $$问题发现及时率 = \frac{及时发现的问题数}{发生的问题数} \times 100\%$$

执 行 规 范
"物流管理制度""物流系统规划方案""运输方案""仓储方案"。

2.5　年度物流服务计划制订管理流程设计与工作执行

2.5.1　年度物流服务计划制订管理流程设计

主办部门	物流管理部	流程名称	年度物流服务计划制订管理流程

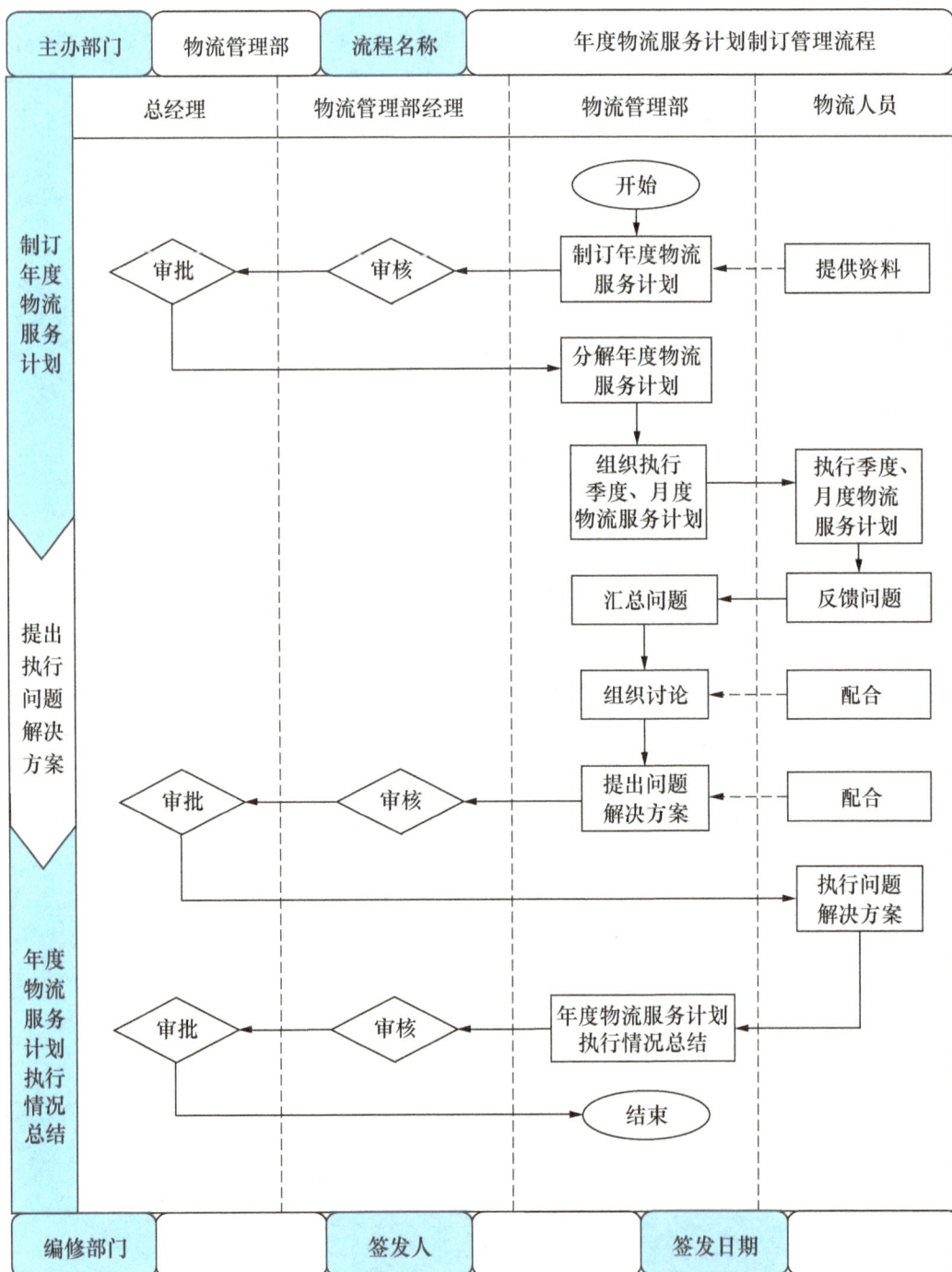

编修部门		签发人		签发日期	

2.5.2 年度物流服务计划制订管理执行程序、工作标准、考核指标、执行规范

任务名称	执行程序、工作标准与考核指标
制订年度物流服务计划	**执 行 程 序** **1. 制订年度物流服务计划** ☆物流管理部组织本部门人员制订年度物流服务计划，并将其提交物流管理部经理审核，之后报总经理审批。 ☆物流人员应向物流管理部提供相关资料。 **2. 分解年度物流服务计划** 年度物流服务计划审批通过后，物流管理部根据本企业的实际情况将该计划分解为季度、月度物流服务计划。 **3. 组织执行季度、月度物流服务计划** 物流管理部组织物流人员执行季度、月度物流服务计划。 **工作重点** 年度物流服务计划的制订不仅要规范，更要符合实际。 **工 作 标 准** ☆质量标准：年度物流服务计划科学、可行。 ☆时间标准：物流管理部应在__个工作日内完成年度物流服务计划的制订工作。 **考 核 指 标** 年度物流服务计划应一次性审批通过。
提出执行问题解决方案	**执 行 程 序** **1. 汇总问题** ☆物流人员应及时将在执行物流服务计划的过程中发现的问题反馈给物流管理部。 ☆物流管理部应汇总物流人员反馈的问题。 **2. 组织讨论** 物流管理部组织相关人员对具体的问题进行讨论。 **3. 提出问题解决方案** 物流管理部根据讨论结果提出问题解决方案，并将其提交物流管理部经理审核，之后报总经理审批。 **工作重点** 物流管理部相关人员在讨论问题的过程中要分析其产生的原因。 **工 作 标 准** 物流管理部应在组织讨论后__个工作日内提出问题解决方案。

任务名称	执行程序、工作标准与考核指标
提出执行问题解决方案	**考 核 指 标** ☆问题发现及时率，其计算公式如下： $$问题发现及时率 = \frac{及时发现的问题数}{发生的问题数} \times 100\%$$ ☆问题解决方案应一次性审批通过。
年度物流服务计划执行情况总结	**执 行 程 序** **1. 执行问题解决方案** 　　问题解决方案审批通过后，物流人员要严格执行该方案。 **2. 年度物流服务计划执行情况总结** 　　物流管理部在每年年底对本年度物流服务计划的执行情况进行总结，编制物流服务计划执行情况总结报告，并将其提交物流管理部经理审核，之后报总经理审批。 **工作重点** 年度物流服务计划执行情况总结报告的编制要规范。 **工 作 标 准** 　　物流管理部应在__个工作日内完成年度物流服务计划执行情况总结报告的编制工作。 **考 核 指 标** 　　年度物流服务计划执行情况总结报告应一次性审批通过。

执 行 规 范
"年度物流服务计划""季度、月度物流服务计划""物流服务计划执行情况总结报告"。

物流仓储配送管理 流程设计与工作标准

2.6 物流服务方案制定管理流程设计与工作执行

2.6.1 物流服务方案制定管理流程设计

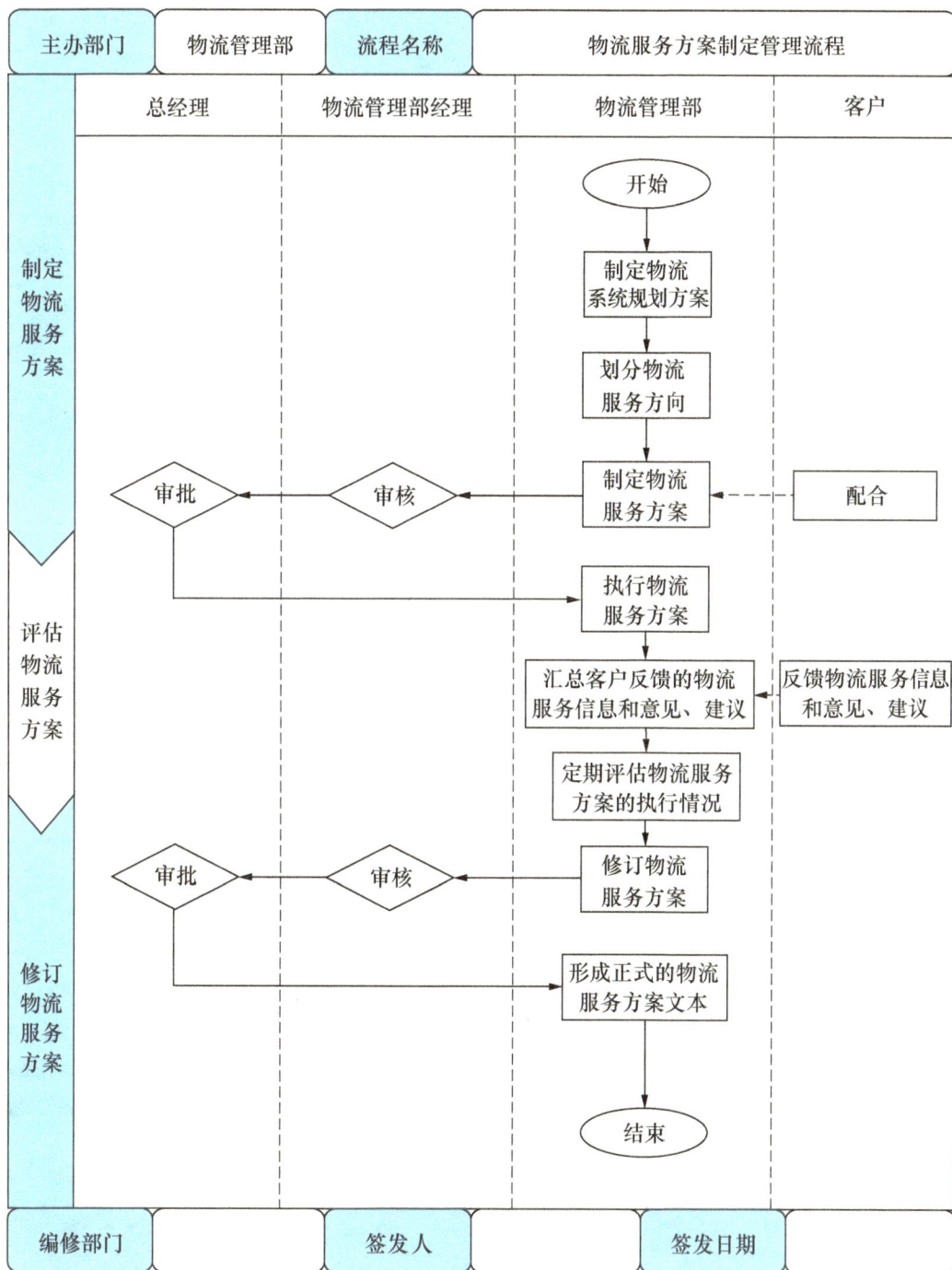

主办部门	物流管理部	流程名称	物流服务方案制定管理流程

	总经理	物流管理部经理	物流管理部	客户

制定物流服务方案

开始

制定物流系统规划方案

划分物流服务方向

制定物流服务方案 ← 配合

审核

审批

执行物流服务方案

评估物流服务方案

汇总客户反馈的物流服务信息和意见、建议 ← 反馈物流服务信息和意见、建议

定期评估物流服务方案的执行情况

修订物流服务方案

审核

审批

修订物流服务方案

形成正式的物流服务方案文本

结束

编修部门		签发人		签发日期	

第 2 章 物流战略分析与选择管理

2.6.2 物流服务方案制定管理执行程序、工作标准、考核指标、执行规范

任务名称	执行程序、工作标准与考核指标
制定物流服务方案	**执 行 程 序** **1. 制定物流系统规划方案** 　物流管理部根据本企业的物流战略，制定物流系统规划方案。 **2. 划分物流服务方向** 　物流管理部按照物流系统规划方案，根据本企业经营发展的业务形式划分物流服务方向。 **3. 制定物流服务方案** ☆物流管理部须定期进行客户调查，以了解客户需求。 ☆物流管理部根据已掌握的信息和客户调查情况，制定物流服务方案，并将其提交物流管理部经理审核，之后报总经理审批。 **工作重点** 　物流服务方案的内容应全面、结构要清晰且无重大纰漏。 **工 作 标 准** ☆质量标准：物流服务方向与主营业务保持一致。 ☆时间标准：物流管理部应在＿个工作日内完成物流服务方案的制定工作。 **考 核 指 标** 　物流服务方案应一次性审批通过。
评估物流服务方案	**执 行 程 序** **1. 执行物流服务方案** 　物流服务方案审批通过后，物流管理部组织执行该方案。 **2. 汇总客户反馈的物流服务信息和意见、建议** ☆企业承接客户物流订单，客户反馈物流服务信息和意见、建议。 ☆物流管理部应汇总客户反馈的物流服务信息和意见、建议。 **3. 定期评估物流服务方案的执行情况** 　物流管理部应定期对物流服务方案的执行情况进行评估。 **工作重点** 　物流管理部通过对物流服务方案的执行情况进行评估，可以及时发现物流服务方案中存在的问题。

任务名称	执行程序、工作标准与考核指标
评估物流 服务方案	**工 作 标 准** ☆内容标准：物流服务方案执行情况评估的内容包括内部成本运营情况、外部市场占有率和利润率等。 ☆质量标准：物流服务方案执行情况评估全面、客观。 **考 核 指 标** 物流服务方案执行情况评估的及时性：应在__个工作日内完成。
修订物流 服务方案	**执 行 程 序** **1. 修订物流服务方案** 　物流管理部根据对物流服务方案执行情况的评估结果，针对特定的问题做出改进，修订物流服务方案，并将修订后的方案提交物流管理部经理审核，之后报总经理审批。 **2. 形成正式的物流服务方案文本** 　修订后的物流服务方案审批通过后，物流管理部应将其形成正式的文本。 **工作重点** 　物流管理部要全面落实修订后的物流服务方案。 **工 作 标 准** ☆质量标准：修订后的物流服务方案符合实际，客户满意度高。 ☆时间标准：物流管理部应在__个工作日内完成物流服务方案的修订工作。 **考 核 指 标** 修订后的物流服务方案应一次性审批通过。
执 行 规 范	
"物流服务方案""物流服务方案执行情况评估报告""物流服务方案修订案"。	

第3章 物流服务定价管理

3.1 物流服务定价管理流程

3.1.1 流程设计的目的

企业设计物流服务定价管理流程的目的如下：

1. 建立严谨、规范的物流服务定价管理制度，不断完善物流服务定价体系；

2. 优化物流服务定价管理流程，为企业物流服务定价调研、分析、调整等工作提供支持。

3.1.2 流程结构设计

物流服务定价管理流程结构设计采取总分式结构，即先设计物流服务定价管理流程，再设计物流服务价格调研管理流程、物流服务定价分析管理流程和物流服务价格调整管理流程，具体如图 3-1 所示。

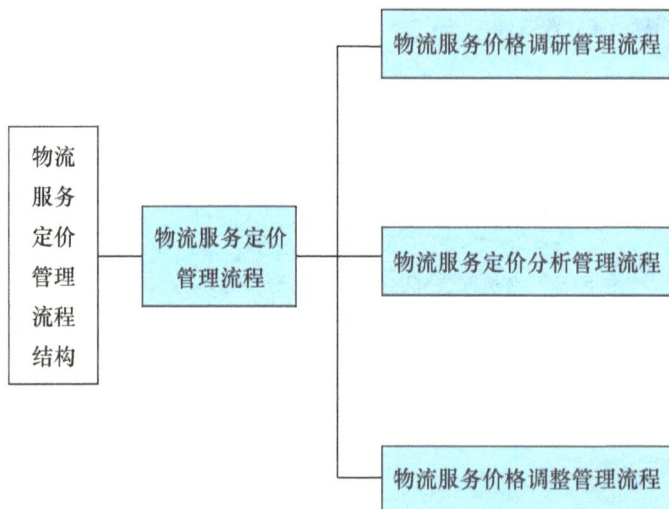

图 3-1　物流服务定价管理流程结构

3.2 物流服务定价管理流程设计与工作执行

3.2.1 物流服务定价管理流程设计

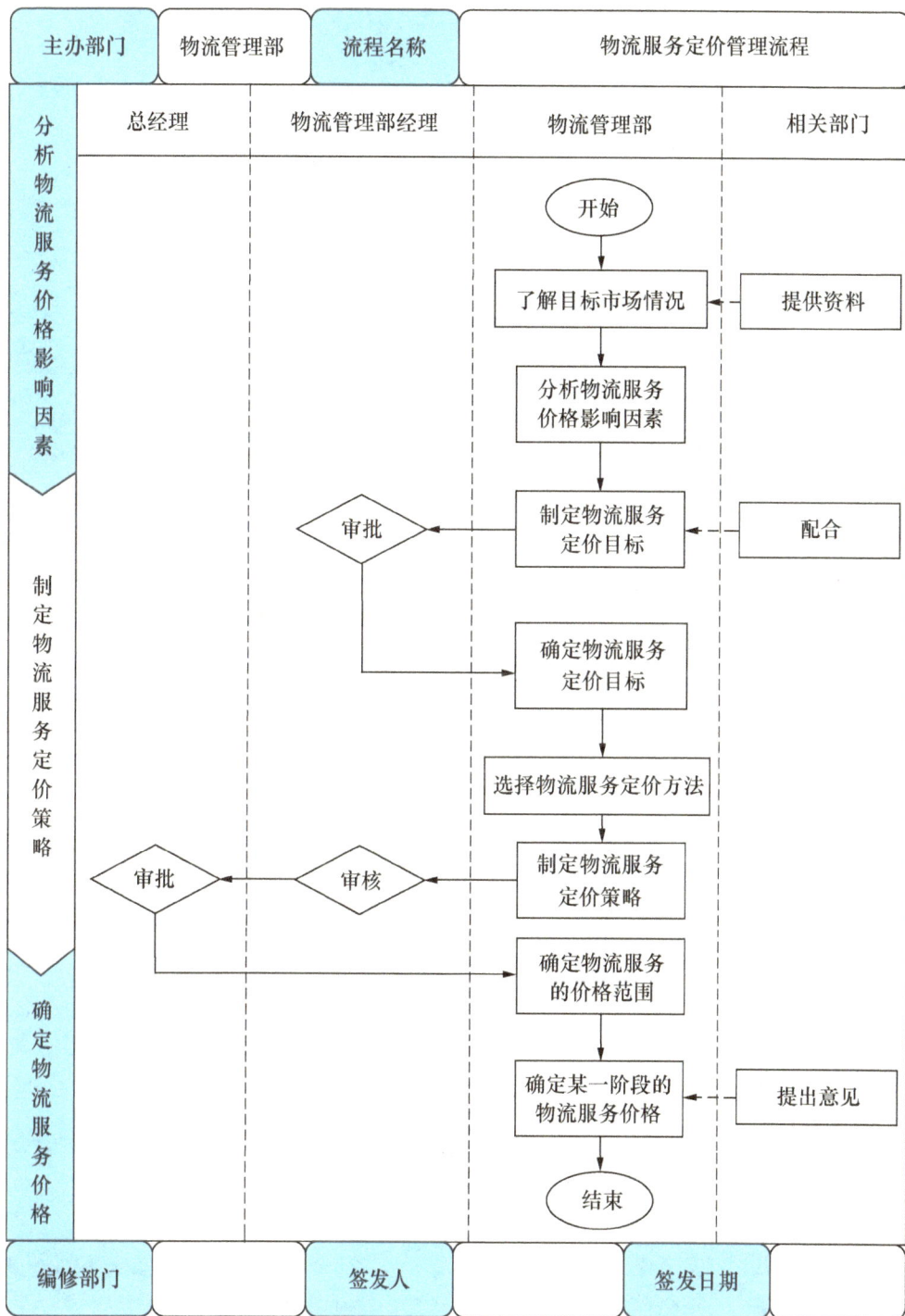

主办部门	物流管理部	流程名称	物流服务定价管理流程

	总经理	物流管理部经理	物流管理部	相关部门
分析物流服务价格影响因素			开始	
			了解目标市场情况	提供资料
			分析物流服务价格影响因素	
制定物流服务定价策略		审批	制定物流服务定价目标	配合
			确定物流服务定价目标	
			选择物流服务定价方法	
	审批	审核	制定物流服务定价策略	
确定物流服务价格			确定物流服务的价格范围	
			确定某一阶段的物流服务价格	提出意见
			结束	

编修部门		签发人		签发日期	

第3章　物流服务定价管理

3.2.2 物流服务定价管理执行程序、工作标准、考核指标、执行规范

任务名称	执行程序、工作标准与考核指标
分析物流服务价格影响因素	**执 行 程 序** **1. 了解目标市场情况** 物流管理部根据自身调研及相关部门提供的资料，了解物流服务目标市场的情况。 **2. 分析物流服务价格影响因素** ☆物流管理部在了解物流服务市场情况后，要分析物流服务价格的影响因素。 ☆物流服务价格的影响因素包括产品特征、市场竞争状况、消费者偏好等。 **工作重点** 物流管理部应根据客户的实际需要，有针对性地分析物流服务目标市场的情况。 **工 作 标 准** 物流管理部应严格按照信息收集的步骤和规范收集及分析信息。
制定物流服务定价策略	**执 行 程 序** **1. 制定物流服务定价目标** ☆物流管理部要根据企业的经营目标制定物流服务定价目标，并将其整理成报告提交物流管理部经理审批。 ☆物流服务定价目标要合理、清晰且可实现。 **2. 确定物流服务定价目标** 物流管理部经理须对物流管理部制定的物流服务定价目标进行分析、核算，确定最终的物流服务定价目标。 **3. 选择物流服务定价方法** 物流管理部应合理选择物流服务定价方法。 **4. 制定物流服务定价策略** 物流管理部应根据物流服务的实际情况制定物流服务定价策略，并将其整理成报告提交物流管理部经理审核，之后报总经理审批。 **工作重点** 物流管理部制定的物流服务定价策略要科学、合理。 **工 作 标 准** 物流管理部应依据市场调研结果、企业价格策略及产品属性等信息，结合行业通行的定价方法制定物流服务定价策略。 **考 核 指 标** 物流服务定价策略制定的及时性：应在__个工作日内完成。

任务名称	执行程序、工作标准与考核指标
确定物流服务价格	**执 行 程 序** **1. 确定物流服务的价格范围** 物流服务定价策略审批通过后，物流管理部根据总经理的审批意见确定物流服务的价格范围。 **2. 确定某一阶段的物流服务价格** 确定物流服务的价格范围后，物流管理部要根据相关部门对该价格范围的意见，确定某一阶段的物流服务价格。 **工作重点** 物流管理部应根据本企业的物流服务情况，确定物流服务的价格范围。
	工 作 标 准 ☆质量标准：物流服务的价格范围符合企业的总体价格策略和物流服务定价策略的要求。 ☆时间标准：物流管理部应在物流服务价格策略审批通过后__个工作日内确定物流服务的价格范围。
	执 行 规 范
	"物流服务价格管理规定""物流服务价格策略制定办法"。

3.3 物流服务价格调研管理流程设计与工作执行

3.3.1 物流服务价格调研管理流程设计

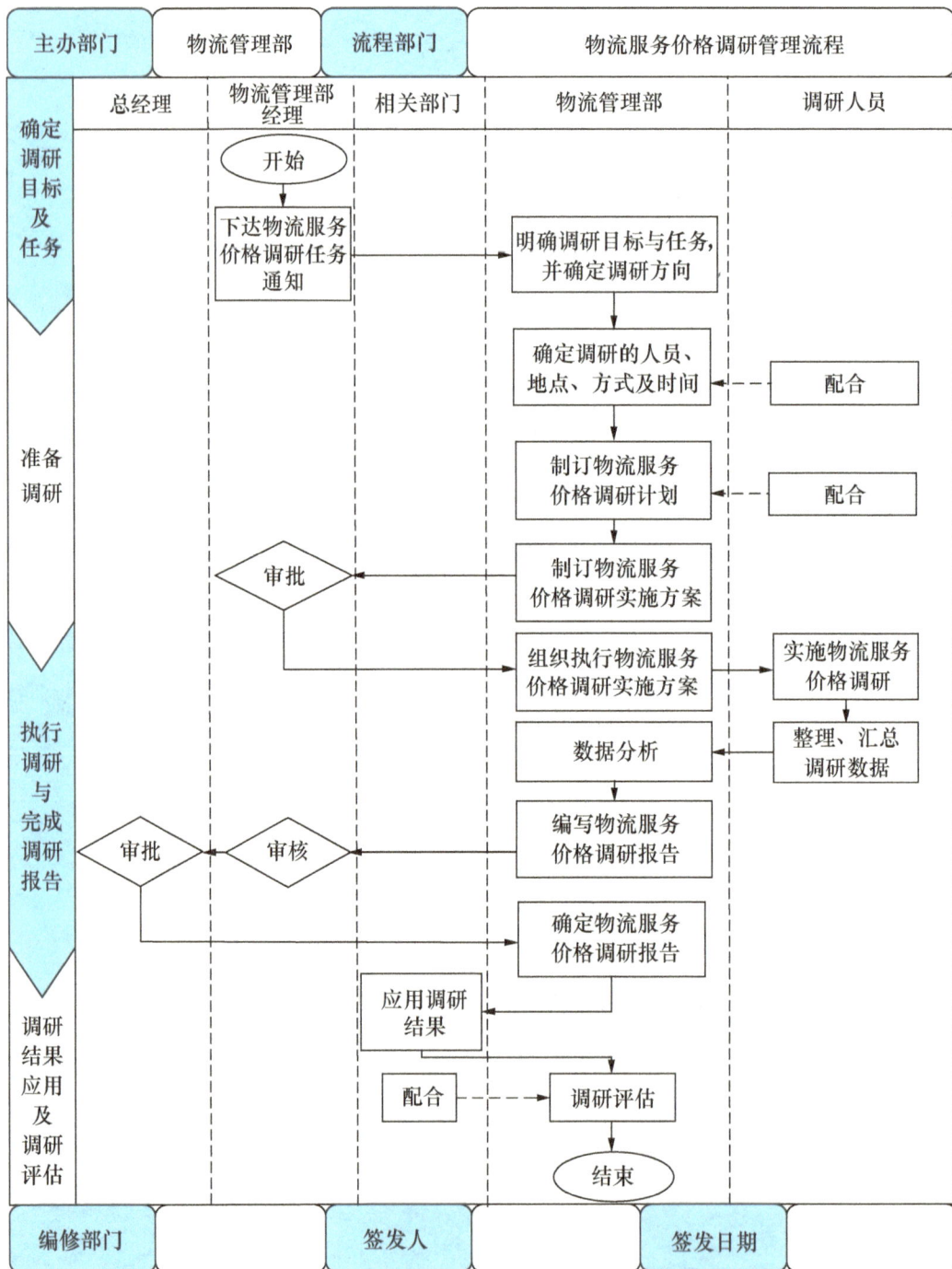

主办部门	物流管理部	流程部门	物流服务价格调研管理流程	
	总经理	物流管理部经理	相关部门	物流管理部	调研人员

确定调研目标及任务

开始

下达物流服务价格调研任务通知 → 明确调研目标与任务，并确定调研方向

准备调研

确定调研的人员、地点、方式及时间 ←---- 配合

制订物流服务价格调研计划 ←---- 配合

审批 ← 制订物流服务价格调研实施方案

执行调研与完成调研报告

组织执行物流服务价格调研实施方案 → 实施物流服务价格调研

数据分析 ← 整理、汇总调研数据

审批 ← 审核 ← 编写物流服务价格调研报告

确定物流服务价格调研报告

调研结果应用及调研评估

应用调研结果

配合 ----→ 调研评估

结束

编修部门		签发人		签发日期	

物流仓储配送管理流程设计与工作标准

/064/

3.3.2　物流服务价格调研管理执行程序、工作标准、考核指标、执行规范

任务名称	执行程序、工作标准与考核指标
确定调研目标及任务	**执 行 程 序** **1. 下达物流服务价格调研任务通知** 　　物流管理部经理向物流管理部下达物流服务价格调研任务通知。 **2. 明确调研目标与任务，并确定调研方向** 　　物流管理部根据物流管理部经理下达的通知，明确调研目标与任务，并确定调研方向。调研方向包括物流服务项目的市场需求调研、物流环境调研、物流成本费用调研及相关具体事务的调研。 **工作重点** 　　物流管理部经理在下达物流服务价格调研任务通知之前，必须掌握物流服务项目的背景，尤其是物流服务的市场定位，以有利于物流管理部确定调研对象。 **工 作 标 准** 　　物流管理部经理掌握物流服务项目的背景，了解此次调研的目标、任务及方向。
准备调研	**执 行 程 序** **1. 确定调研的人员、地点、方式及时间** 　　物流管理部根据物流服务项目的背景、调研目的和调研任务，确定合适的人员、地点、方式及时间。 **2. 制订物流服务价格调研计划** 　　物流管理部应在调研人员的配合下制订物流服务价格调研计划。 **3. 制订物流服务价格调研实施方案** ☆物流管理部根据物流服务价格调研计划制定物流服务价格调研实施方案，方案内容包括调研问卷的设计、人员安排、调研的实施步骤等。 ☆物流管理部应将物流服务价格调研实施方案提交物流管理部经理审批，审批通过后，组织执行该方案。 **工作重点** ☆物流管理部应提前规划每一位调研人员需要完成的任务。 ☆物流服务价格调研实施方案不仅要具有可操作性，更要立足实际，便于企业后期实施和操作。 **工 作 标 准** 　　通过周密的调研准备，为后续的调研工作奠定基础。 **考 核 指 标** ☆物流服务价格调研计划的目的性：要符合企业的总体物流战略和规划。

任务名称	执行程序、工作标准与考核指标
准备调研	☆物流服务价格调研计划的动态性：要随着企业内外部环境的变化而做出相应调整，不可一成不变。 ☆物流服务价格调研计划的相关性：许多并行的物流服务项目之间并不是相互独立的，它们之间具有很强的相关性。
执行调研与完成调研报告	**执 行 程 序** **1. 实施物流服务价格调研** 调研人员根据物流服务价格调研实施方案，采用既定的调研方法和工具实施调研。 **2. 整理、汇总调研数据** ☆调研人员要妥善保管每次调研活动所收集的数据。 ☆调研人员应将收集到的数据进行整理、汇总，并将其提交物流管理部。 **3. 数据分析** 物流管理部应对调研人员提交的数据进行分析，以挖掘数据中隐藏的信息。 **4. 编写物流服务价格调研报告** ☆物流管理部根据数据分析结果编写物流服务价格调研报告，并将其提交物流管理部经理审核，之后报总经理审批。 ☆物流服务价格调研报告审批通过后，物流管理部根据总经理的审批意见确定最终的物流服务价格调研报告。 **工作重点** 物流服务价格调研报告的编写要规范，报告内容应全面、结构要清晰且无重大纰漏。 **工 作 标 准** 物流服务价格调研报告通过领导的审核与审批。 **考 核 指 标** ☆调研实施的规范性、严谨性：确保调研活动工作流程、操作步骤和检验标准严格按照规定执行。 ☆调研所用时间不得超过__天。 ☆调研废卷率，其计算公式如下： $$调研废卷率 = \frac{回收的调研问卷中的废卷数}{发放的调研问卷数} \times 100\%$$
调研结果应用及调研评估	**执 行 程 序** **1. 应用调研结果** 市场部、企划部等相关部门在物流服务项目推进的过程中应用物流服务价格调研报告中的结论、数据。

物流仓储配送管理 流程设计与工作标准

任务名称	执行程序、工作标准与考核指标
调研结果应用及调研评估	**2. 调研评估** 物流服务项目推进工作告一段落后，物流管理部协同其他相关部门客观、全面、准确地评估和分析前期物流服务价格调研活动的成本和效果。 **工作重点** 调研评估工作要严格按照规范进行。
	<div align="center">**工 作 标 准**</div>
	物流服务价格调研报告能够为物流服务项目的推进提供及时、准确的决策支持。
<div align="center">**执 行 规 范**</div>	
"物流服务管理制度""物流服务价格调研计划""物流服务价格调研实施方案""物流服务价格调研报告"。	

3.4 物流服务定价分析管理流程设计与工作执行

3.4.1 物流服务定价分析管理流程设计

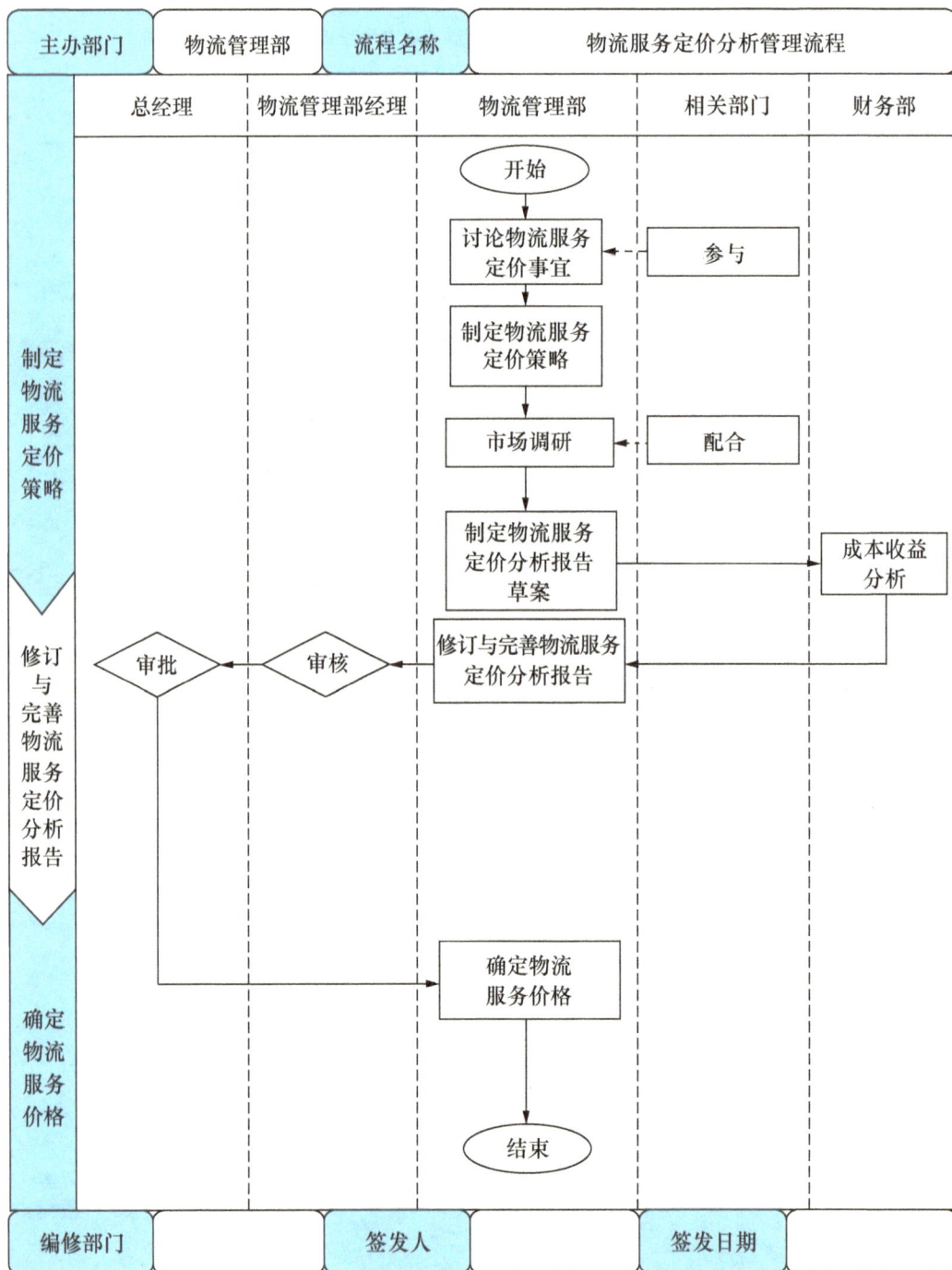

主办部门	物流管理部	流程名称	物流服务定价分析管理流程

物流服务定价分析管理流程图内容如下：

	总经理	物流管理部经理	物流管理部	相关部门	财务部

流程步骤：

制定物流服务定价策略

- 开始
- 讨论物流服务定价事宜 ← 参与（相关部门）
- 制定物流服务定价策略
- 市场调研 ← 配合（相关部门）
- 制定物流服务定价分析报告草案 → 成本收益分析（财务部）

修订与完善物流服务定价分析报告

- 修订与完善物流服务定价分析报告
- 审核（物流管理部经理）
- 审批（总经理）

确定物流服务价格

- 确定物流服务价格
- 结束

编修部门		签发人		签发日期	

3.4.2 物流服务定价分析管理执行程序、工作标准、考核指标、执行规范

任务名称	执行程序、工作标准与考核指标
制定物流服务定价策略	**执行程序** **1. 制定物流服务定价策略** ☆物流服务预推出阶段,物流管理部组织相关部门讨论物流服务定价事宜。 ☆物流管理部根据本企业的物流战略,制定物流服务定价策略。 **2. 市场调研** 　确定物流服务定价策略后,物流管理部组织开展市场调研工作,了解当前同类物流服务的市场状况、竞争对手的物流服务情况及其定价策略等。 **3. 制定物流服务定价分析报告草案** 　物流管理部根据市场调研结果,结合产品的上市策略、该项物流服务的特点、细分目标市场的需求等情况制定物流服务定价分析报告草案。 **4. 成本收益分析** 　财务部应对物流服务定价分析报告草案进行成本收益分析。 **工作重点** 　物流管理部在进行市场调研时,要注意分析同类产品的市场调研信息。 **工作标准** ☆参照标准:本企业过去年度的物流服务定价策略资料。 ☆时间标准:物流管理部应在__个工作日内完成物流服务定价分析报告草案的制定工作。 **考核指标** ☆市场调研项目完备率,其计算公式如下: $$市场调研项目完备率 = \frac{调研完成的项目数}{调研项目总数} \times 100\%$$ ☆物流服务定价分析报告草案应一次性审批通过。
修订与完善物流服务定价分析报告	**执行程序** 　物流管理部根据成本收益分析情况,修订与完善物流服务定价分析报告,并将其提交物流管理部经理审核,之后报总经理审批。 **工作重点** 　物流服务定价分析报告的修订要严格按照规范进行。

任务名称	执行程序、工作标准与考核指标
修订与完善物流服务定价分析报告	**工作标准** ☆质量标准：物流服务定价分析报告遵循市场规律，科学、可行。 ☆考核标准：物流管理部修订物流服务定价分析报告的次数不得超过__次。
确定物流服务价格	**执行程序** 物流服务定价分析报告审批通过后，物流管理部根据总经理的审批意见确定物流服务价格。 **工作重点** 物流管理部确定的物流服务价格要科学、合理。 **工作标准** 物流管理部应在__个工作日内完成物流服务价格的确定工作。
执行规范	
"物流服务定价分析报告""物流战略计划""市场调研报告""物流服务定价分析报告草案"。	

3.5 物流服务价格调整管理流程设计与工作执行

3.5.1 物流服务价格调整管理流程设计

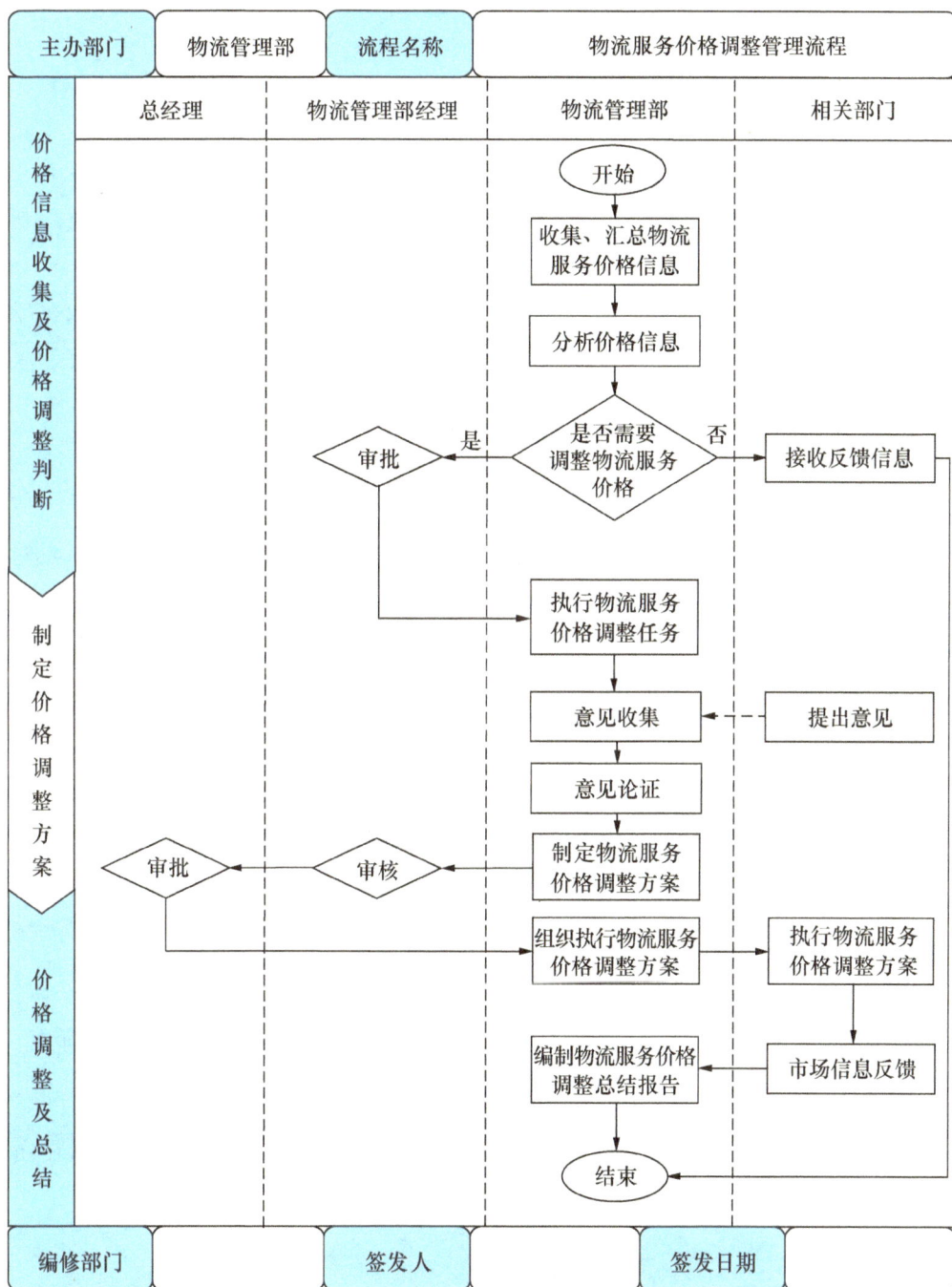

主办部门	物流管理部	流程名称	物流服务价格调整管理流程

	总经理	物流管理部经理	物流管理部	相关部门

价格信息收集及价格调整判断

开始 → 收集、汇总物流服务价格信息 → 分析价格信息 → 是否需要调整物流服务价格

是 → 审批

否 → 接收反馈信息

制定价格调整方案

执行物流服务价格调整任务 → 意见收集 ← 提出意见 → 意见论证 → 制定物流服务价格调整方案 → 审核 → 审批

价格调整及总结

组织执行物流服务价格调整方案 → 执行物流服务价格调整方案 → 编制物流服务价格调整总结报告 ← 市场信息反馈 → 结束

编修部门		签发人		签发日期	

第3章 物流服务定价管理

3.5.2 物流服务价格调整管理执行程序、工作标准、考核指标、执行规范

任务名称	执行程序、工作标准与考核指标
价格信息收集及价格调整判断	**执 行 程 序** **1. 分析价格信息** 　　物流管理部安排相关人员定期收集、汇总、分析物流服务价格信息，全面了解物流服务价格在市场上的竞争情况。 **2. 是否需要调整物流服务价格** ☆物流管理部根据物流服务价格信息的分析结果，判断是否需要调整物流服务价格，如不需要调整物流服务价格，物流管理部应将信息反馈给相关部门。 ☆如需要调整物流服务价格，物流管理部应将相关价格信息的分析结果整理成报告提交物流管理部经理审批。 **工作重点** 　　物流管理部应对物流服务价格信息进行有针对性的分析。 **工 作 标 准** ☆质量标准：物流管理部应严格按照信息收集的步骤和规范收集及分析物流服务价格信息。 ☆内容标准：物流管理部对物流服务价格信息的分析主要从消费者对物流服务价格的反应、竞争对手的定价策略、行业价格状况等方面进行。
制定价格调整方案	**执 行 程 序** **1. 意见论证** ☆物流管理部要根据物流管理部经理的审批意见组织相关人员执行物流服务价格调整任务。 ☆物流管理部要广泛收集相关部门对调整物流服务价格的意见。 ☆物流管理部要对收集到的价格调整意见进行论证。 **2. 制定物流服务价格调整方案** 　　物流管理部应在市场调研结果、本企业价格策略、价格调整意见论证结果的基础上，制定物流服务价格调整方案，并将其提交物理管理部经理审核，之后报总经理审批。 **工作重点** 　　物流管理部应将物流服务价格调整的信息传递给客户及相关部门，以广泛征求他们的意见。

任务名称	执行程序、工作标准与考核指标
制定价格调整方案	**工 作 标 准** ☆依据标准：物流管理部应依据市场调研结果、本企业价格策略及价格调整意见论证结果等信息，制定物流服务价格调整方案。 ☆方法标准：物流管理部可采用成新率价格调整法、指数调整法等方法调整物流服务价格。 **考 核 指 标** 物流服务价格调整方案制定的及时性：应在__个工作日内完成。
价格调整及总结	**执 行 程 序** **1. 组织执行物流服务价格调整方案** 物流服务价格调整方案审批通过后，物流管理部根据总经理的审批意见组织相关部门执行该方案。 **2. 编制物流服务价格调整总结报告** ☆相关部门应对新的物流服务价格进行定期跟踪，并及时向物流管理部反馈市场信息。 ☆物流管理部根据相关部门反馈的信息，编制物流服务价格调整总结报告。 **工作重点** 物流服务价格调整总结报告的编制要规范。 **工 作 标 准** ☆质量标准：物流管理部协同相关部门严格执行物流服务价格调整方案，及时、准确调整相应价格；物流服务价格调整总结报告内容全面，对后续工作有指导意义。 ☆时间标准：物流管理部应在__个工作日内完成物流服务价格调整总结报告的编制工作。

执 行 规 范
"市场调查问卷""物流服务价格分析报告""物流服务价格调整意见表""物流服务价格调整方案""物流服务价格调整总结报告"。

第 **4** 章 物流服务营销管理

4.1 物流服务营销管理流程

4.1.1 流程设计的目的

企业设计物流服务营销管理流程的目的如下：

1. 围绕物流服务营销工作，建立从营销调研、环境分析到市场开发的一整套营销管理体系，使物流服务营销活动体系化、精细化、规范化、程序化和高效化；

2. 明确各部门、各岗位人员的工作职责，使人员各司其职，提高营销管理工作的效率；

3. 指导具体的市场营销活动，提高市场份额，促进企业经营目标的实现。

4.1.2 流程结构设计

物流服务营销管理包括六大事项，我们可以就每个事项设计相应的流程，即物流服务营销环境分析管理流程、物流服务客户分析管理流程、物流服务竞争对手分析管理流程、物流服务市场预测管理流程、物流服务目标市场选择管理流程和物流服务市场开发管理流程，具体如图 4-1 所示。

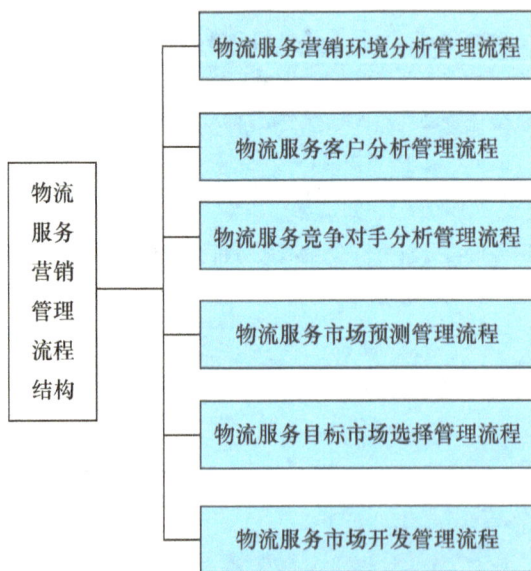

```
                        ┌─────────────────────────┐
                        │ 物流服务营销环境分析管理流程 │
                        └─────────────────────────┘
                        ┌─────────────────────────┐
                        │  物流服务客户分析管理流程   │
                        └─────────────────────────┘
  ┌────┐               ┌─────────────────────────┐
  │物流 │               │ 物流服务竞争对手分析管理流程 │
  │服务 │               └─────────────────────────┘
  │营销 │               ┌─────────────────────────┐
  │管理 │               │  物流服务市场预测管理流程   │
  │流程 │               └─────────────────────────┘
  │结构 │               ┌─────────────────────────┐
  └────┘               │ 物流服务目标市场选择管理流程 │
                        └─────────────────────────┘
                        ┌─────────────────────────┐
                        │  物流服务市场开发管理流程   │
                        └─────────────────────────┘
```

图 4-1 物流服务营销管理流程结构

4.2　物流服务营销环境分析管理流程设计与工作执行

4.2.1　物流服务营销环境分析管理流程设计

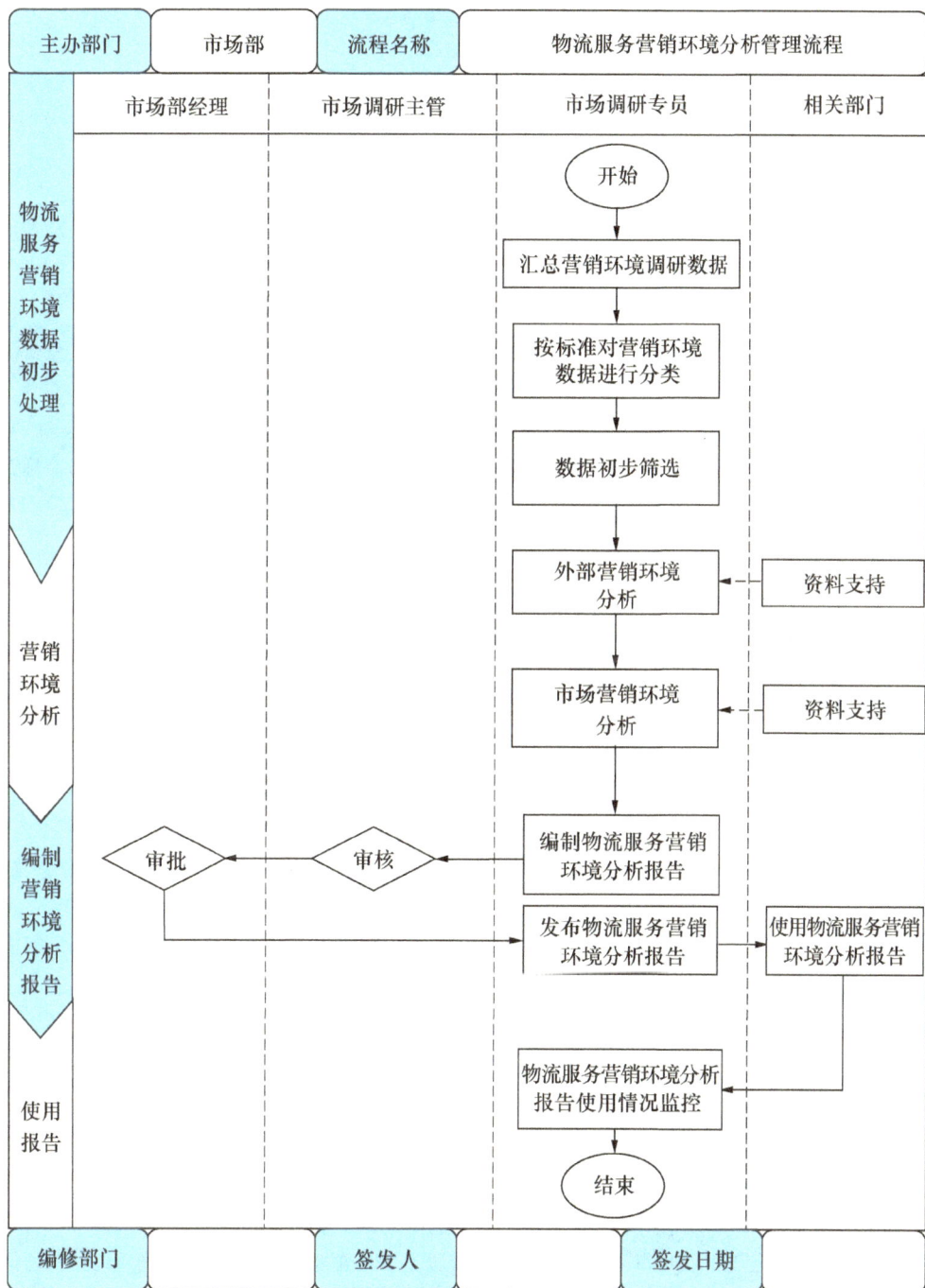

主办部门	市场部	流程名称	物流服务营销环境分析管理流程

市场部经理	市场调研主管	市场调研专员	相关部门

物流服务营销环境数据初步处理

开始

汇总营销环境调研数据

按标准对营销环境数据进行分类

数据初步筛选

外部营销环境分析　←---　资料支持

营销环境分析

市场营销环境分析　←---　资料支持

编制营销环境分析报告

审批　←　审核　←　编制物流服务营销环境分析报告

发布物流服务营销环境分析报告　→　使用物流服务营销环境分析报告

使用报告

物流服务营销环境分析报告使用情况监控

结束

编修部门		签发人		签发日期	

4.2.2　物流服务营销环境分析管理执行程序、工作标准、考核指标、执行规范

任务名称	执行程序、工作标准与考核指标
物流服务营销环境数据初步处理	**执 行 程 序** **1. 汇总营销环境调研数据** 　市场调研专员将物流服务营销环境调研所得数据进行汇总，将所有相关信息以文本的形式记录下来。 **2. 按标准对营销环境数据进行分类** 　市场调研专员对营销环境调研所得数据按调研主题、使用目的、信息时间等标准进行分类。 **3. 数据初步筛选** 　市场调研专员对已分类的数据进行初步筛选。常用的数据筛选方法有时序法、查重法、类比法和专家法四种方法。 **工作重点** 　数据分类非常重要。对企业来说，最好从"用"出发，根据日常使用频率设定数据分类标签。 **工 作 标 准** 　经过初步处理，数据真实、准确。 **考 核 指 标** 　数据筛选的精准度：应将调研数据中错误、失真和重复的数据全部剔除。
营销环境分析	**执 行 程 序** **1. 外部营销环境分析** ☆宏观环境分析：包括所在经济体的宏观经济形势、科技发展水平、人口数量、物流服务使用习惯等宏观环境因素。 ☆产业环境分析：运用相关分析模型或理论（如波特的五力模型和产品生命周期理论）对物流服务行业进行具体分析。 ☆运营环境分析：主要是对物流服务区域的各种情况进行分析，包括物流服务区域的客户数量、机构客户与个人客户的比例、客户的普遍心理预期等。 ☆在分析的过程中，市场调研专员如需帮助，可请相关部门给予资料支持。 **2. 市场营销环境分析** ☆市场竞争程度分析：市场调研专员根据物流服务市场相关数据对市场集中度进行分析，评估该领域的垄断或竞争程度，常用的指标有 CR4、HI 等。 ☆物流服务差异化分析：市场调研专员应对本企业物流服务的独特性进行分析。 ☆进入壁垒分析：市场调研专员应对物流服务领域主要的进入壁垒进行调研、分析、总结。 　常见的壁垒包括政策壁垒、规模经济壁垒、技术壁垒、专业壁垒等。

任务名称	执行程序、工作标准与考核指标
营销环境分析	☆标杆企业分析：市场调研专员应对物流服务领域里排名靠前的企业的各种情况进行分析、总结。 ☆在分析的过程中，市场调研专员如需帮助，可请相关部门给予资料支持。 **工作重点** 营销环境是指一切影响和制约企业营销决策及实施的内外部环境的总和，具有客观性、相关性、多变性、多样性、差异性等特点，除了上述几个方面的分析，企业还可以从其他角度进行深度分析。
	工 作 标 准
	物流服务营销环境分析全面、深入、细致，准确度高。
	考 核 指 标
	物流服务营销环境分析的科学性：市场调研专员在分析的过程中所使用的数据符合实际，分析方法科学。
编制营销环境分析报告	**执 行 程 序**
	1. 编制物流服务营销环境分析报告 市场调研专员依据营销环境分析结果编制物流服务营销环境分析报告，并将其提交市场调研主管审核，之后报市场部经理审批。 **2. 发布物流服务营销环境分析报告** 市场调研专员将审批通过的营销环境分析报告按相关规定发布出去。 **工作重点** 物流服务营销环境分析报告的编制要规范，内容应全面、结构要清晰且无重大纰漏。
	工 作 标 准
	市场调研专员编制的物流服务营销环境分析报告通过领导的审核与审批。
	考 核 指 标
	物流服务营销环境分析报告发布的及时性：应在物流服务营销环境分析报告审批通过后__个工作日内发布完成。
使用报告	**执 行 程 序**
	1. 使用物流服务营销环境分析报告 ☆发布物流服务营销环境分析报告后，相关部门据此制定本部门的工作目标。 ☆相关部门在使用报告的过程中若发现问题，要及时将问题反馈给市场调研专员。

第 4 章 物流服务营销管理

任务名称	执行程序、工作标准与考核指标
使用报告	**2. 物流服务营销环境分析报告使用情况监控** 　　市场调研专员须对物流服务营销环境分析报告的使用情况进行定期监控，在接到使用部门对报告提出的质疑后要及时查找原因，并做出相应处理。 **工作重点** 　　市场调研专员在监控物流服务营销环境分析报告使用情况的过程中，要做好记录。
	工 作 标 准
	通过物流服务营销环境分析报告的使用，企业的营销效果明显好转。
	执 行 规 范
	"市场调研报告""物流服务营销环境分析报告"。

4.3 物流服务客户分析管理流程设计与工作执行

4.3.1 物流服务客户分析管理流程设计

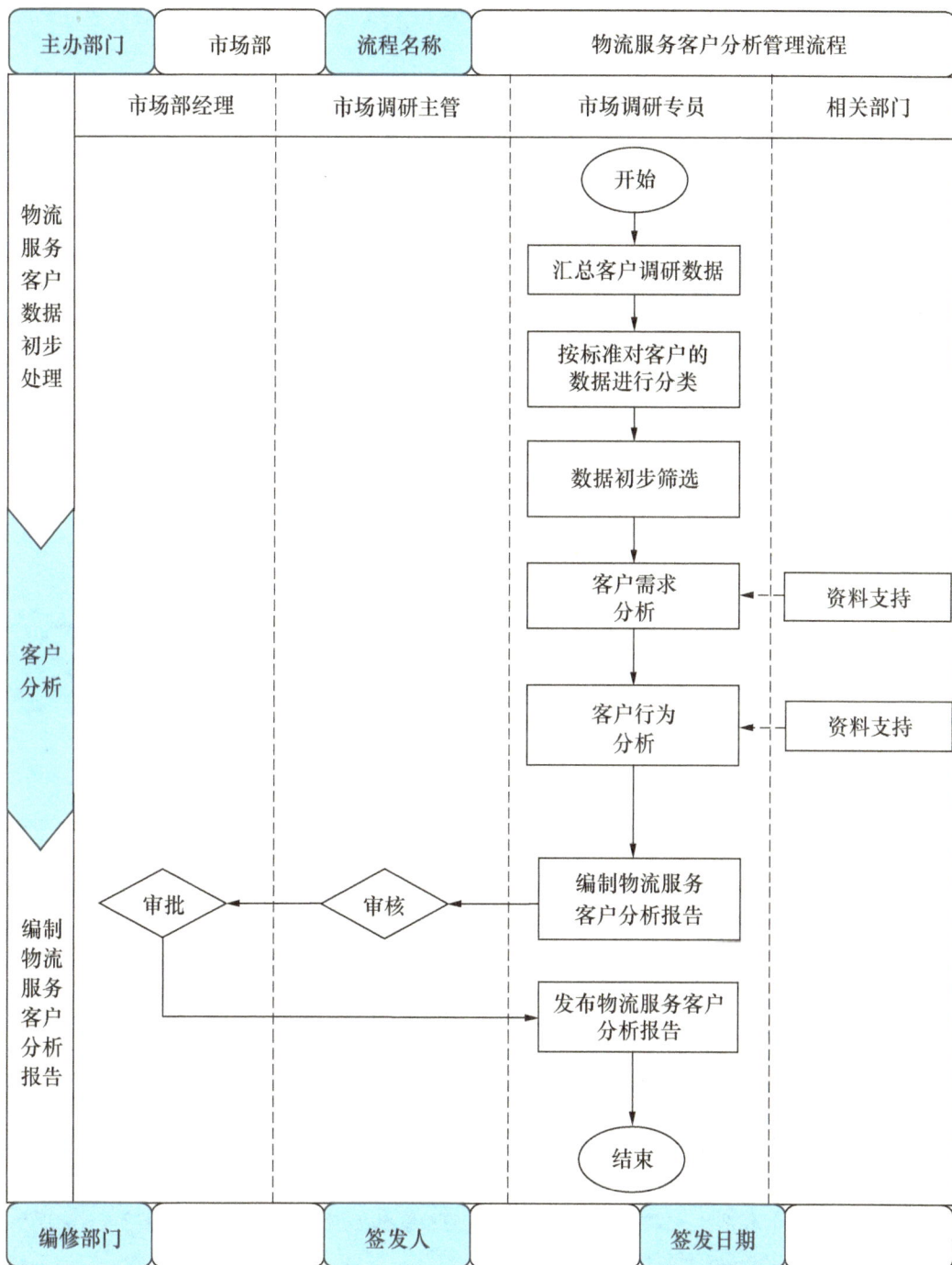

主办部门	市场部	流程名称	物流服务客户分析管理流程

	市场部经理	市场调研主管	市场调研专员	相关部门
物流服务客户数据初步处理			开始 → 汇总客户调研数据 → 按标准对客户的数据进行分类 → 数据初步筛选	
客户分析			客户需求分析	资料支持
			客户行为分析	资料支持
编制物流服务客户分析报告	审批 ← 审核 ←		编制物流服务客户分析报告 → 发布物流服务客户分析报告 → 结束	

编修部门		签发人		签发日期	

第4章　物流服务营销管理

4.3.2 物流服务客户分析管理执行程序、工作标准、考核指标、执行规范

任务名称	执行程序、工作标准与考核指标
物流服务客户数据初步处理	**执 行 程 序** **1. 汇总客户调研数据** 市场调研专员将物流服务客户调研所得数据进行汇总，将所有相关信息以文本的形式记录下来。 **2. 按标准对客户的数据进行分类** 市场调研专员应对客户调研所得数据按调研主题、使用目的、信息时间等标准进行分类。 **3. 数据初步筛选** 市场调研专员应对已分类的数据进行初步筛选。常用的数据筛选方法有时序法、查重法、类比法和专家法四种方法。 **工作重点** 数据分类非常重要。对企业来说，最好从"用"出发，根据日常使用频率设定数据分类标签。 **工 作 标 准** 经过初步处理，数据真实、准确。 **考 核 指 标** 数据筛选的精准度：应将调研数据中错误、失真和重复的数据全部剔除。
客户分析	**执 行 程 序** **1. 客户需求分析** ☆市场调研专员要仔细分析已经经过筛选的客户数据，以了解客户的一般需求和个性化需求。 ☆针对客户的个性化需求，市场调研专员要分析企业物流服务营销应该采取的策略。 ☆在分析的过程中，市场调研专员如需帮助，可请相关部门给予资料支持。 **2. 客户行为分析** ☆市场调研专员应对客户行为进行分析。 ☆在分析的过程中，市场调研专员如需帮助，可请相关部门给予资料支持。 **工作重点** 物流服务客户分析一定要厘清几个关键问题：企业的哪些服务受客户欢迎，回头客有多少，客户对售后服务有哪些要求等。 **工 作 标 准** ☆质量标准：物流服务客户分析全面、深入、细致，准确度高。 ☆目标标准：通过物流服务客户分析，可以掌握物流服务市场的客户需求特征，从而为客户提供有针对性的服务。

任务名称	执行程序、工作标准与考核指标
客户分析	**考 核 指 标** 　　物流服务客户分析的科学性：市场调研专员在分析的过程中所使用的数据符合实际，分析方法科学。
编制物流 服务客户 分析报告	**执 行 程 序** **1. 编制物流服务客户分析报告** 　　市场调研专员依据客户分析结果编制物流服务客户分析报告，并将其提交市场调研主管审核，之后报市场部经理审批。 **2. 发布物流服务客户分析报告** 　　市场调研专员将审批通过的物流服务客户分析报告按相关规定发布出去。 **工作重点** 　　市场调研专员要确保物流服务客户分析报告所包括的全部项目与报告的宗旨有关，剔除一切无关资料。 **工 作 标 准** ☆依据标准：物流服务客户分析报告应依据企业的文书和报告进行编制。 ☆时间标准：物流服务客户分析报告应在＿个工作日内编制完成。 **考 核 指 标** ☆物流服务客户分析报告发布的及时性：应在物流服务客户分析报告审批通过后＿个工作日内发布完成。 ☆物流服务客户分析报告应一次性审批通过。
执 行 规 范	
"市场调研报告""物流服务客户分析报告"。	

第4章　物流服务营销管理

4.4 物流服务竞争对手分析管理流程设计与工作执行

4.4.1 物流服务竞争对手分析管理流程设计

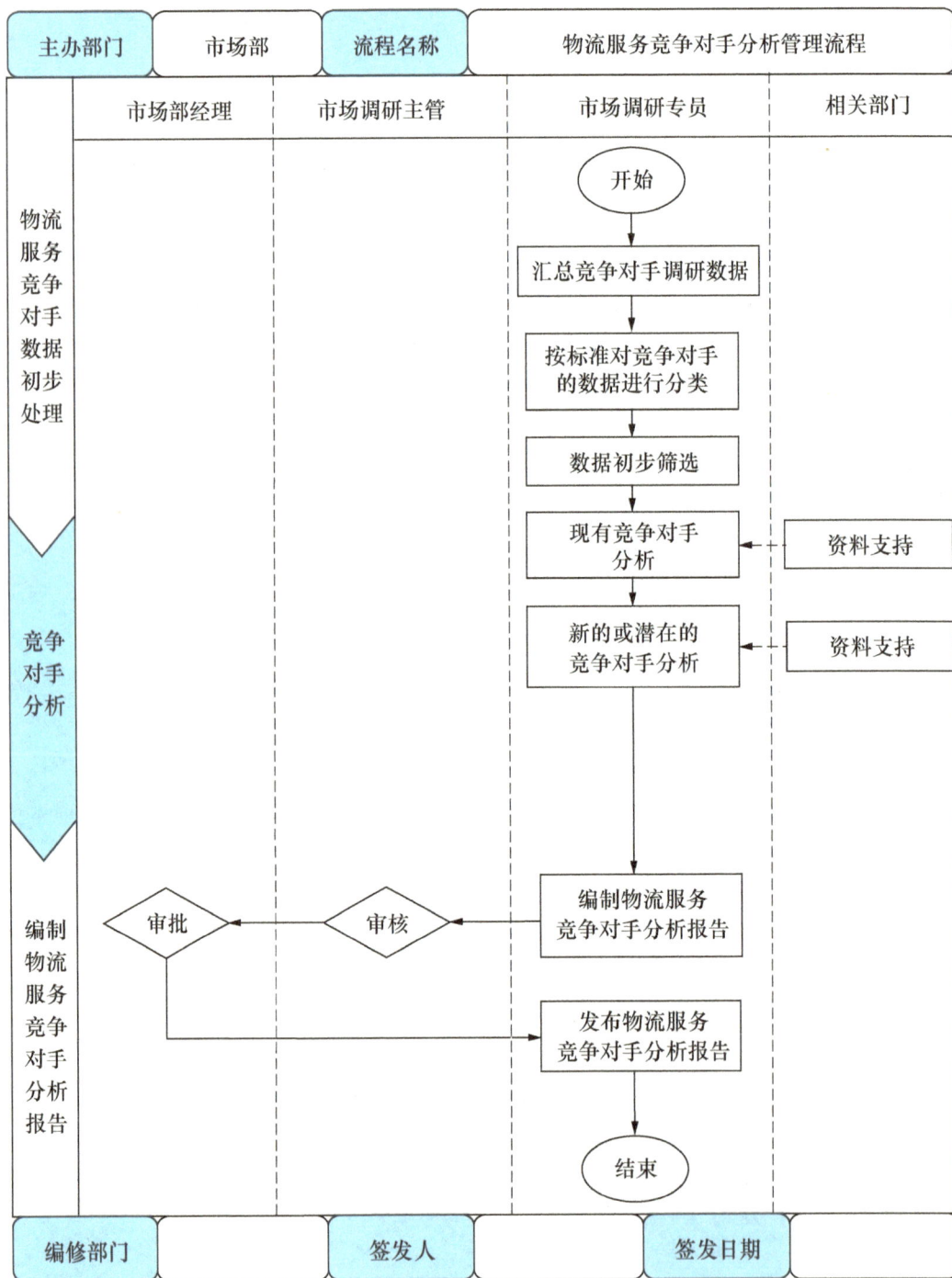

主办部门	市场部	流程名称	物流服务竞争对手分析管理流程

	市场部经理	市场调研主管	市场调研专员	相关部门

物流服务竞争对手数据初步处理

开始 → 汇总竞争对手调研数据 → 按标准对竞争对手的数据进行分类 → 数据初步筛选 → 现有竞争对手分析 ← 资料支持

竞争对手分析

新的或潜在的竞争对手分析 ← 资料支持

编制物流服务竞争对手分析报告

审批 ← 审核 ← 编制物流服务竞争对手分析报告

发布物流服务竞争对手分析报告 → 结束

编修部门		签发人		签发日期	

物流仓储配送管理 流程设计与工作标准

/082/

4.4.2 物流服务竞争对手分析管理执行程序、工作标准、考核指标、执行规范

任务名称	执行程序、工作标准与考核指标
物流服务竞争对手数据初步处理	**执 行 程 序** **1. 汇总竞争对手调研数据** 　市场调研专员将物流服务竞争对手调研所得数据进行汇总，并将所有相关信息以文本的形式记录下来。 **2. 按标准对竞争对手的数据进行分类** 　市场调研专员对竞争对手调研所得数据按调研主题、使用目的、信息时间等标准进行分类。 **3. 数据初步筛选** 　市场调研专员对已分类的数据进行初步筛选。常用的数据筛选方法有时序法、查重法、类比法和专家法四种方法。 **工作重点** 　数据分类非常重要。对企业来说，最好从"用"出发，根据日常使用频率设定数据分类标签。 **工 作 标 准** 　经过初步处理，数据真实、准确。 **考 核 指 标** 　数据筛选的精准度：应将调研数据中错误、失真和重复的数据全部剔除。
竞争对手分析	**执 行 程 序** **1. 现有竞争对手分析** ☆市场调研专员根据已经经过筛选的调研数据分析本企业物流服务的现有竞争对手，尤其是那些增速比较快的竞争对手，找出其竞争优势来源。 ☆在分析的过程中，市场调研专员如需帮助，可请相关部门给予资料支持。 **2. 新的或潜在的竞争对手分析** ☆市场调研专员也要对新的或潜在的竞争对手进行分析，包括正在进行一体化的竞争对手、具有潜在技术优势的竞争对手等。 ☆在分析的过程中，市场调研专员如需帮助，可请相关部门给予资料支持。 **工作重点** 　市场调研专员在分析竞争对手时，要善于运用一些分析模型，如波特竞争对手分析模型，从现行战略、未来目标、竞争实力和自我假设四个方面分析竞争对手的行为及反应模式。

任务名称	执行程序、工作标准与考核指标
竞争对手分析	**工作标准** ☆质量标准：物流服务竞争对手分析全面、深入，分析角度合理，结论准确。 ☆目标标准：通过物流服务竞争对手分析，可以掌握主要竞争对手的优势和潜在的威胁，从而进一步提升企业物流服务的竞争优势。 **考核指标** 　物流服务竞争对手分析的科学性：市场调研专员在分析的过程中所使用的数据符合实际，分析方法科学。
编制物流服务竞争对手分析报告	**执行程序** **1. 编制物流服务竞争对手分析报告** 　市场调研专员依据竞争对手分析结果编制物流服务竞争对手分析报告，并将其提交市场调研主管审核，之后报市场部经理审批。 **2. 发布物流服务竞争对手分析报告** 　市场调研专员将审批通过的物流服务竞争对手分析报告按相关规定发布出去。 **工作重点** 　市场调研专员编制的物流服务竞争对手分析报告所包括的全部项目与报告的宗旨有关，剔除一切无关资料。 **工作标准** ☆依据标准：物流服务竞争对手分析报告应依据企业的文书和报告进行编制。 ☆时间标准：物流服务竞争对手分析报告应在__个工作日内编制完成。 **考核指标** ☆物流服务竞争对手分析报告发布的及时性：应在物流服务竞争对手分析报告审批通过后__个工作日内发布完成。 ☆物流服务竞争对手分析报告应一次性审批通过。
执行规范	
"市场调研报告""物流服务竞争对手分析报告"。	

4.5　物流服务市场预测管理流程设计与工作执行

4.5.1　物流服务市场预测管理流程设计

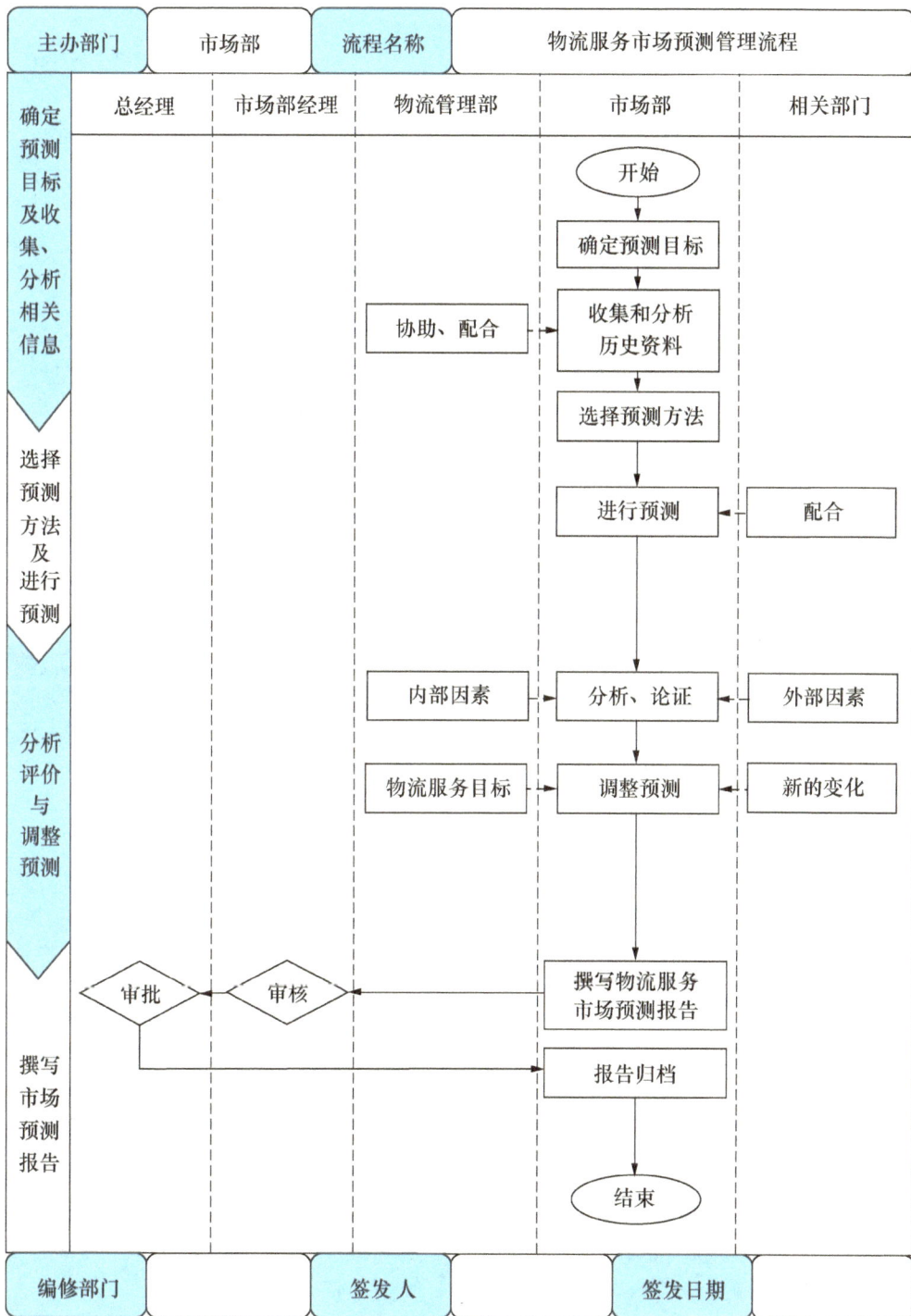

主办部门	市场部	流程名称	物流服务市场预测管理流程

	总经理	市场部经理	物流管理部	市场部	相关部门

确定预测目标及收集、分析相关信息

开始

确定预测目标

协助、配合 → 收集和分析历史资料

选择预测方法

选择预测方法及进行预测

进行预测 ← 配合

分析评价与调整预测

内部因素 → 分析、论证 ← 外部因素

物流服务目标 → 调整预测 ← 新的变化

撰写市场预测报告

审批 ← 审核 ← 撰写物流服务市场预测报告

报告归档

结束

编修部门		签发人		签发日期	

4.5.2 物流服务市场预测管理执行程序、工作标准、考核指标、执行规范

任务名称	执行程序、工作标准与考核指标
确定预测目标及收集、分析相关信息	**执 行 程 序** **1. 确定预测目标** 市场部负责确定物流服务市场预测所要达到的目标，该目标应切实可行，应与本企业的生产经营或发展相关，能为决策者的决策提供参考。 **2. 收集和分析历史资料** 市场部要收集与物流服务市场直接及间接有关的各种资料，资料内容包括物流资源、市场、竞争对手等各方面有价值的信息。 **工作重点** 市场部要确保所收集的资料的真实性。 **工 作 标 准** 市场部收集的资料与预测目标具有相关性。
选择预测方法及进行预测	**执 行 程 序** **1. 选择预测方法** 市场部根据已掌握的资料和确定的预测目标，选择合适的预测方法。常用的预测方法有平均数法、时间序列法、回归分析法等。 **2. 进行预测** ☆当证实了所选择的预测方法有效时，市场部组织相关人员进行物流服务市场预测。 ☆参与预测的人员应对物流服务比较熟悉。 **工作重点** 市场部选择的预测方法必须切实可行，并且考虑到此种方法的操作成本。 **工 作 标 准** 物流服务市场可参照本企业以往年度的市场预测各种资料进行预测。 **考 核 指 标** 预测方法的适用性：预测方法应适用于所要预测的内容和目标。
分析评价与调整预测	**执 行 程 序** **1. 分析、论证** ☆预测完成后，市场部组织相关人员对预测结果进行分析、论证。 ☆在分析、论证时，市场部应充分考虑企业的内外部因素，要全面掌握各种情况。

任务名称	执行程序、工作标准与考核指标
分析评价 与 调整预测	**2. 调整预测** ☆对预测中不符合企业发展目标的部分，市场部应根据实际情况进行相应调整。 ☆若预测后出现了新的情况，应对预测所采用的资料进行更新后，对原预测结果进行修正。 **工作重点** 　对原预测结果进行调整必须实事求是，并且要做好记录，以备日后查阅。
	工 作 标 准 　预测经过调整，更加符合企业的物流服务目标。
	考 核 指 标 ☆预测调整的及时性：一旦发现与实际情况不符，应在__个工作日内进行调整。 ☆预测调整的科学性：所调整的内容应当以事实为依据。
撰写市场 预测报告	**执 行 程 序** **1. 撰写物流服务市场预测报告** ☆市场部根据物流服务市场预测执行情况撰写内容完整、符合规范、指导性强的物流服务市场预测报告。 ☆市场部应将物流服务市场预测报告提交市场部经理审核，之后报总经理审批。 **2. 报告归档** 　市场部应及时将审批通过的物流服务市场预测报告归档，以为日后的市场预测活动提供依据。 **工作重点** 　物流服务市场预测报告的撰写要规范。
	工 作 标 准 　物流服务市场预测报告可参照本企业过去年度的市场预测报告进行撰写。
执 行 规 范	
"物流服务市场预测报告"。	

4.6 物流服务目标市场选择管理流程设计与工作执行

4.6.1 物流服务目标市场选择管理流程设计

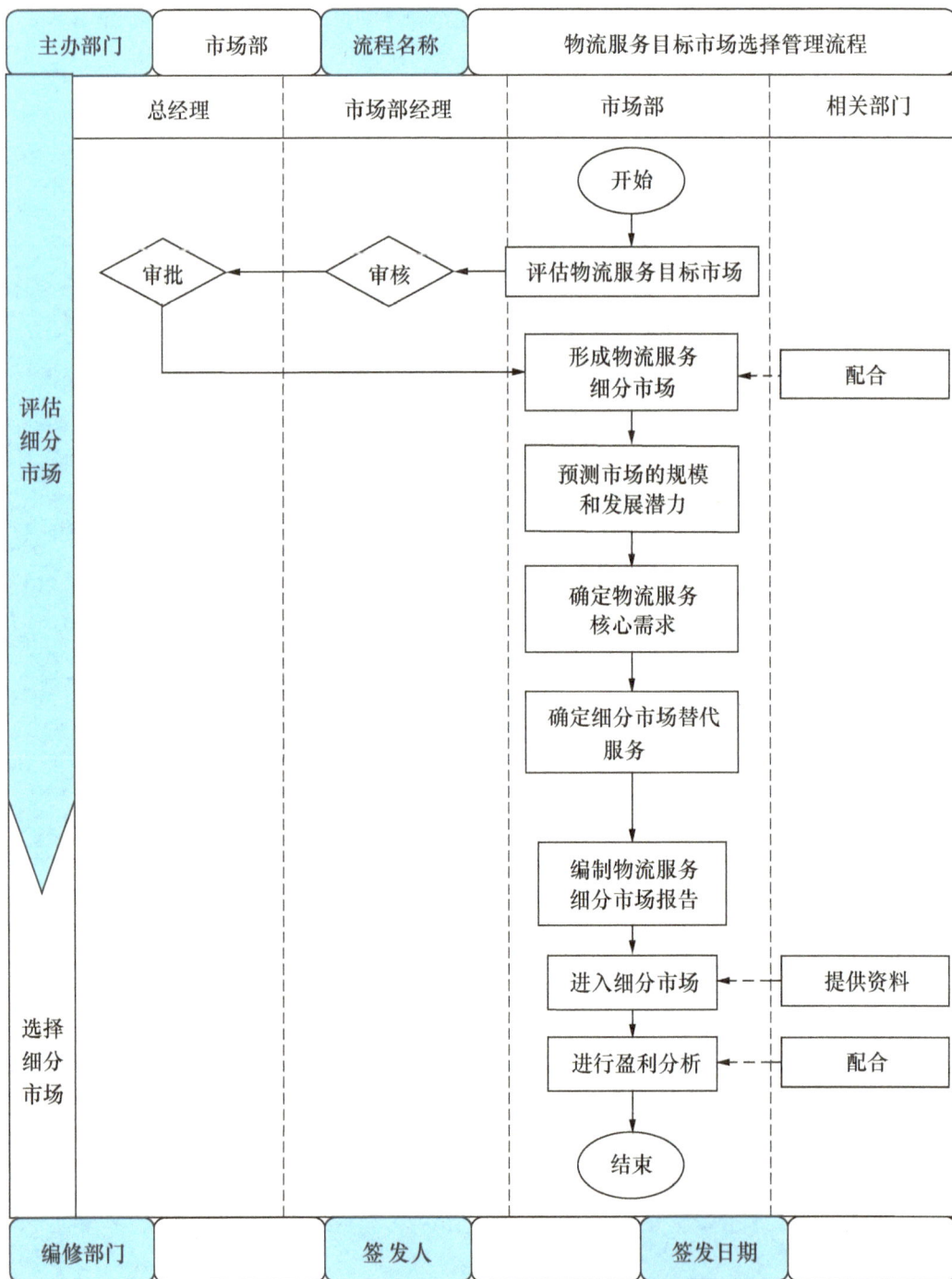

主办部门	市场部	流程名称	物流服务目标市场选择管理流程

	总经理	市场部经理	市场部	相关部门
评估细分市场	审批 ← 审核 ←		开始 ↓ 评估物流服务目标市场 ↓ 形成物流服务细分市场 ↓ 预测市场的规模和发展潜力 ↓ 确定物流服务核心需求 ↓ 确定细分市场替代服务 ↓ 编制物流服务细分市场报告	配合
选择细分市场			进入细分市场 ↓ 进行盈利分析 ↓ 结束	提供资料 / 配合

编修部门		签发人		签发日期	

4.6.2 物流服务目标市场选择管理执行程序、工作标准、考核指标、执行规范

任务名称	执行程序、工作标准与考核指标
评估细分市场	**执 行 程 序** **1. 评估物流服务目标市场** ☆市场部应对物流服务目标市场进行评估，根据本企业的经营目标，确定要进入的目标市场。 ☆确定目标市场后，市场部应将该目标市场的信息整理成报告提交市场部经理审核，之后报总经理审批。 **2. 形成物流服务细分市场** 在确定了企业将要进入的物流服务市场后，相关部门应配合市场部罗列出该服务市场的各种需求，并对消费者进行分类，形成物流服务细分市场。 **3. 预测市场的规模和发展潜力** 物流服务细分市场形成后，市场部应安排相关人员预测市场的规模和发展潜力。 **4. 确定物流服务核心需求** 市场部针对不同的细分市场，确定该市场的核心需求。 **5. 确定细分市场替代服务** 确定核心需求后，市场部要根据调研数据分析细分市场内的竞争状况和盈利能力，确定细分市场的替代服务。 **工作重点** 市场部在确定细分市场之前，需要对物流服务市场进行调研。 **工 作 标 准** 通过评估物流服务目标市场，可以明确企业的物流服务定位，从而聚焦主业，提升企业物流服务的竞争优势。 **考 核 指 标** 物流服务目标市场评估的科学性：市场部在评估的过程中所使用的数据符合实际，评估方法科学。
选择细分市场	**执 行 程 序** **1. 编制物流服务细分市场报告** 市场部应对细分市场的消费者进行分类，并对其议价能力进行调查和分析，编制物流服务细分市场报告。 **2. 进入细分市场** ☆通过对不同细分市场的评估和相关部门提供的资料，市场部相关人员要决定进入哪几个细分市场。 ☆市场部人员根据市场评估结果和本企业的物流服务战略，最终决定进入具体的一个或若干个细分市场。

任务名称	执行程序、工作标准与考核指标
选择细分市场	**3. 进行盈利分析** 　　财务部要配合市场部对已进入的细分市场进行盈利分析。 **工作重点** 　　物流服务细分市场报告所包括的全部内容应与报告的宗旨有关。
	工 作 标 准
	☆依据标准：物流服务细分市场报告应依据企业的文书和报告进行编制。 ☆时间标准：物流服务细分市场报告应在__个工作日内编制完成。
	考 核 指 标
	物流服务细分市场报告应一次性审批通过。
	执 行 规 范
“市场调研报告”“物流服务细分市场报告”。	

4.7 物流服务市场开发管理流程设计与工作执行

4.7.1 物流服务市场开发管理流程设计

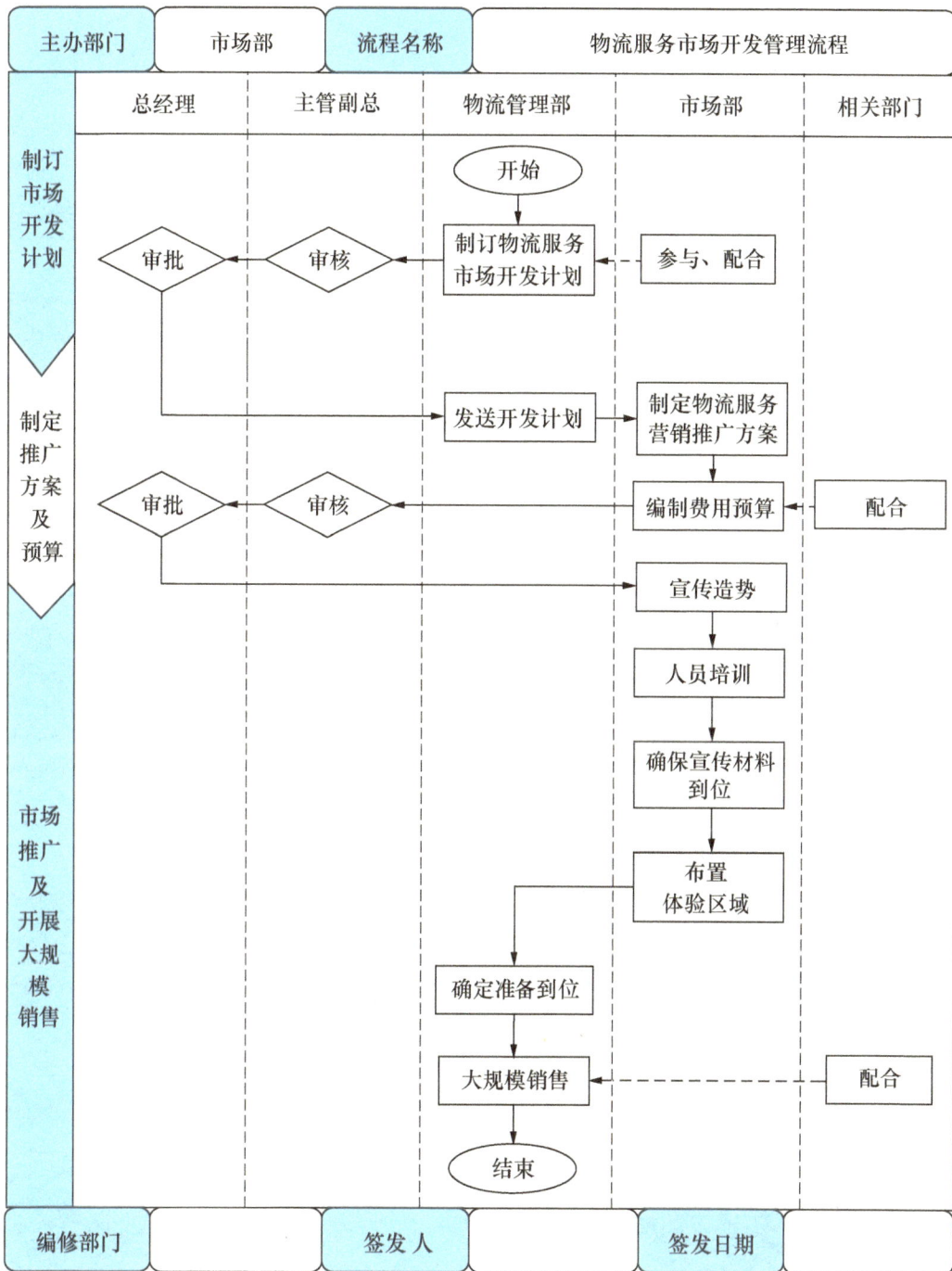

主办部门	市场部	流程名称	物流服务市场开发管理流程

	总经理	主管副总	物流管理部	市场部	相关部门
制订市场开发计划	审批 ←	审核 ←	开始 ↓ 制订物流服务市场开发计划 ←	参与、配合	
制定推广方案及预算	审批 ←	审核 ←	发送开发计划 → 编制费用预算 ←	制定物流服务营销推广方案 ↓	配合
市场推广及开展大规模销售			宣传造势 ↓ 人员培训 ↓ 确保宣传材料到位 ↓ 布置体验区域 确定准备到位 ↓ 大规模销售 ← ↓ 结束		配合

编修部门		签发人		签发日期	

4.7.2　物流服务市场开发管理执行程序、工作标准、考核指标、执行规范

任务名称	执行程序、工作标准与考核指标
制订市场开发计划	**执 行 程 序** **1. 制订物流服务市场开发计划** ☆物流管理部根据本企业的发展战略，综合考虑物流细分市场及本企业的内部物流条件，组织各部门制订物流服务市场开发计划。 ☆物流管理部应将物流服务市场开发计划提交主管副总审核，之后报总经理审批。 **2. 发送开发计划** 　物流管理部根据总经理的审批意见对物流服务市场开发计划进行修订和完善，形成正式计划，并将其发给各部门执行。 **工作重点** 　物流管理部在制订物流服务市场开发计划时要听取各部门的意见，尤其是市场部的意见。 **工 作 标 准** ☆依据标准：物流服务市场开发计划应依据本企业的发展战略进行制订。 ☆时间标准：物流管理部应在__个工作日内完成物流服务市场开发计划的制订工作。 **考 核 指 标** 物流服务市场开发计划应一次性审批通过。
制定推广方案及预算	**执 行 程 序** **1. 制定物流服务营销推广方案** 　市场部应根据物流服务市场开发计划，制定物流服务营销推广方案。 **2. 编制费用预算** ☆市场部根据物流服务营销推广方案，编制费用预算。 ☆市场部应将物流服务营销推广方案及费用预算提交主管副总审核，之后报总经理审批。 **工作重点** 　市场部在编制费用预算时应将预算控制在本企业年度营销推广预算的范围内。 **工 作 标 准** ☆内容标准：物流服务营销推广方案的内容包括销售策略，推广渠道、宣传方式，人员安排等。 ☆时间标准：市场部应在__个工作日内完成物流服务营销推广方案的制定工作。

任务名称	执行程序、工作标准与考核指标
市场推广及开展大规模销售	**执 行 程 序** **1. 宣传造势** 　市场部根据物流服务营销推广方案，与相关媒体进行沟通，确定各类广告创意文案并具体实施，做好正式提供物流服务前的宣传造势工作。 **2. 人员培训** 　市场部负责确定物流服务推广人员，并对其进行必要的知识和技巧培训。 **3. 确保宣传材料到位** 　市场部要确保宣传材料及时到位，以便开展服务销售工作。 **4. 布置体验区域** 　物流服务推广人员根据物流服务的特点，采用合理的方式对体验区域进行布置。 **5. 大规模销售** 　物流管理部在相关部门的配合下，开始大规模销售其服务。 **工作重点** 　在正式提供物流服务前，各项准备工作要做好，确保物流服务按计划开展。
	工 作 标 准 物流服务各项准备工作高效完成。
	考 核 指 标 物流服务正式提供前的准备项目完备率，其计算公式如下： $$物流服务正式提供前的准备项目完备率 = \frac{已完成的项目数}{项目总数} \times 100\%$$

执 行 规 范

"物流服务市场开发计划""物流服务营销推广方案""物流服务销售推广费用预算""物流服务上市工作执行规范"。

5.1　物流订单与合同管理流程

5.1.1　流程设计的目的

企业设计物流订单与合同管理流程的目的如下：

1.确保客户订单从进入系统到物流服务完成的全过程可控，保证物流订单管理效率和物流服务质量；

2.加强对物流合同的管理，提升物流订单的处理效率，提高物流服务水平。

5.1.2　流程结构设计

物流订单与合同管理包括六大事项，我们可以就每个事项设计相应的流程，即物流订单系统建设管理流程、物流订单差错管理流程、物流订单数据分析管理流程、物流订单管理优化管理流程、物流电子合同签订管理流程和物流合同纠纷处理流程，具体如图 5-1 所示。

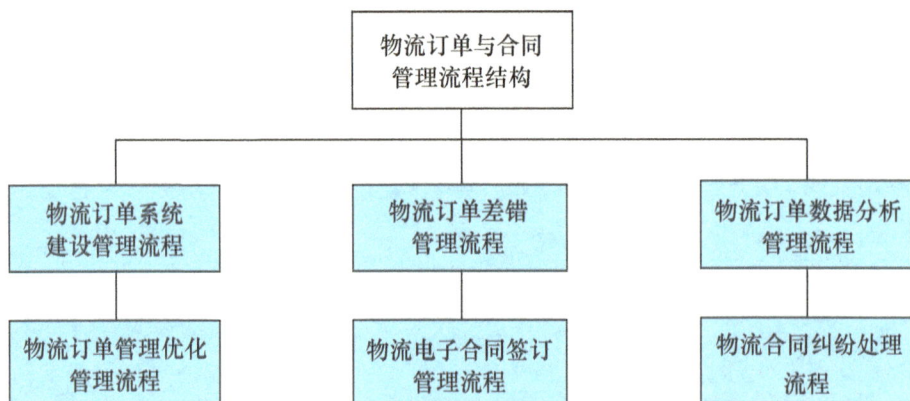

图 5-1　物流订单与合同管理流程结构

5.2 物流订单系统建设管理流程设计与工作执行

5.2.1 物流订单系统建设管理流程设计

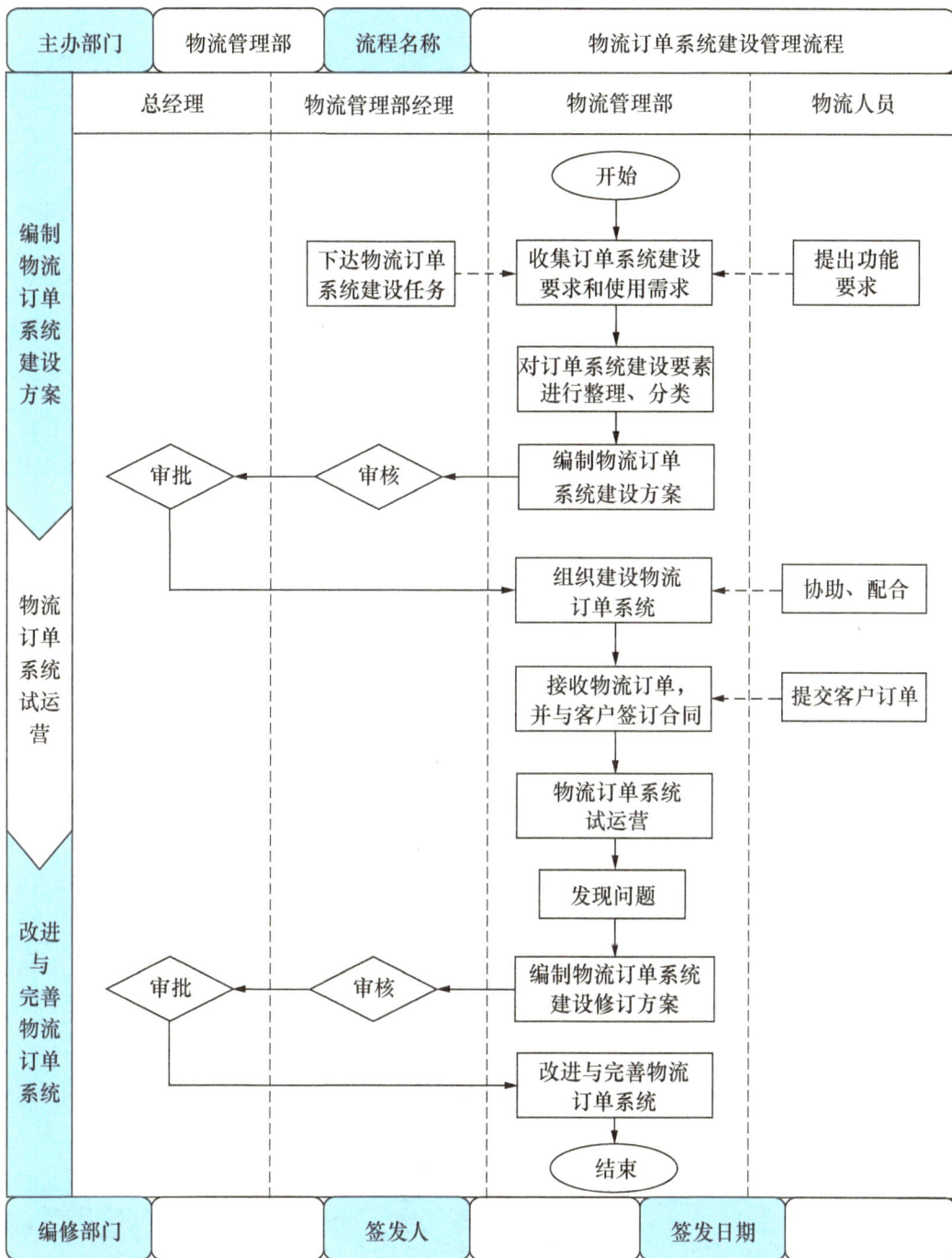

主办部门	物流管理部	流程名称	物流订单系统建设管理流程

	总经理	物流管理部经理	物流管理部	物流人员
编制物流订单系统建设方案			开始	
		下达物流订单系统建设任务	收集订单系统建设要求和使用需求	提出功能要求
			对订单系统建设要素进行整理、分类	
	审批	审核	编制物流订单系统建设方案	
物流订单系统试运营			组织建设物流订单系统	协助、配合
			接收物流订单，并与客户签订合同	提交客户订单
			物流订单系统试运营	
			发现问题	
改进与完善物流订单系统	审批	审核	编制物流订单系统建设修订方案	
			改进与完善物流订单系统	
			结束	

编修部门		签发人		签发日期	

第 5 章 物流订单与合同管理

5.2.2 物流订单系统建设管理执行程序、工作标准、考核指标、执行规范

任务名称	执行程序、工作标准与考核指标
编制物流订单系统建设方案	**执 行 程 序** **1. 收集订单系统建设要求和使用需求** ☆物流管理部经理根据本企业的物流业务发展规划，向物流管理部下达物流订单系统建设任务。 ☆物流管理部接到任务后，应安排相关人员收集订单系统建设要求和使用需求。 ☆物流人员根据日常工作需要，向物流管理部提出订单系统的功能要求。 **2. 对订单系统建设要素进行整理、分类** 　物流管理部要汇总、整理各方对物流订单系统建设的需求，并对重要的订单系统建设要素进行整理、分类。 **3. 编制物流订单系统建设方案** 　物流管理部负责编制物流订单系统建设方案，并将其提交物流管理部经理审核，之后报总经理审批。 **工作重点** 　物流订单系统建设方案应紧紧围绕本企业的物流业务实际需要。 **工 作 标 准** ☆质量标准：物流订单系统建设方案严谨全面、切实可行、科学合理。 ☆目的标准：建设物流订单系统的目的是提升订单处理效率，增强物流业务整体实力。 **考 核 指 标** 　物流订单系统建设方案应一次性审批通过。
物流订单系统试运营	**执 行 程 序** **1. 组织建设物流订单系统** ☆物流订单系统建设方案审批通过后，物流管理部组织建设物流订单系统。 ☆物流人员要协助、配合物流管理部建设物流订单系统。 **2. 接收物流订单，并与客户签订合同** ☆物流人员要及时向物流管理部提交客户订单。 ☆物流管理部在接到客户订单后，应及时与客户签订物流承运合同。 **3. 物流订单系统试运营** 　物流管理部将客户订单导入已建设完成的物流订单系统，进行系统试运营。 **工作重点** 　物流订单系统的建设需要多个部门协同完成。

物流仓储配送管理 流程设计与工作标准

（续）

任务名称	执行程序、工作标准与考核指标
物流订单系统试运营	**工 作 标 准** 物流订单系统项目完整、逻辑层次严谨、执行标准严格。 **考 核 指 标** 物流订单系统项目建设完成率，其计算公式如下： $$物流订单系统项目建设完成率 = \frac{建设完成的订单系统项目数}{筹备建设的订单系统项目数} \times 100\%$$
改进与完善物流订单系统	**执 行 程 序** **1. 发现问题** 物流管理部在物流订单系统试运营的过程中发现系统存在问题。 **2. 编制物流订单系统建设修订方案** 物流管理部针对发现的问题，编制物流订单系统建设修订方案，并将其提交物流管理部经理审核，之后报总经理审批。 **3. 改进与完善物流订单系统** 物流订单系统建设修订方案审批通过后，物流管理部根据总经理的审批意见改进与完善物流订单系统。 **工作重点** 物流管理部要针对发现的物流订单系统问题，制定解决措施。 **工 作 标 准** 物流订单系统问题发现及时，并被妥善解决。 **考 核 指 标** 物流订单系统建设修订方案应一次性审批通过。

执 行 规 范

"物流订单系统建设要素说明""物流订单系统建设方案""物流订单系统试运营报告""物流订单系统试运营问题说明""物流订单系统建设修订方案""物流承运合同"。

5.3 物流订单差错管理流程设计与工作执行

5.3.1 物流订单差错管理流程设计

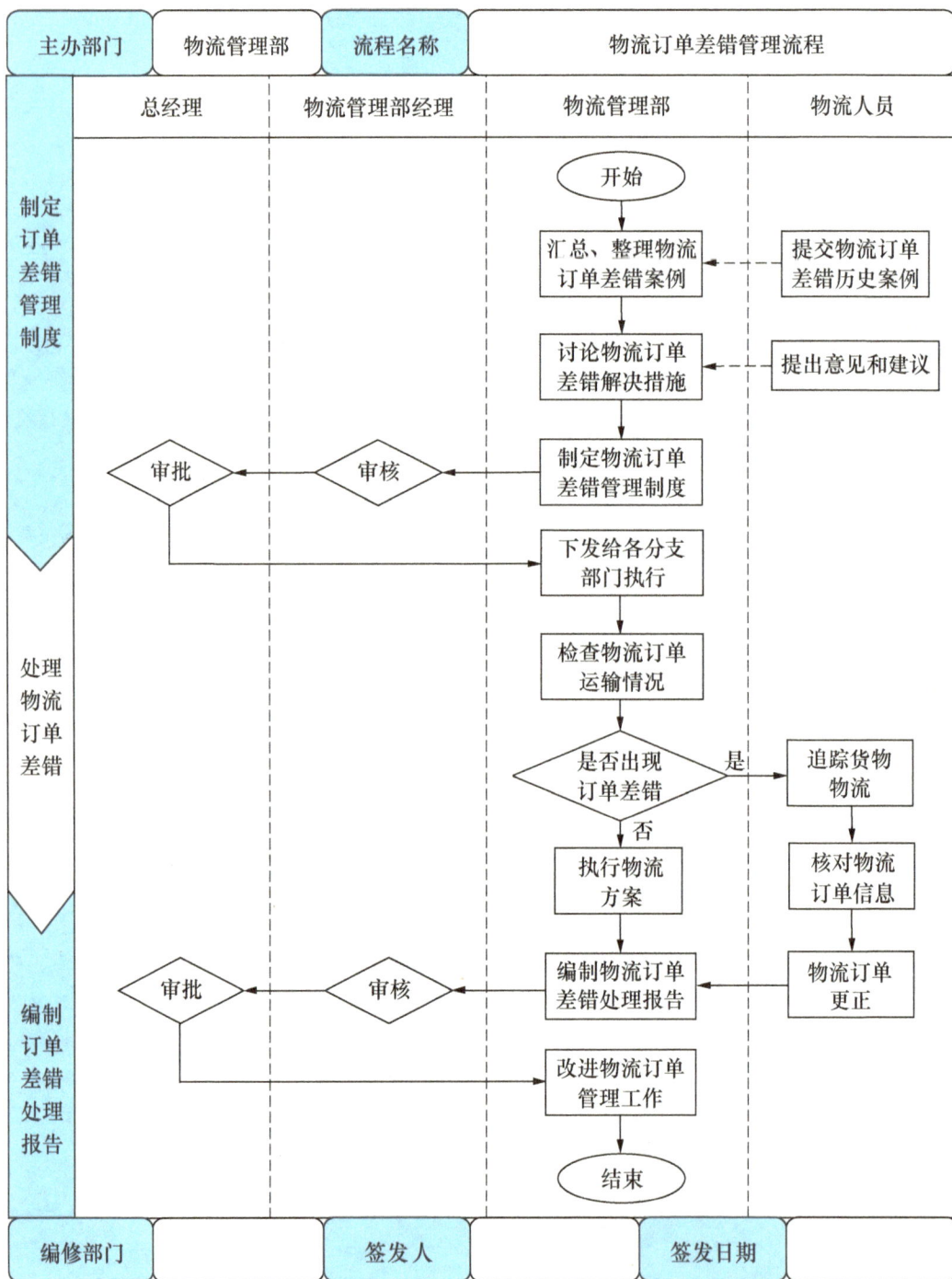

主办部门	物流管理部	流程名称	物流订单差错管理流程

	总经理	物流管理部经理	物流管理部	物流人员

制定订单差错管理制度

开始

汇总、整理物流订单差错案例 ←--- 提交物流订单差错历史案例

讨论物流订单差错解决措施 ←--- 提出意见和建议

审批 ← 审核 ← 制定物流订单差错管理制度

下发给各分支部门执行

处理物流订单差错

检查物流订单运输情况

是否出现订单差错 —是→ 追踪货物物流

否

执行物流方案

核对物流订单信息

物流订单更正

编制订单差错处理报告

审批 ← 审核 ← 编制物流订单差错处理报告

改进物流订单管理工作

结束

编修部门		签发人		签发日期	

物流仓储配送管理 流程设计与工作标准

5.3.2　物流订单差错管理执行程序、工作标准、考核指标、执行规范

任务名称	执行程序、工作标准与考核指标
制定订单差错管理制度	**执 行 程 序** **1. 汇总、整理物流订单差错案例** ☆物流人员向物流管理部提交物流订单差错历史案例。 ☆物流管理部应汇总、整理本企业内部物流订单差错案例，并收集行业内相关问题的资料。 **2. 讨论物流订单差错解决措施** ☆物流管理部组织召开会议，讨论物流订单差错解决措施。 ☆物流人员参与此次会议，提出意见和建议。 **3. 制定物流订单差错管理制度** 　物流管理部根据会议讨论结果制定物流订单差错管理制度，并将其提交物流管理部经理审核，之后报总经理审批。 **工作重点** 　物流订单差错管理制度的制定要规范，制度内容应完整、结构要清晰。 **工 作 标 准** ☆质量标准：物流订单差错管理制度定责清晰、措施合理、高效经济。 ☆目的标准：制定物流订单差错管理制度的目的是保证物流服务品质、提升客户消费体验。 **考 核 指 标** 　物流订单差错管理制度应一次性审批通过。
处理物流订单差错	**执 行 程 序** **1. 检查物流订单运输情况** ☆物流订单差错管理制度审批通过后，物流管理部将该制度下发给各分支部门执行。 ☆物流管理部要实时检查物流订单运输情况。 **2. 是否出现订单差错** ☆物流管理部要判断订单是否出现差错，无差错的物流订单按照既定的物流方案执行。 ☆出现差错的物流订单，物流人员要追踪货物物流，核对物流订单信息。 ☆物流人员根据物流订单差错管理制度，对物流订单进行更正。 **工作重点** 　物流管理部要准确判断物流订单是否出现差错，并及时处理差错订单。 **工 作 标 准** ☆质量标准：物流订单状态检查及时，差错订单处理妥善。 ☆考核标准：差错订单处理合格率为100%。

任务名称	执行程序、工作标准与考核指标
处理物流订单差错	**考 核 指 标**
	差错订单处理的及时性：应在__个工作日内处理完成。
编制订单差错处理报告	**执 行 程 序**
	1. 编制物流订单差错处理报告 　　差错订单处理完成后，物流管理部应编制物流订单差错处理报告，并将其提交物流管理部经理审核，之后报总经理审批。 **2. 改进物流订单管理工作** 　　物流订单差错处理报告审批通过后，物流管理部要总结物流订单差错管理的经验，改进物流订单管理工作。 **工作重点** 物流订单差错处理报告的编制要规范。
	工 作 标 准
	物流订单差错处理报告内容真实、数据准确。
	考 核 指 标
	物流订单差错处理报告应一次性审批通过。
执 行 规 范	
"物流订单差错管理制度""物流订单运输情况说明""物流订单差错处理报告"。	

物流仓储配送管理 流程设计与工作标准

5.4 物流订单数据分析管理流程设计与工作执行

5.4.1 物流订单数据分析管理流程设计

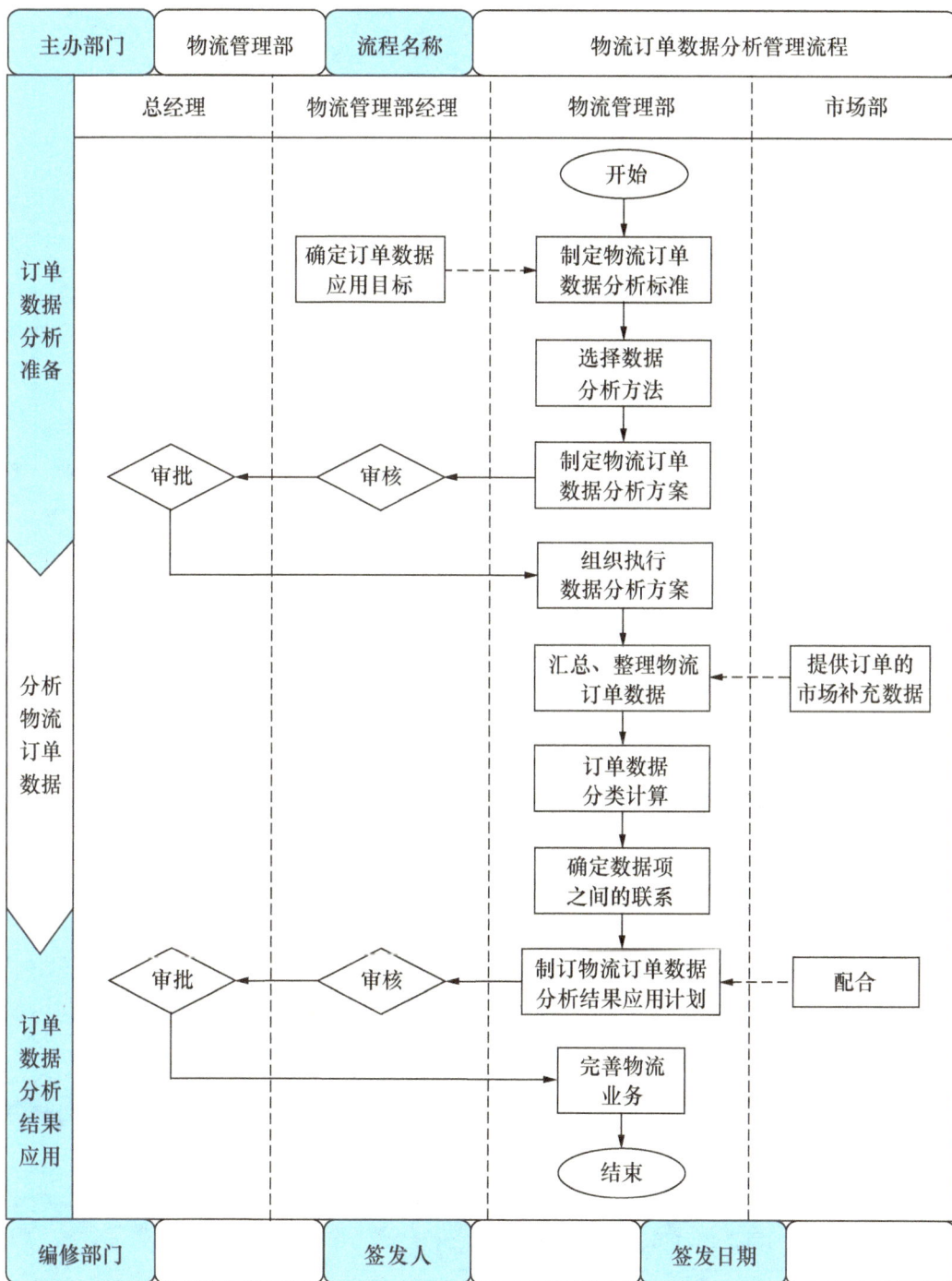

主办部门	物流管理部	流程名称	物流订单数据分析管理流程

	总经理	物流管理部经理	物流管理部	市场部

订单数据分析准备

开始

确定订单数据应用目标 ⟶ 制定物流订单数据分析标准

选择数据分析方法

制定物流订单数据分析方案

审批 ← 审核 ←

组织执行数据分析方案

分析物流订单数据

汇总、整理物流订单数据 ← 提供订单的市场补充数据

订单数据分类计算

确定数据项之间的联系

订单数据分析结果应用

制订物流订单数据分析结果应用计划 ← 配合

审批 ← 审核 ←

完善物流业务

结束

编修部门		签发人		签发日期	

5.4.2 物流订单数据分析管理执行程序、工作标准、考核指标、执行规范

任务名称	执行程序、工作标准与考核指标
订单数据分析准备	**执 行 程 序** **1. 制定物流订单数据分析标准** ☆物流管理部经理负责确定订单数据应用目标，并将其下达给物流管理部。 ☆物流管理部根据订单数据应用目标，制定物流订单数据分析标准。 **2. 选择数据分析方法** 　物流管理部根据本企业的物流业务实际情况，选择合适的数据分析方法。 **3. 制定物流订单数据分析方案** 　物流管理部负责制定物流订单数据分析方案，并将其提交物流管理部经理审核，之后报总经理审批。 **工作重点** 　物流订单数据分析方案的制定应由具备专业素质的人员负责。 **工 作 标 准** 订单数据分析方法符合业务实际、科学适用。 **考 核 指 标** 物流订单数据分析方案应一次性审批通过。
分析物流订单数据	**执 行 程 序** **1. 汇总、整理物流订单数据** ☆订单数据分析方案审批通过后，物流管理部组织执行该方案，并汇总、整理物流订单数据。 ☆市场部应向物流管理部提供订单的市场补充数据。 **2. 订单数据分类计算** 　物流管理部应对整理后的订单数据进行分类，针对不同的数据统计要求进行分类计算。 **3. 确定数据项之间的联系** 　订单数据分类计算完成后，物流管理部根据实际需要制作数据图表，确定数据项之间的联系。 **工作重点** 　物流管理部应针对不同的数据统计要求来计算数据，以免出现差错。 **工 作 标 准** ☆质量标准：订单数据分析计算过程严格、结果准确。 ☆目的标准：订单数据分析工作的目的是体现物流业务的经营情况。

任务名称	执行程序、工作标准与考核指标
分析物流订单数据	**考核指标** 数据统计准确率：目标值为100％。
订单数据分析结果应用	**执行程序** **1. 制订物流订单数据分析结果应用计划** 　物流管理部根据订单数据分析结果制订物流订单数据分析结果应用计划，并将其提交物流管理部经理审核，之后报总经理审批。 **2. 完善物流业务** 　物流订单数据应用计划审批通过后，物流管理部根据总经理的审批意见制定具体的改进措施，完善物流业务。 **工作重点** 　订单数据分析结果应客观、真实。 **工作标准** ☆质量标准：物流订单数据分析结果应用计划切实可行。 ☆考核标准：物流订单数据分析结果应用计划落地比率不低于__％。 **考核指标** 物流订单数据分析结果应用计划应一次性审批通过。
	执行规范
	"物流订单数据分析标准""物流订单数据分析方案""物流订单数据分析结果应用计划"。

第5章 物流订单与合同管理

5.5 物流订单管理优化管理流程设计与工作执行

5.5.1 物流订单管理优化管理流程设计

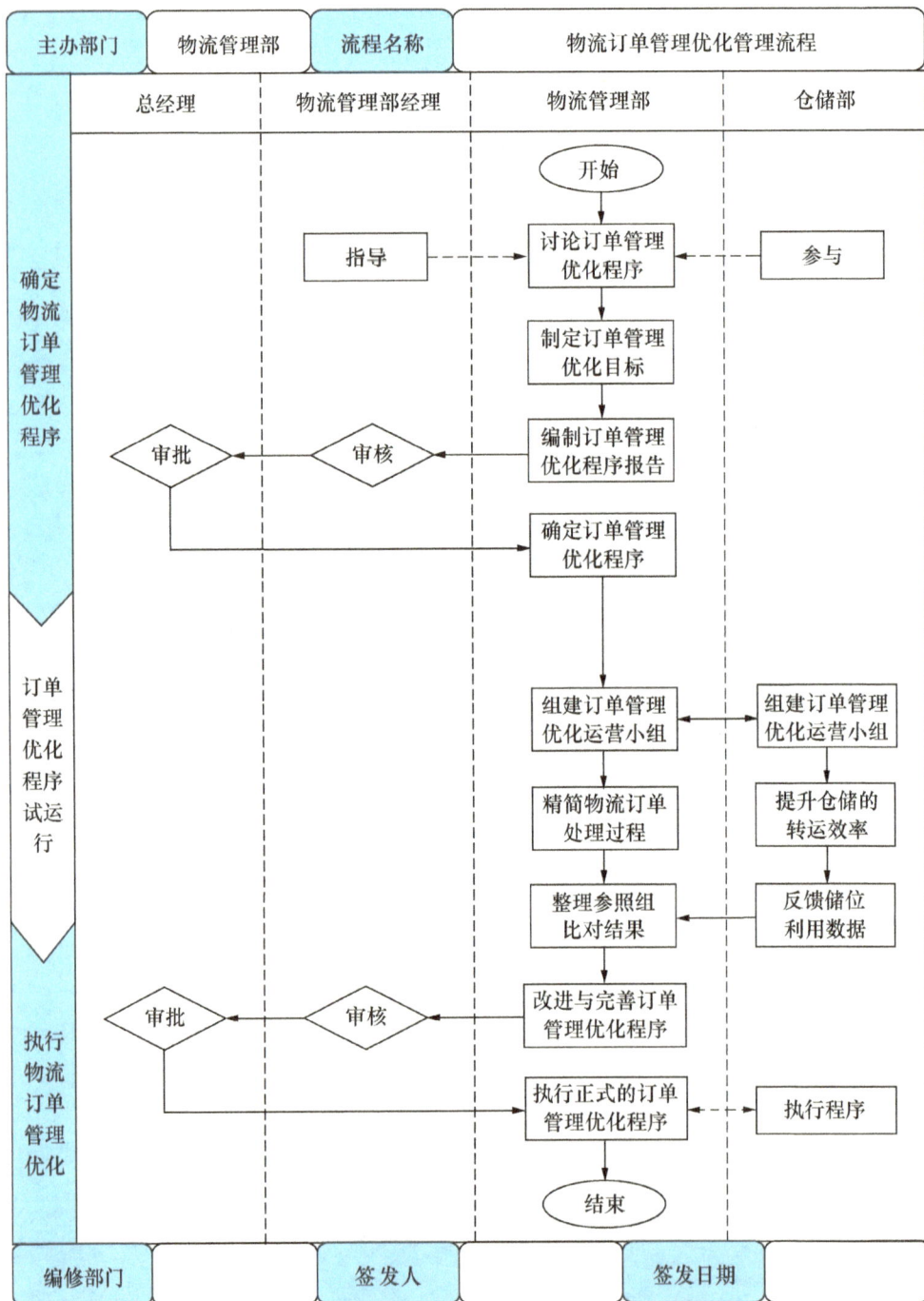

主办部门	物流管理部	流程名称	物流订单管理优化管理流程

	总经理	物流管理部经理	物流管理部	仓储部

确定物流订单管理优化程序

开始

指导 → 讨论订单管理优化程序 ← 参与

制定订单管理优化目标

审批 ← 审核 ← 编制订单管理优化程序报告

确定订单管理优化程序

订单管理优化程序试运行

组建订单管理优化运营小组 ↔ 组建订单管理优化运营小组

精简物流订单处理过程 — 提升仓储的转运效率

整理参照组比对结果 ← 反馈储位利用数据

执行物流订单管理优化

审批 ← 审核 ← 改进与完善订单管理优化程序

执行正式的订单管理优化程序 ⇠ 执行程序

结束

编修部门		签发人		签发日期	

5.5.2 物流订单管理优化管理执行程序、工作标准、考核指标、执行规范

任务名称	执行程序、工作标准与考核指标
确定物流订单管理优化程序	**执 行 程 序** **1. 讨论订单管理优化程序** 　　物流管理部在物流管理部经理的指导下组织召开会议，分析物流订单管理优化的可行措施，讨论订单管理优化程序。 **2. 制定订单管理优化目标** 　　物流管理部根据本企业的业务运营情况和存在的问题，制定订单管理优化目标。 **3. 编制订单管理优化程序报告** 　　物流管理部根据会议讨论结果编制订单管理优化程序报告，并将其提交物流管理部经理审核，之后报总经理审批。 **工作重点** 　　物流订单管理优化程序报告应由一线作业人员编制。 **工 作 标 准** ☆质量标准：物流订单管理优化程序报告编制科学、合理可行、经济实用。 ☆时间标准：物流管理部应在＿个工作日内完成物流订单管理优化程序报告的编制工作。 **考 核 指 标** 物流订单管理优化程序报告应一次性审批通过。
订单管理优化程序试运行	**执 行 程 序** **1. 组建订单管理优化运营小组** 　　物流管理部协同仓储部组建订单管理优化运营小组，负责对物流订单优化程序进行试运营。 **2. 精简物流订单处理过程** 　　物流管理部要调查、分析物流业务体系运行现状，对订单处理业务进行精简，减少非必要手续。 **3. 提升仓储的转运效率** 　　仓储部根据物流订单管理优化程序的指示进行操作，提升仓储的转运效率。 **4. 整理参照组比对结果** 　　订单管理优化运营小组应整理物流管理部和仓储部的试运营结果，并将其与一般参照组比对业务运营结果。 **工作重点** 　　订单管理优化程序的试运行应严格按照规定进行，并设置参照比对组。

任务名称	执行程序、工作标准与考核指标
订单管理优化程序试运行	**工 作 标 准** ☆目的标准：订单管理优化程序试运行的目的是真实反映优化程序的实际效果。 ☆依据标准：订单管理优化程序应依据订单管理优化程序报告的规定进行试运行。 **考 核 指 标** 订单管理优化程序试运行的及时性：应在__个工作日内完成。
执行物流订单管理优化	**执 行 程 序** **1. 改进与完善订单管理优化程序** 　　物流管理部针对订单管理优化程序的试运行结果，改进与完善订单管理优化程序，并将其整理成报告提交物流管理部经理审核，之后报总经理审批。 **2. 执行正式的订单管理优化程序** 　　物流管理部根据总经理的审批意见形成正式的订单管理优化程序文本，将其发给各部门执行。 **工作重点** 　　各部门应严格执行订单管理优化程序。 **工 作 标 准** 　　订单管理优化程序的试运行能够切实解决程序的漏洞、弥补自身的缺陷，完善订单管理优化程序，提升订单管理优化效果。 **考 核 指 标** 　　订单管理优化程序改进与完善的及时性：应在__个工作日内完成。
执 行 规 范	
"物流订单管理优化程序说明""订单管理优化程序试运行报告"。	

5.6 物流电子合同签订管理流程设计与工作执行

5.6.1 物流电子合同签订管理流程设计

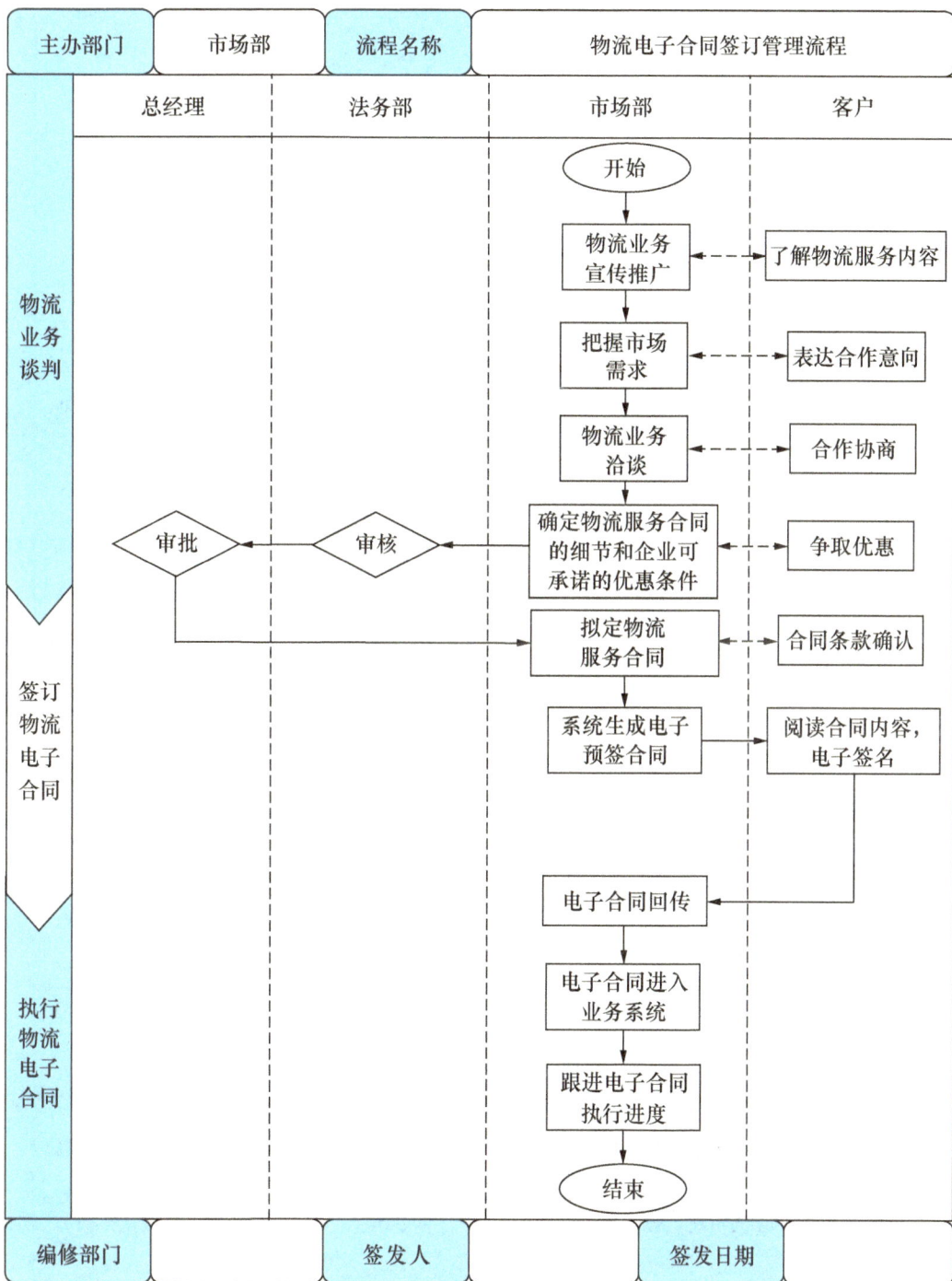

主办部门	市场部	流程名称	物流电子合同签订管理流程

总经理	法务部	市场部	客户

物流业务谈判

开始

物流业务宣传推广 ⇠ 了解物流服务内容

把握市场需求 ⇠ 表达合作意向

物流业务洽谈 ⇠ 合作协商

审批 ← 审核 ← 确定物流服务合同的细节和企业可承诺的优惠条件 ⇠ 争取优惠

签订物流电子合同

拟定物流服务合同 ⇠ 合同条款确认

系统生成电子预签合同 → 阅读合同内容，电子签名

执行物流电子合同

电子合同回传 ←

电子合同进入业务系统

跟进电子合同执行进度

结束

编修部门		签发人		签发日期	

5.6.2 物流电子合同签订管理执行程序、工作标准、考核指标、执行规范

任务名称	执行程序、工作标准与考核指标
物流业务谈判	**执 行 程 序** **1. 物流业务宣传推广** ☆市场部对本企业的物流业务进行宣传推广，以促进物流业务服务销售。 ☆客户通过公开信息了解企业提供的物流服务内容。 **2. 把握市场需求** ☆市场部在宣传推广的过程中接触客户，了解客户的想法，准确把握市场需求。 ☆客户进一步了解企业的物流服务，表达合作意向。 **3. 物流业务洽谈** 市场部人员与客户就物流服务合同进行沟通、协商、谈判。 **4. 确定物流服务合同的细节和企业可承诺的优惠条件** 双方达成一致意见后，市场部针对客户提出的优惠要求，确定物流服务合同的具体细节和本企业可承诺的优惠条件，并将其整理成报告提交法务部审核，之后报总经理审批。 **工作重点** 市场部人员在与客户进行谈判时，应以双赢为目标。 **工 作 标 准** 物流服务合同谈判转化成功率应大于__%。 **考 核 指 标** 客户订单转化率，其计算公式如下： $$客户订单转化率 = \frac{成功转化的订单数}{订单总数} \times 100\%$$
签订物流电子合同	**执 行 程 序** **1. 拟定物流服务合同** ☆市场部人员根据总经理的审批意见拟定物流服务合同。 ☆客户查看物流服务合同，确认合同内容。 **2. 系统生成电子预签合同** 客户确认合同内容没有问题后，系统会自动生成电子预签合同。 **3. 阅读合同内容，电子签名** 客户阅读电子合同内容，确认无误后在企业已完成预签的电子合同上进行电子签名。 **工作重点** 市场部人员要检查客户在电子预签合同上的签名是否规范，确保电子合同法律效力。

任务名称	执行程序、工作标准与考核指标
签订物流电子合同	**工 作 标 准** 电子预签合同内容准确、条款清晰、权责清楚。 **考 核 指 标** 电子签名结果检查准确率：目标值为 100%。
执行物流电子合同	**执 行 程 序** **1. 电子合同回传** 客户完成电子签名后，市场部人员将生效的电子合同通过系统回传企业。 **2. 电子合同进入业务系统** 回传的电子合同会进入本企业的业务系统。 **3. 跟进电子合同执行进度** 市场部应定期跟进电子合同的执行进度。 **工作重点** 电子合同进入本企业的业务系统后，相关部门要按照合同约定开展工作。 **工 作 标 准** ☆时间标准：电子合同签订完成后，市场部应在__小时内将合同回传企业。 ☆质量标准：物流服务合同执行进度安排合理、科学高效。 **考 核 指 标** 电子合同回传及时率：目标值为 100%。
执 行 规 范	
"物流服务电子预签合同""电子合同签约管理制度""物流服务合同"。	

第5章 物流订单与合同管理

5.7 物流合同纠纷处理流程设计与工作执行

5.7.1 物流合同纠纷处理流程设计

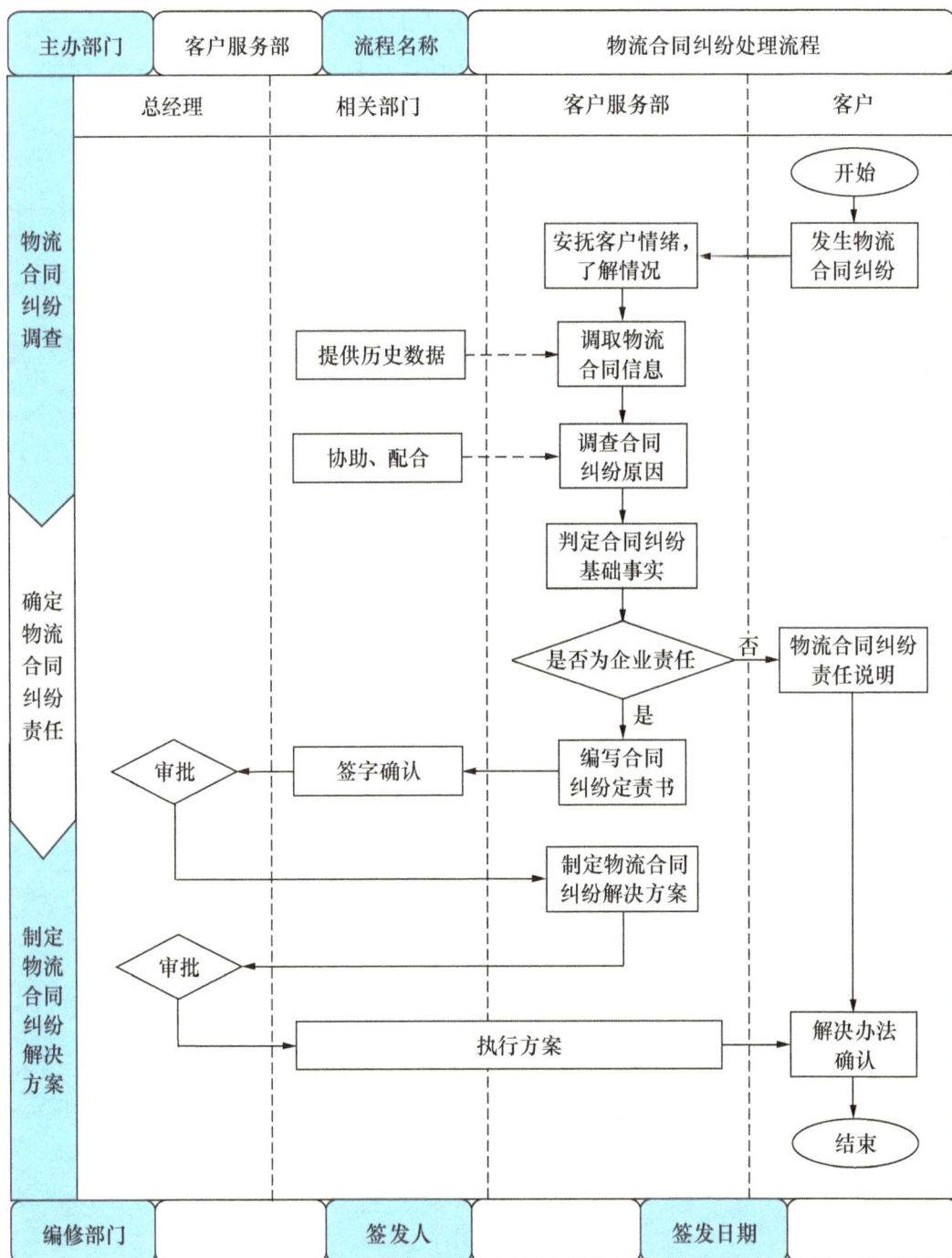

主办部门	客户服务部	流程名称	物流合同纠纷处理流程
	总经理	相关部门	客户服务部	客户

物流合同纠纷调查

开始

发生物流合同纠纷

安抚客户情绪，了解情况

提供历史数据 → 调取物流合同信息

协助、配合 → 调查合同纠纷原因

判定合同纠纷基础事实

确定物流合同纠纷责任

是否为企业责任 — 否 → 物流合同纠纷责任说明

是

审批 ← 签字确认 ← 编写合同纠纷定责书

制定物流合同纠纷解决方案

制定物流合同纠纷解决方案

审批

执行方案 → 解决办法确认

结束

| 编修部门 | | 签发人 | | 签发日期 | |

5.7.2 物流合同纠纷处理执行程序、工作标准、考核指标、执行规范

任务名称	执行程序、工作标准与考核指标
物流合同纠纷调查	**执 行 程 序** **1. 安抚客户情绪，了解情况** ☆客户与企业签订物流合同，在合同的执行过程中发生合同纠纷。 ☆客户服务部应及时受理客户合同纠纷，安抚客户情绪，并了解具体情况。 **2. 调取物流合同信息** ☆客户服务部根据合同纠纷的情况，向客户表达明确的负责意识与解决态度。 ☆客户服务部根据合同纠纷的发生时间，调取物流合同的具体信息。 ☆物流管理部、仓储部等部门向客户服务部提供历史数据。 **3. 调查合同纠纷原因** ☆客户服务部根据合同纠纷的内容和条款，调查具体的原因。 ☆物流管理部、仓储部等部门要协助、配合客户服务部调查取证。 **工作重点** 　客户服务部要妥善处理合同纠纷，避免给本企业造成负面影响。 **工 作 标 准** 物流合同纠纷受理及时、处理妥善；纠纷原因调查深入、过程严谨客观。 **考 核 指 标** 合同纠纷原因调查的及时性：应在__个工作日内完成。
确定物流合同纠纷责任	**执 行 程 序** **1. 判定合同纠纷基础事实** 　客户服务部根据已掌握的物流合同纠纷实际情况，对合同纠纷的基础事实进行判定。 **2. 是否为企业责任** ☆客户服务部根据物流合同纠纷事实判定结果,确定企业是否应当对合同纠纷负主要责任。 ☆若物流合同纠纷的主要过错方为客户，客户服务部应向客户说明情况，并向客户提供物流合同纠纷责任说明。 **3. 编写合同纠纷定责书** ☆若物流合同纠纷的过错方为企业，客户服务部应根据纠纷的具体事项编写合同纠纷定责书，并将其发给相关责任部门签字确认。 ☆客户服务部应将合同纠纷定责书提交总经理审批。 **工作重点** 　客户服务部应准确判定合同纠纷的过错方。

第 5 章　物流订单与合同管理

任务名称	执行程序、工作标准与考核指标
确定物流合同纠纷责任	**工 作 标 准** 合同纠纷责任判定过程严谨、结果客观、定责清晰。 **考 核 指 标** 合同纠纷定责书编写的及时性：应在__个工作日内完成。
制定物流合同纠纷解决方案	**执 行 程 序** **1. 制定物流合同纠纷解决方案** 　合同纠纷定责书审批通过后，客户服务部应制定物流合同纠纷解决方案，并将其提交总经理审批。 **2. 执行方案** 　物流合同纠纷解决方案审批通过后，客户服务部、物流管理部、仓储部等部门要严格执行该方案。 **3. 解决办法确认** 　客户服务部根据物流合同纠纷解决方案的内容，与客户确认具体的解决办法。 **工作重点** 　客户服务部、物流管理部、仓储部等部门要全面落实物流合同纠纷解决方案。 **工 作 标 准** ☆目的标准：物流合同纠纷解决方案能够切实解决物流合同纠纷，维护良好的客户关系。 ☆质量标准：物流合同纠纷解决方案执行到位。 **考 核 指 标** 　客户满意度：通过物流合同纠纷解决方案的执行，客户满意度提升了__%。
执 行 规 范	

"物流合同纠纷调查原因说明""物流合同纠纷责任说明""物流合同纠纷解决方案""合同纠纷定责书""物流合同"。

物流仓储配送管理 流程设计与工作标准

第 **6** 章　物流包装管理

6.1　物流包装管理流程

6.1.1　流程设计的目的

企业设计物流包装管理流程的目的如下：

1. 优化物流包装程序，提升物流包装效率，降低物流包装成本；

2. 保障物流仓储服务中货物的运输与储存安全，降低运输损耗，进一步降低企业的物流成本。

6.1.2　流程结构设计

物流包装管理包括五大事项，我们可以就每个事项设计相应的流程，即包装材料采购管理流程、包装生产管理流程、包装成本管理流程、包装质量管理流程和包装设计管理流程，具体如图 6-1 所示。

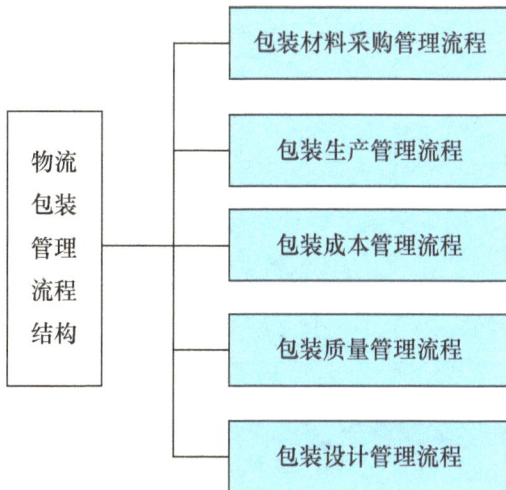

图 6-1　物流包装管理流程结构

6.2 包装材料采购管理流程设计与工作执行

6.2.1 包装材料采购管理流程设计

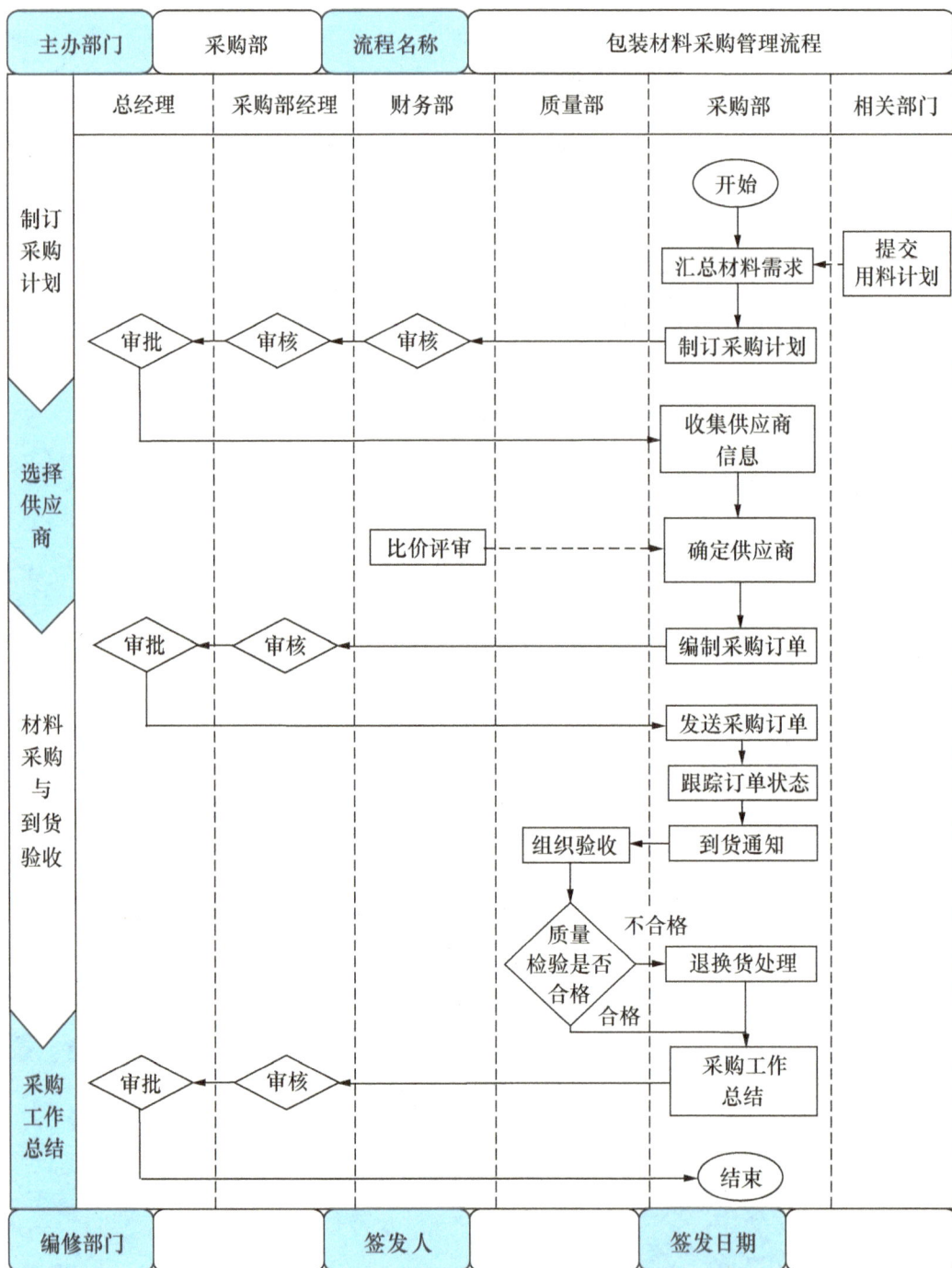

主办部门	采购部	流程名称	包装材料采购管理流程

	总经理	采购部经理	财务部	质量部	采购部	相关部门

制订采购计划

- 开始
- 汇总材料需求 ← 提交用料计划
- 审批 ← 审核 ← 审核 ← 制订采购计划

选择供应商

- 收集供应商信息
- 比价评审 ⇢ 确定供应商
- 审批 ← 审核 ← 编制采购订单

材料采购与到货验收

- 发送采购订单
- 跟踪订单状态
- 组织验收 ← 到货通知
- 质量检验是否合格 —— 不合格 → 退换货处理
- 合格 → 采购工作总结
- 审批 ← 审核 ← 采购工作总结

采购工作总结

- 结束

编修部门		签发人		签发日期	

物流仓储配送管理 流程设计与工作标准

/ 114 /

6.2.2　包装材料采购管理执行程序、工作标准、考核指标、执行规范

任务名称	执行程序、工作标准与考核指标
制订采购计划	**执 行 程 序** **1. 汇总材料需求** ☆物流管理部、仓储部等部门根据自身工作需要，向采购部提交用料计划。 ☆采购部应汇总相关部门提交的用料计划，整理总体包装材料需求数据。 **2. 制订采购计划** 　采购部根据包装材料需求情况制订采购计划，并将其提交财务部审核、采购部经理审核，之后报总经理审批。 **工作重点** 　采购部制订的采购计划的内容应全面且切实可行。 **工 作 标 准** 采购部应在__个工作日内完成采购计划的制订工作。 **考 核 指 标** 采购计划应一次性审批通过。
选择供应商	**执 行 程 序** **1. 收集供应商信息** 　采购计划审批通过后，采购部要安排专人收集市场上的优质供应商信息。 **2. 确定供应商** ☆采购部应对供应商进行综合评审，确定合适的供应商。 ☆财务部的审计专员要配合采购部进行比价评审，选择优质供应商。 **工作重点** 　采购部应严格按照规范对供应商进行综合评审。 **工 作 标 准** ☆完成标准：供应商选择过程客观、公正。 ☆考核标准：供应商评审考核项不少于__项。 **考 核 指 标** 供应商选择合格率：目标值为__%。

第 6 章　物流包装管理

任务名称	执行程序、工作标准与考核指标
材料采购 与 到货验收	**执 行 程 序** **1. 编制采购订单** 　确定供应商后，采购部根据采购计划编制采购订单，并将其提交采购部经理审核，之后报总经理审批。 **2. 跟踪订单状态** ☆采购订单审批通过后，采购部要及时将其发送给供应商。 ☆采购人员应定期跟踪采购订单的状态，掌握供应商的材料生产准备进度。 **3. 到货通知** ☆供应商按照采购合同的要求将包装材料送达企业。 ☆采购部应向质量部发送到货通知。 **4. 组织验收** 　质量部根据采购计划的要求对包装材料进行质量验收。 **5. 退换货处理** 　质量检验不合格的包装材料，采购部应联系供应商进行退换货处理。 **工作重点** 　供应商须按照采购合同的约定时间将包装材料送达企业。 **工 作 标 准** ☆质量标准：包装材料订单跟踪及时。 ☆考核标准：包装材料验收结果应反复核对确认。 **考 核 指 标** 　采购订单编制的及时性：应在__个工作日内完成。
采购工作 总结	**执 行 程 序** 　包装材料检验合格入库后，采购部应对此次采购工作进行总结，编写采购工作总结报告，并将其提交采购部经理审核，之后报总经理审批。 **工作重点** 　采购部要及时总结经验，不断改进自身工作。 **工 作 标 准** 　采购工作总结报告编写的及时性：应在__个工作日内完成。

物流仓储配送管理 流程设计与工作标准

任务名称	执行程序、工作标准与考核指标
采购工作总结	**考核指标** 采购工作总结报告应一次性审批通过。
执 行 规 范	
"采购计划""包装材料供应商选择管理制度""采购工作总结报告"。	

6.3 包装生产管理流程设计与工作执行

6.3.1 包装生产管理流程设计

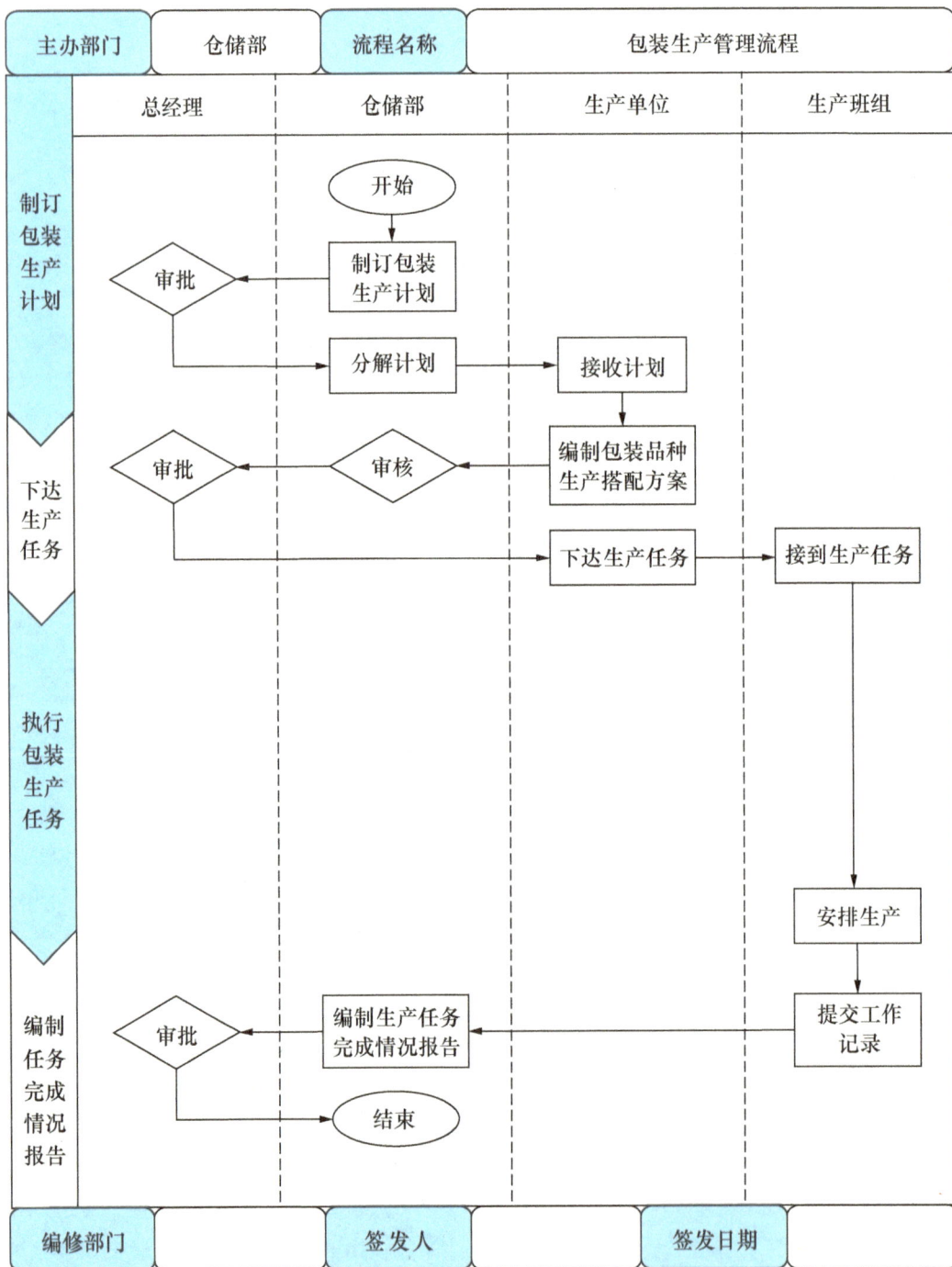

主办部门	仓储部	流程名称	包装生产管理流程

	总经理	仓储部	生产单位	生产班组

制订包装生产计划

开始 → 制订包装生产计划 → 审批

分解计划 → 接收计划

下达生产任务

审批 ← 审核 ← 编制包装品种生产搭配方案

下达生产任务 → 接到生产任务

执行包装生产任务

安排生产

编制任务完成情况报告

审批 ← 编制生产任务完成情况报告 ← 提交工作记录 ← 安排生产

结束

编修部门		签发人		签发日期	

6.3.2　包装生产管理执行程序、工作标准、考核指标、执行规范

任务名称	执行程序、工作标准与考核指标
制订包装生产计划	**执 行 程 序** **1. 制订包装生产计划** 　　仓储部应根据本企业的发展战略和物流业务经营计划制订包装生产计划，并将其提交总经理审批。 **2. 分解计划** 　　包装生产计划审批通过后，仓储部根据总经理的审批意见将该计划分解为季度、月度生产计划，并发给各生产单位。 **工作重点** 　　仓储部制订的包装生产计划要切实可行。 **工 作 标 准** ☆参照标准：包装生产计划可参照本企业上一年度的生产计划进行制订。 ☆时间标准：仓储部应在＿个工作日内完成包装生产计划的制订工作。 **考 核 指 标** 　　包装生产计划应一次性审批通过。
下达生产任务	**执 行 程 序** **1. 编制包装品种生产搭配方案** 　　生产单位根据生产计划，按照不同的分工类别，编制包装品种生产搭配方案，并将其提交仓储部审核，之后报总经理审批。 **2. 下达生产任务** 　　包装品种生产搭配方案审批通过后，生产单位向生产班组下达生产任务。 **工作重点** 　　生产单位要根据自身的产能情况，结合包装规格需求编制包装品种生产搭配方案。 **工 作 标 准** 包装品种生产搭配方案编制及时，生产任务分配合理。 **考 核 指 标** 包装品种生产搭配方案编制的及时性：应在＿个工作日内完成。

任务名称	执行程序、工作标准与考核指标
执行包装生产任务	**执 行 程 序** ☆生产班组接到生产任务后，要及时安排生产。 ☆在生产的过程中，生产班组要做好工作记录，并及时将其提交仓储部。 **工作重点** 　生产班组应严格按照包装生产计划执行生产任务。
	工 作 标 准 生产单位与生产班组应依据包装生产计划预估自身完成生产任务的所需时间。
	考 核 指 标 包装生产合格率：目标值为 100%。
编制任务完成情况报告	**执 行 程 序** 　仓储部根据各生产班组反馈的工作记录，编制生产任务完成情况报告，并将其提交总经理审批。 **工作重点** 　仓储部要跟进包装生产计划的进度。
	工 作 标 准 生产任务完成情况报告数据真实、结果准确。
	考 核 指 标 生产任务完成情况报告应一次性审批通过。
执 行 规 范	
"包装生产计划""包装品种生产搭配方案""生产任务完成情况报告"。	

物流仓储配送管理 流程设计与工作标准

6.4　包装成本管理流程设计与工作执行

6.4.1　包装成本管理流程设计

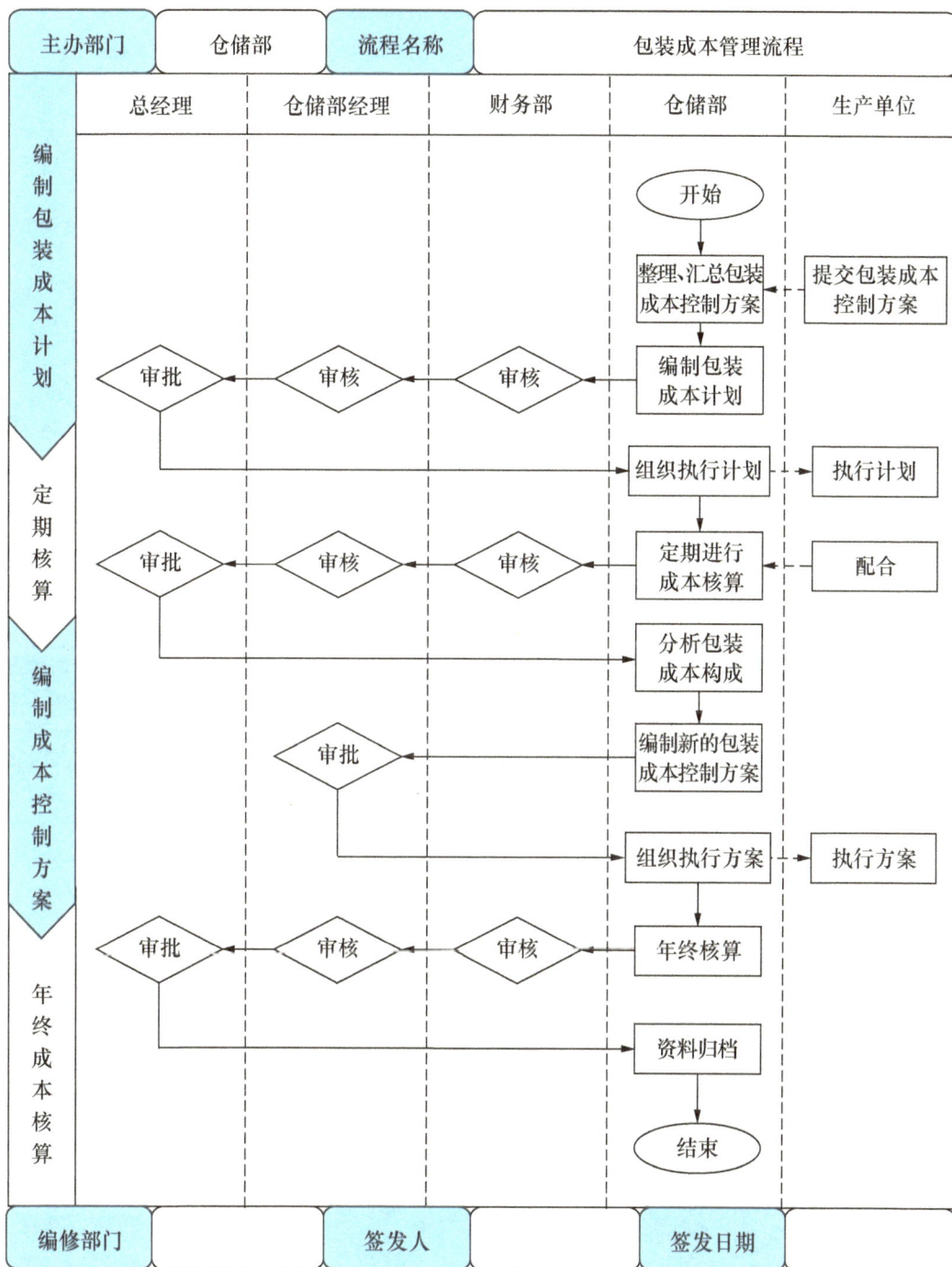

主办部门	仓储部	流程名称		包装成本管理流程	
	总经理	仓储部经理	财务部	仓储部	生产单位

编制包装成本计划

```
                                              开始

        整理、汇总包装          提交包装成本
        成本控制方案            控制方案

  审批 ← 审核 ← 审核 ←  编制包装
                        成本计划

           组织执行计划 → 执行计划
```

定期核算

```
  审批 ← 审核 ← 审核 ← 定期进行      配合
                      成本核算

                      分析包装
                      成本构成
```

编制成本控制方案

```
           审批 ←       编制新的包装
                        成本控制方案

           组织执行方案 → 执行方案
```

年终成本核算

```
  审批 ← 审核 ← 审核 ← 年终核算

                      资料归档

                      结束
```

编修部门		签发人		签发日期	

第 6 章　物流包装管理

6.4.2　包装成本管理执行程序、工作标准、考核指标、执行规范

任务名称	执行程序、工作标准与考核指标
编制包装成本计划	**执 行 程 序** **1. 整理、汇总包装成本控制方案** ☆生产单位根据自身的实际生产情况编制包装成本控制方案，并将其提交仓储部。 ☆仓储部应整理、汇总各生产单位提交的包装生产成本控制方案。 **2. 编制包装成本计划** 　仓储部根据各生产单位提交的包装成本控制方案编制包装成本计划，并将其提交财务部审核、仓储部经理审核，之后报总经理审批。 **工作重点** 　包装成本计划的内容应全面且切实可行。 **工 作 标 准** ☆质量标准：包装成本计划科学合理、经济实用。 ☆时间标准：仓储部应在__个工作日内完成包装成本计划的编制工作。 **考 核 指 标** 　包装成本计划应一次性审批通过。
定期核算	**执 行 程 序** **1. 组织执行计划** 　包装成本计划审批通过后，仓储部组织各生产单位执行该计划。 **2. 定期进行成本核算** ☆仓储部应定期对各生产单位的包装成本进行核算，编制包装成本核算报告，并将其提交财务部审核、仓储部经理审核，之后报总经理审批。 ☆生产单位要配合仓储部做好包装成本核算工作。 **工作重点** 　生产单位要严格执行包装成本计划。 **工 作 标 准** 　包装成本核算结果准确。 **考 核 指 标** 　包装成本核算报告应一次性审批通过。

任务名称	执行程序、工作标准与考核指标
编制成本控制方案	**执行程序** **1. 分析包装成本构成** 　　仓储部根据包装生产成本的核算情况，分析包装生产成本的构成，掌握成本超支和浪费等情况。 **2. 编制新的包装成本控制方案** 　　仓储部根据分析结果编制新的包装成本控制方案，并将其提交仓储部经理审批。 **工作重点** 　　新的包装成本控制方案的内容应全面、结构要清晰且无重大纰漏。 **工作标准** 新的包装成本控制方案切实可行、经济高效。 **考核指标** 新的包装成本控制方案应一次性审批通过。
年终成本核算	**执行程序** **1. 年终核算** 　　仓储部要做好年终核算工作，掌握各生产单位的包装成本控制情况，编制年度包装成本核算报告，并将其提交财务部审核、仓储部经理审核，之后报总经理审批。 **2. 资料归档** 　　年度包装成本核算报告审批通过后，仓储部应及时将相关资料归档。 **工作重点** 　　仓储部须对包装成本进行年终核算。 **工作标准** ☆质量标准：年度包装成本核算报告数据真实、反映直观、参考价值高。 ☆时间标准：仓储部应在＿个工作日内完成包装成本年终核算工作。 **考核指标** 年度包装成本核算报告应一次性审批通过。
执行规范	
“包装成本计划”“包装成本核算报告”“包装成本控制方案”“年度包装成本核算报告”。	

第 6 章　物流包装管理

6.5 包装质量管理流程设计与工作执行

6.5.1 包装质量管理流程设计

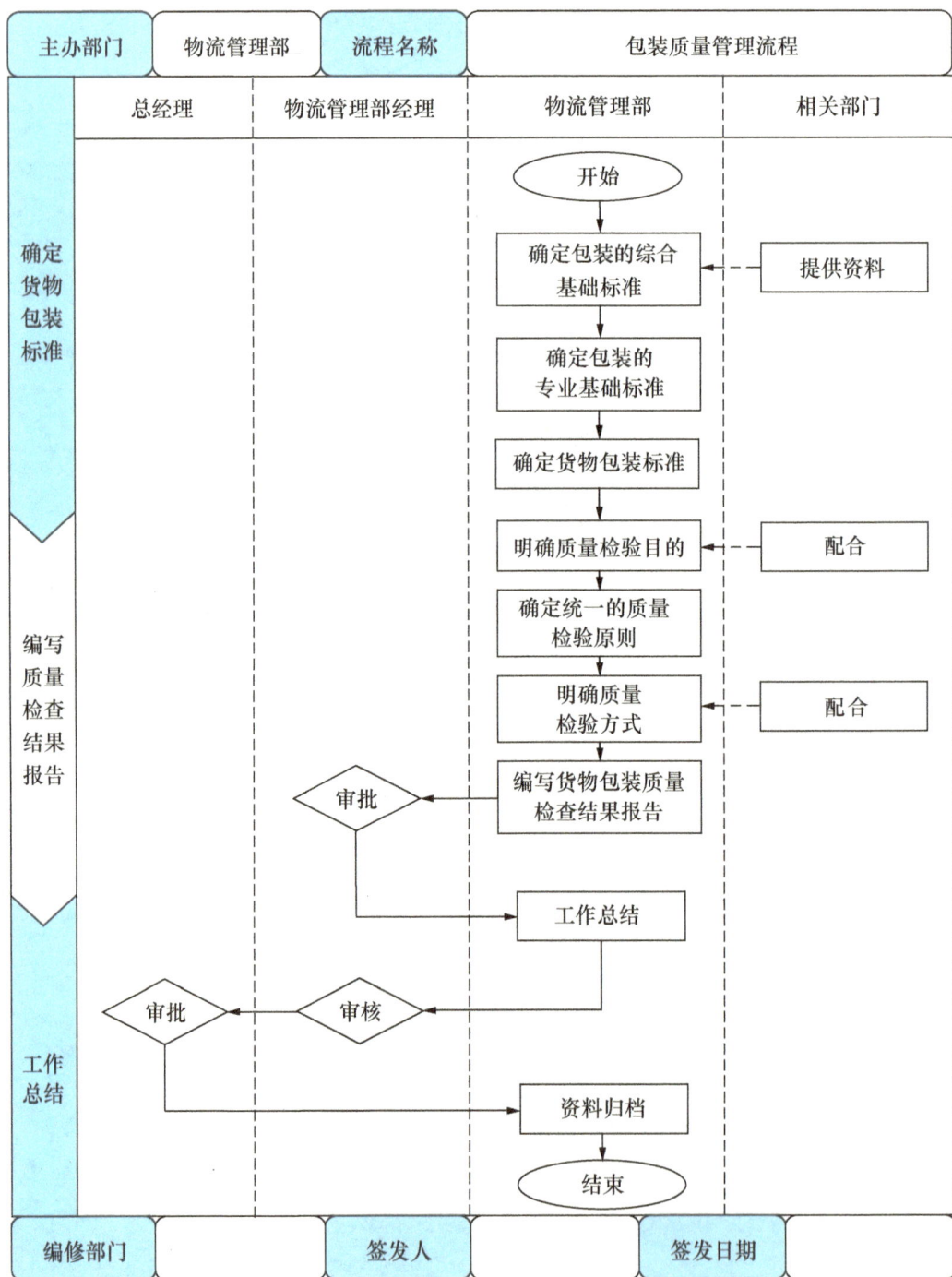

主办部门	物流管理部	流程名称	包装质量管理流程

总经理	物流管理部经理	物流管理部	相关部门

确定货物包装标准

编写质量检查结果报告

工作总结

```
                              ( 开始 )
                                 │
        ┌─────────────────────────────────┐
        │ 确定包装的综合基础标准 │◄╴╴╴ [ 提供资料 ]
        └─────────────────────────────────┘
                                 │
        ┌─────────────────────────────────┐
        │ 确定包装的专业基础标准 │
        └─────────────────────────────────┘
                                 │
        ┌─────────────────────────────────┐
        │ 确定货物包装标准 │
        └─────────────────────────────────┘
                                 │
        ┌─────────────────────────────────┐
        │ 明确质量检验目的 │◄╴╴╴ [ 配合 ]
        └─────────────────────────────────┘
                                 │
        ┌─────────────────────────────────┐
        │ 确定统一的质量检验原则 │
        └─────────────────────────────────┘
                                 │
        ┌─────────────────────────────────┐
        │ 明确质量检验方式 │◄╴╴╴ [ 配合 ]
        └─────────────────────────────────┘
                                 │
        ┌─────────────────────────────────┐
        │ 编写货物包装质量检查结果报告 │
        └─────────────────────────────────┘
              │
        < 审批 >
              │
              └─────► [ 工作总结 ]
                          │
   < 审批 > ◄─── < 审核 > ◄───┘
      │
      └───────────► [ 资料归档 ]
                          │
                      ( 结束 )
```

编修部门		签发人		签发日期	

物流仓储配送管理流程设计与工作标准

6.5.2 包装质量管理执行程序、工作标准、考核指标、执行规范

任务名称	执行程序、工作标准与考核指标

确定货物
包装标准
	执 行 程 序
	
	1. 确定包装的综合基础标准
	  物流管理部根据本企业的物流业务要求和服务标准，确定包装的综合基础标准，具体包括包装术语、包装标志、包装尺寸、包装个件试验方法、包装技术方法及包装过程管理等。
	2. 确定包装的专业基础标准
	  物流管理部按照物流包装的专业要求，确定包装的专业基础标准，具体包括包装材料标准、包装容器标准、包装机械标准等。
	3. 确定货物包装标准
	  物流管理部应确定货物包装标准，具体包括包装标准适用范围、包装分级、包装技术要求、包装件运输、包装件储存、试验方法、检验规则等。
	工作重点
	  物流管理部要确保各方面包装标准的科学性、合理性。
	
	工 作 标 准
	
	☆目标标准：货物包装标准科学合理，能够保障货物在运输过程中的安全性、完整性。
	☆参照标准：包装标准可参照同行业优秀企业的包装标准。
	
	考 核 指 标
	
	  包装标准确定的合理性：目标值为__%。

编写质量
检查结果
报告
	执 行 程 序
	
	1. 明确质量检验目的
	  确定货物包装标准后，物流管理部根据本企业的物流业务的要求，确定包装质量检验目的。
	2. 确定统一的质量检验原则
	  物流管理部根据日常的物流业务承接经验，确定统一的质量检验原则，具体包括加强检验原则、错漏检验减少到最低程度原则、经济原则和预防原则。
	3. 明确质量检验方式
	  物流管理部根据本企业的物流业务的实际情况，确定质量检验方式。
	4. 编写货物包装质量检查结果报告
	  物流管理部根据确定的包装质量各方面的要求，检查各物流分支机构的货物包装质量，编写货物包装质量检查结果报告，并将其提交物流管理部经理审批。
	工作重点
	  货物包装质量检查结果报告的内容应真实、结果要准确。

任务名称	执行程序、工作标准与考核指标
编写质量检查结果报告	**工 作 标 准** 质量检验方式因地制宜，检查原则坚定统一，检查目的严格准确。 **考 核 指 标** ☆物流管理部完成包装质量检查工作不超过__天。 ☆包装质量检查及时率，其计算公式如下： $$包装质量检查及时率 = \frac{检查完成的包装数}{包装总数} \times 100\%$$
工作总结	**执 行 程 序** **1. 工作总结** 　货物包装质量检查结果报告审批通过后，物流管理部要及时总结经验，编制包装质量管理总结报告，并将其提交物流管理部经理审核，之后报总经理审批。 **2. 资料归档** 　包装质量管理总结报告审批通过后，物流管理部应及时将相关资料归档。 **工作重点** 　包装质量管理总结报告的编制要规范。 **工 作 标 准** 包装质量管理总结报告应在__个工作日内编制完成。 **考 核 指 标** 包装质量管理总结报告应一次性审批通过。
	执 行 规 范
	"包装技术、专业标准说明""货物包装质量检查结果报告""包装质量管理总结报告"。

物流仓储配送管理 流程设计与工作标准

6.6 包装设计管理流程设计与工作执行

6.6.1 包装设计管理流程设计

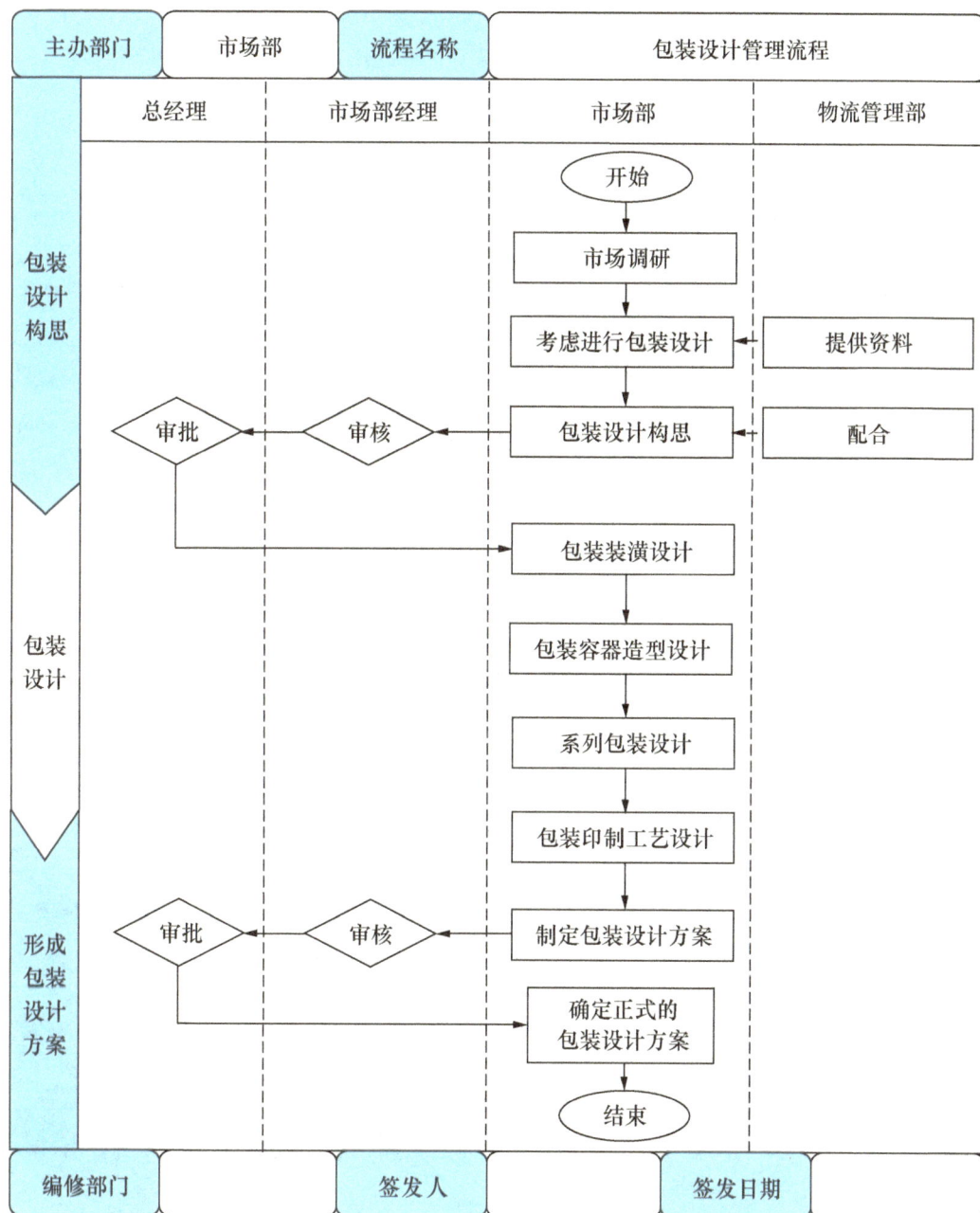

主办部门	市场部	流程名称	包装设计管理流程

	总经理	市场部经理	市场部	物流管理部

包装设计构思

开始

市场调研

考虑进行包装设计 ← 提供资料

审批 ← 审核 ← 包装设计构思 ← 配合

包装设计

包装装潢设计

包装容器造型设计

系列包装设计

包装印制工艺设计

形成包装设计方案

审批 ← 审核 ← 制定包装设计方案

确定正式的包装设计方案

结束

编修部门		签发人		签发日期	

6.6.2 包装设计管理执行程序、工作标准、考核指标、执行规范

任务名称	执行程序、工作标准与考核指标
包装设计构思	**执 行 程 序** **1. 市场调研** 　市场部根据本企业的物流业务的实际需求，针对包装需求，进行广泛的市场调研。 **2. 考虑进行包装设计** ☆市场部根据已掌握的市场及行业信息，从品牌、服务和消费者三个方面着手考虑进行包装设计。 ☆物流管理部向市场部提供包装设计资料。 **3. 包装设计构思** ☆市场部综合物流包装的要求、企业宣传、品牌等多方面因素，进行包装设计构思，并将其整理成报告提交市场部经理审核，之后报总经理审批。 ☆物流管理部要配合市场部做好包装设计构思工作。 **工作重点** 　市场调研应建立在周密调查的基础上。 **工 作 标 准** 市场调研数据准确、可靠，包装设计构思合理、实用、经济。 **考 核 指 标** 市场部完成包装设计构思不超过__天。
包装设计	**执 行 程 序** **1. 包装装潢设计** 　市场部根据包装设计构思完成包装装潢设计，具体包括文字、图形、色彩、编排等。 **2. 包装容器造型设计** 　市场部根据物流业务的包装要求设计包装容器，具体包括分类、设计原则、艺术规律、制图、制模、效果图。 **3. 系列包装设计** 　市场部应针对不同业务需求，设计系列包装。系列包装设计包括系列包装设计的基本特征、设计策略、常见形式、基本原则等。 **4. 包装印刷工艺设计** 　市场部研究确定包装设计印刷工艺，具体包括印刷简介、数字印前处理、电脑文件设计、制版、打样、印刷等。 **工作重点** 　包装设计要能满足本企业物流业务的要求，确保货物运输安全的前提下增强包装的宣传功能。

任务名称	执行程序、工作标准与考核指标
包装设计	**工 作 标 准** ☆质量标准：包装设计实用、美观、有代表性。 ☆参照标准：同行业其他优秀企业的包装设计资料。
形成包装设计方案	**执 行 程 序** **1. 制定包装设计方案** 　市场部根据已确定的各包装要素制定包装设计方案，并将其提交市场部经理审核，之后报总经理审批。 **2. 确定正式的包装设计方案** 　包装设计方案审批通过后，市场部根据总经理的审批意见修订与完善方案，确定正式的包装设计方案。 **工作重点** 　包装设计方案要能体现包装设计成果。 **工 作 标 准** 包装设计方案切实可行、成本合理。 **考 核 指 标** 包装设计方案应一次性审批通过。
执 行 规 范	
"物流行业市场调查报告""包装设计构思说明""包装设计方案"。	

物流仓储管理

7.1 物流仓储管理流程

7.1.1 流程设计的目的

仓储是物流过程中的重要一环，高效的物流仓储管理是对物流业务水平的重要支撑。企业设计物流仓储管理流程的目的如下：

1. 加强对物流仓储的管理，提高物流仓储的管理效率和管理水平；

2. 优化物流仓储管理流程，提升仓储物流的周转率；

3. 规范物流仓储作业，降低运输和储藏损耗，规避相关风险。

7.1.2 流程结构设计

物流仓储管理包括七大事项，我们可以就每个事项设计相应的流程，即入库管理流程、仓库管理流程、仓库储位管理流程、货物保管管理流程、出库管理流程、财务结算管理流程和报表查询管理流程，具体如图 7-1 所示。

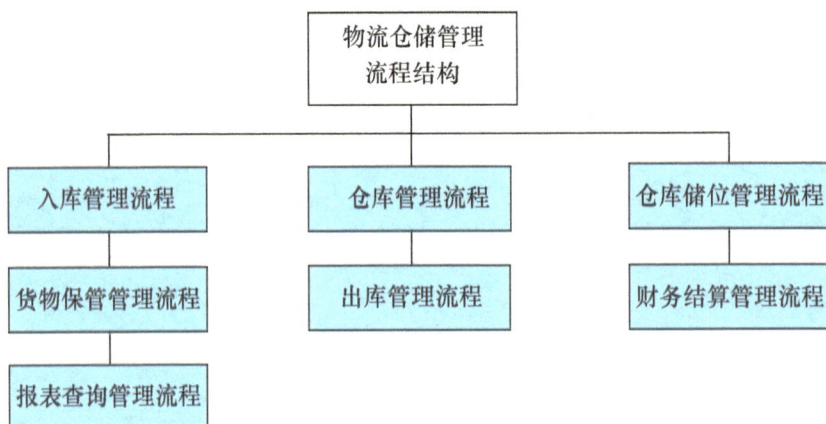

图 7-1 物流仓储管理流程结构

7.2 入库管理流程设计与工作执行

7.2.1 入库管理流程设计

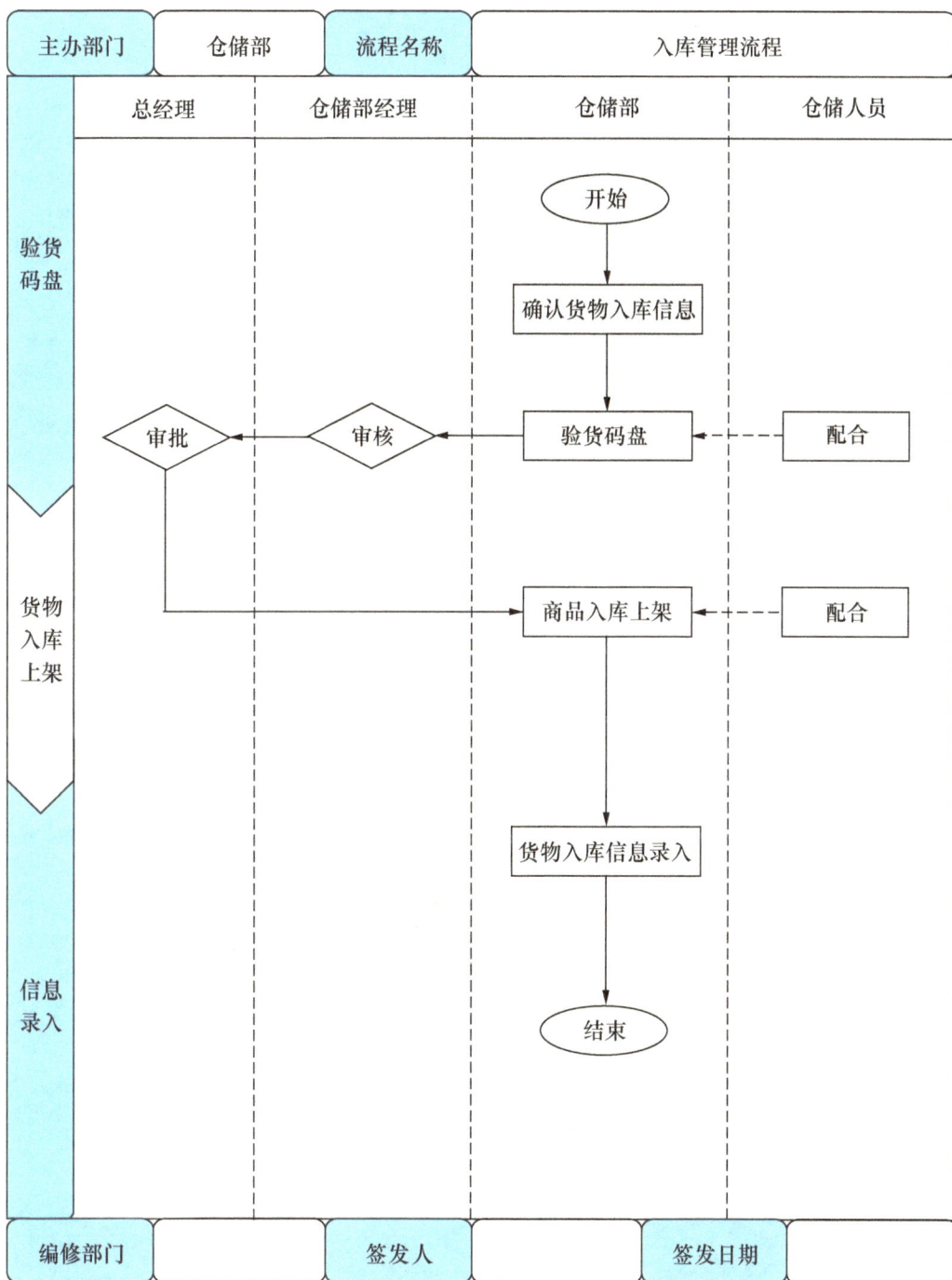

主办部门	仓储部	流程名称	入库管理流程

	总经理	仓储部经理	仓储部	仓储人员

验货码盘

开始 → 确认货物入库信息 → 验货码盘 ← 配合

审批 ← 审核 ← 验货码盘

货物入库上架

商品入库上架 ← 配合

审批 → 商品入库上架

信息录入

货物入库信息录入 → 结束

编修部门		签发人		签发日期	

7.2.2　入库管理执行程序、工作标准、考核指标、执行规范

任务名称	执行程序、工作标准与考核指标
验货码盘	**执 行 程 序** **1. 确认货物入库信息** 货物入库准备，仓储部确认货物入库信息。 **2. 验货码盘** 由堆高机配上 RF 终端至进货暂存区，用车载 BF 终端上的条码扫描机扫取货品条码，扫取资料由 RF 通讯控制器传送至监控计算机，由监控计算机确认，记录货物数据，再根据储位指派原则决定储位位置（编码），经 RF 通讯控制器传回车载 RF 终端，储位分析显示，仓储部须将结果提交仓储部经理审核，之后报总经理审批。 **工作重点** 仓储部要确保验货码盘系统的正常运行。 **工 作 标 准** 验货码盘结果准确、有效。 **考 核 指 标** 验货码盘的及时性：应在__小时内完成。
货物入库 上架	**执 行 程 序** 验货码盘结果审批通过后，堆高机人员根据 RF 终端指示，将货品放到指定的储位上，确认储位条码，通过扫描货架上的储位条码，由 RF 通讯控制器传回监控计算机完成确认，操作条码扫描仪及堆高机，完成入库上架作业。 **工作重点** 堆高机人员要细心、高效地完成入库上架作业。 **工 作 标 准** 入库上架程序严密、结果准确、仓储安全。 **考 核 指 标** 入库上架准确率，其计算公式如下： $$入库上架准确率 = \frac{准确上架的入库商品数}{应入库上架的商品数} \times 100\%$$

任务名称	执行程序、工作标准与考核指标
信息录入	**执行程序** 货物入库上架完成后，仓储部根据实际情况将货物入库信息录入储位管理数据库。 **工作重点** 货物入库信息应在入库作业完成后立即进行。 **工作标准** 货物入库信息录入及时、准确。 **考核指标** 货物入库信息录入及时率，其计算公式如下： $$货物入库信息录入及时率 = \frac{按时录入的信息数}{应录入的信息数} \times 100\%$$
执行规范	
"货物入库清单""验货码盘品项条码""仓储系统数据管理规定""仓库储位管理数据库管理制度"。	

7.3 仓库管理流程设计与工作执行

7.3.1 仓库管理流程设计

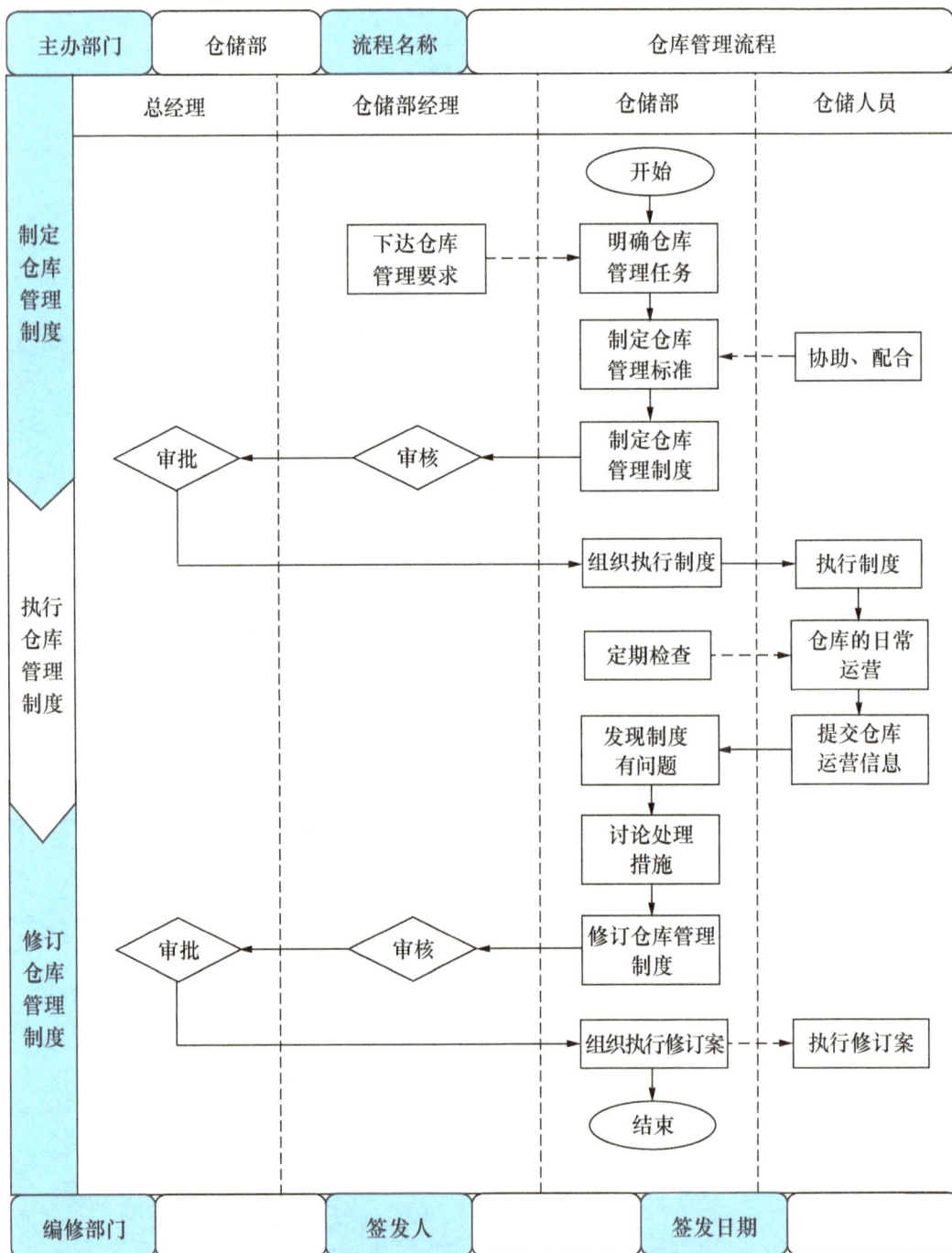

主办部门	仓储部	流程名称	仓库管理流程

	总经理	仓储部经理	仓储部	仓储人员

制定仓库管理制度

开始 → 明确仓库管理任务

下达仓库管理要求 ⇢ 明确仓库管理任务

制定仓库管理标准 ⇠ 协助、配合

制定仓库管理制度

审批 ← 审核 ← 制定仓库管理制度

执行仓库管理制度

组织执行制度 → 执行制度

定期检查 ⇢ 仓库的日常运营

发现制度有问题 ← 提交仓库运营信息

修订仓库管理制度

讨论处理措施

审批 ← 审核 ← 修订仓库管理制度

组织执行修订案 ⇢ 执行修订案

结束

编修部门		签发人		签发日期	

物流仓储配送管理
流程设计与工作标准

/ 134 /

7.3.2 仓库管理执行程序、工作标准、考核指标、执行规范

任务名称	执行程序、工作标准与考核指标
制定仓库管理制度	**执 行 程 序** **1. 明确仓库管理任务** ☆仓储部经理根据本企业的物流业务需要，向仓储部下达仓库管理要求。 ☆仓储部研究仓库管理要求，明确仓库管理任务。 **2. 制定仓库管理标准** 　仓储部根据仓库的日常运行情况，制定仓库管理标准。 **3. 制定仓库管理制度** 　仓储部根据仓库管理标准制定仓库管理制度，并将其提交仓储部经理审核，之后报总经理审批。 **工作重点** 　仓储部制定的仓库管理标准符合实际。 **工 作 标 准** ☆内容标准：仓库管理标准包括入库标准、库存标准、出库标准和仓储安全标准等。 ☆质量标准：仓库管理制度切实可行、严谨实用，可以显著的改善和提高仓库管理工作的水平。 **考 核 指 标** 　仓库管理制度应一次性审批通过。
执行仓库管理制度	**执 行 程 序** **1. 组织执行制度** 　仓库管理制度审批通过后，仓储部组织仓储人员执行该制度。 **2. 仓库的日常运营** ☆仓储人员要认真学习仓库管理制度，按照该制度的要求做好仓库的日常运营工作。 ☆仓储部应定期对仓储人员制度的执行情况进行检查。 **3. 发现制度有问题** ☆仓储人员要在执行制度的过程中收集仓库运营信息，并将其提交仓储部。 ☆仓储部通过汇总、整理仓库运营信息，发现管理制度存在问题。 **工作重点** 　仓储人员要严格执行仓库管理制度，并及时记录相关信息。

任务名称	执行程序、工作标准与考核指标
执行仓库管理制度	**工作标准** 仓库管理制度执行到位。 **考核指标** 仓库管理制度应一次性审批通过。
修订仓库管理制度	**执行程序** **1. 讨论处理措施** 仓储部应针对发现的问题，组织相关人员开会讨论处理措施。 **2. 修订仓库管理制度** 仓储部根据会议讨论结果，就具体问题修订仓库管理制度，并将修订后的制度提交仓储部经理审核，之后报总经理审批。 **3. 执行修订案** 修订后的仓库管理制度审批通过后，仓储部根据总经理的审批意见形成修订案，并发给仓储人员执行。 **工作重点** 修订后的仓库管理制度的内容要包括对问题的具体处理措施。 **工作标准** 通过修订仓库管理制度，进一步提升仓库管理水平。 **考核指标** 修订后的仓库管理制度应一次性审批通过。
执 行 规 范	
"仓库管理标准""仓库管理制度""仓库日常运营管理记录""仓库管理制度修订案"。	

物流仓储配送管理 流程设计与工作标准

7.4 仓库储位管理流程设计与工作执行

7.4.1 仓库储位管理流程设计

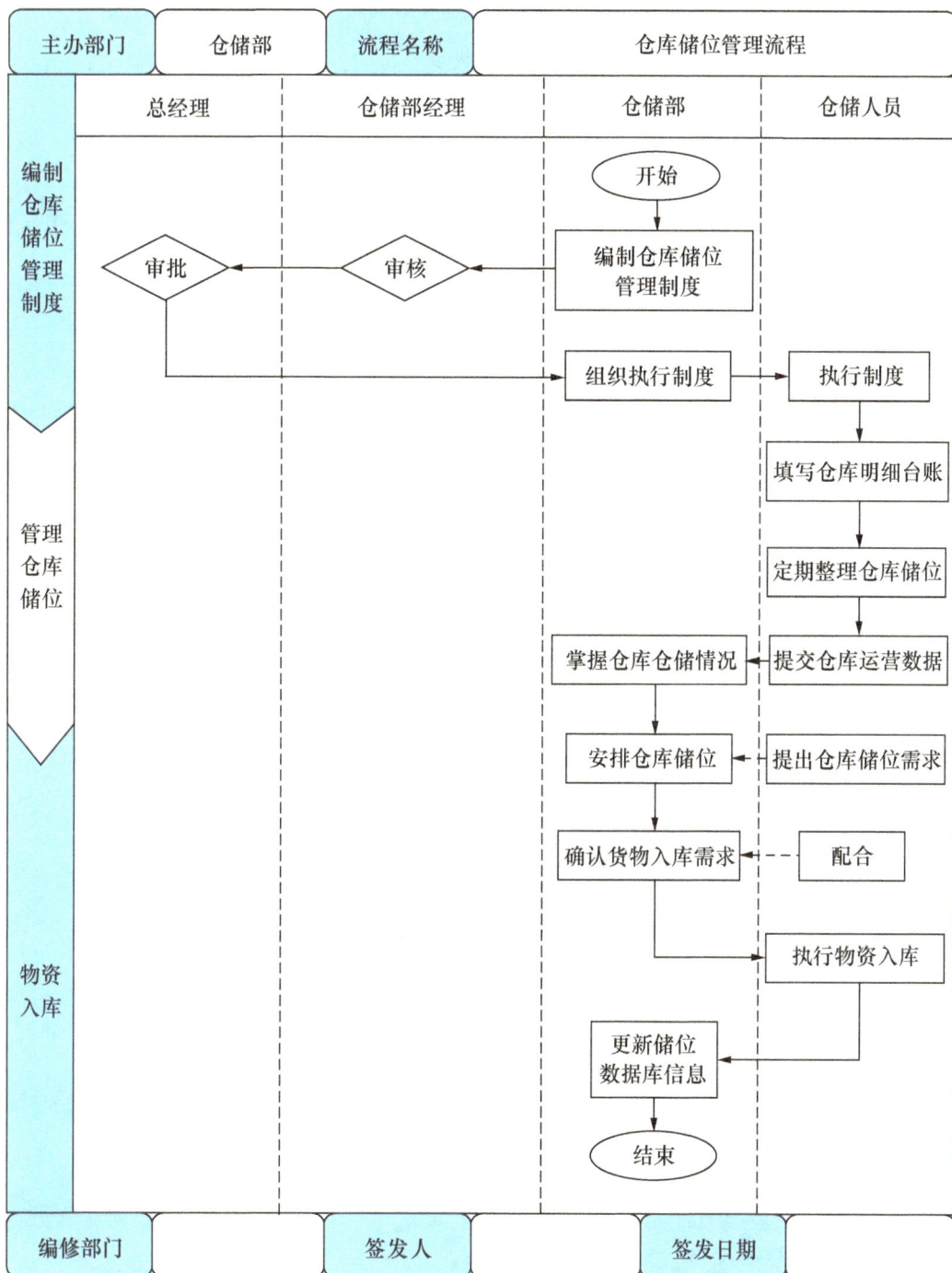

主办部门	仓储部	流程名称	仓库储位管理流程

总经理	仓储部经理	仓储部	仓储人员

编制仓库储位管理制度

开始 → 编制仓库储位管理制度 → 审核 → 审批

组织执行制度 → 执行制度

填写仓库明细台账

管理仓库储位

定期整理仓库储位

掌握仓库仓储情况 ← 提交仓库运营数据

安排仓库储位 ← 提出仓库储位需求

确认货物入库需求 --- 配合

物资入库

执行物资入库

更新储位数据库信息

结束

编修部门		签发人		签发日期	

7.4.2　仓库储位管理执行程序、工作标准、考核指标、执行规范

任务名称	执行程序、工作标准与考核指标
编制仓库储位管理制度	**执 行 程 序** **1. 编制仓库储位管理制度** 　　仓储部根据本企业的物流业务经营的要求编制仓库储位管理制度，并将其提交仓储部经理审核，之后报总经理审批。 **2. 组织执行制度** 　　仓库储位管理制度审批通过后，仓储部组织仓储人员执行该制度。 **工作重点** 　　仓储部编制的仓库储位管理制度应符合本企业物流业务运营的要求。 **工 作 标 准** 仓储部编制仓库储位管理制度的目的是提升仓库的储位利用率和运营效率。 **考 核 指 标** 仓库储位管理制度编制的及时性：应在__个工作日内完成。
管理仓库储位	**执 行 程 序** **1. 填写仓库明细台账** 　　仓储人员要按要求填写仓库明细台账。 **2. 定期整理仓库储位** 　　仓储人员按照物流业务的运营规律和需求，定期整理仓库储位。 **3. 提交仓库运营数据** 　　仓储人员须将记录下来的仓库运营信息和储位管理数据提交仓储部。 **工作重点** 　　仓储人员要认真学习仓库储位管理制度。 **工 作 标 准** 仓库储位利用率不低于__%。
物资入库	**执 行 程 序** **1. 安排仓库储位** ☆仓储人员根据工作需要，向仓储部提出对仓库储位的需求。 ☆仓储部根据已掌握的仓库仓储情况，统一安排仓库储位。

物流仓储配送管理 流程设计与工作标准

/ 138 /

任务名称	执行程序、工作标准与考核指标
物资入库	**2. 确认货物入库需求** 　仓储部应先确认货物入库需求，然后通知仓储人员执行物资入库。 **3. 更新储位数据库信息** 　物资入库后，仓储部人员要及时更新储位数据库信息。 **工作重点** 　仓储人员要仔细核对入库物资的数量和种类是否准确。 **工 作 标 准** ☆质量标准：物资入库数量、种类等信息确认无误。 ☆考核标准：物资入库过程安全。 **考 核 指 标** 物资入库的及时性：应在__个工作日内完成。
执 行 规 范	
"仓库储位管理制度""仓库明细台账""物资入库管理制度"。	

7.5 货物保管管理流程设计与工作执行

7.5.1 货物保管管理流程设计

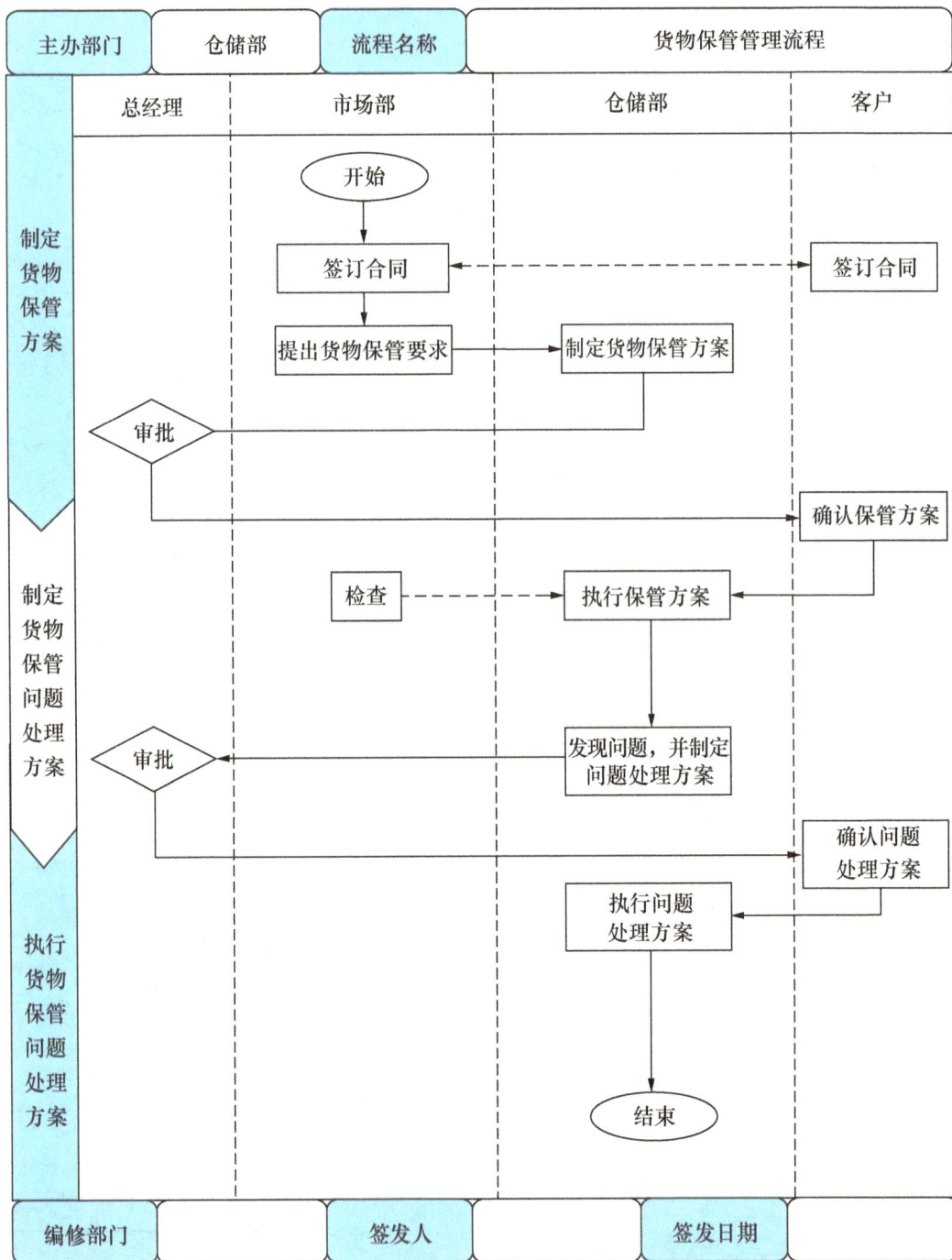

主办部门	仓储部	流程名称	货物保管管理流程

	总经理	市场部	仓储部	客户
制定货物保管方案	审批	开始 → 签订合同 → 提出货物保管要求	制定货物保管方案	签订合同 / 确认保管方案
制定货物保管问题处理方案	审批	检查	执行保管方案 / 发现问题，并制定问题处理方案	确认问题处理方案
执行货物保管问题处理方案			执行问题处理方案 → 结束	

编修部门		签发人		签发日期	

物流仓储配送管理 流程设计与工作标准

7.5.2 货物保管管理执行程序、工作标准、考核指标、执行规范

任务名称	执行程序、工作标准与考核指标
制定货物保管方案	**执 行 程 序** **1. 签订合同** 　市场部代表企业与客户签订物流服务合同。 **2. 制定货物保管方案** ☆市场部根据物流服务合同，向仓储部提出货物保管要求。 ☆仓储部根据货物保管的要求及货物的性质，制定货物保管方案，并将其提交总经理审批。 **工作重点** 　货物保管方案不仅要具有可操作性，更要立足实际，便于企业后期实施和操作。 **工 作 标 准** ☆质量标准：货物保管方案切实可行，能够保障货物运输安全。 ☆考核标准：货物保管方案内容全面，充分考虑到了各种可能事故。 **考 核 指 标** 　货物保管方案制定的及时性：应在__个工作日内完成。
制定货物保管问题处理方案	**执 行 程 序** **1. 执行保管方案** ☆货物保管方案审批通过且客户确认方案后，仓储部组织执行该方案。 ☆市场部要定期对仓储部的货物保管工作进行检查。 **2. 发现问题，并制定问题处理方案** 　仓储部应针对在执行保管方案的过程中发现的问题，制定处理方案，并将其提交总经理审批。 **工作重点** 　货物保管问题处理方案的制定要规范。 **工 作 标 准** ☆质量标准：货物保管方案执行到位。 ☆考核标准：货物保管问题处理方案制定及时、针对性强且切实可行。 **考 核 指 标** 　货物保管问题处理方案应一次性审批通过。

任务名称	执行程序、工作标准与考核指标
执行货物保管问题处理方案	**执 行 程 序**
	1. 确认问题处理方案 　　货物保管问题处理方案审批通过后，市场部应通知客户确认该方案。 2. 执行问题处理方案 　　客户确认货物保管问题处理方案后，仓储部组织执行该方案。 **工作重点** 　　企业应安抚客户情绪，尽快解决仓储保管问题。
	工 作 标 准
	货物保管问题处理方案执行到位，彻底解决仓储保管问题。
	考 核 指 标
	通过执行货物保管问题处理方案，客户满意度提升了＿%。
执 行 规 范	
"物流服务合同""仓储管理制度""货物保管方案""货物保管问题处理方案"。	

物流仓储配送管理 流程设计与工作标准

7.6 出库管理流程设计与工作执行

7.6.1 出库管理流程设计

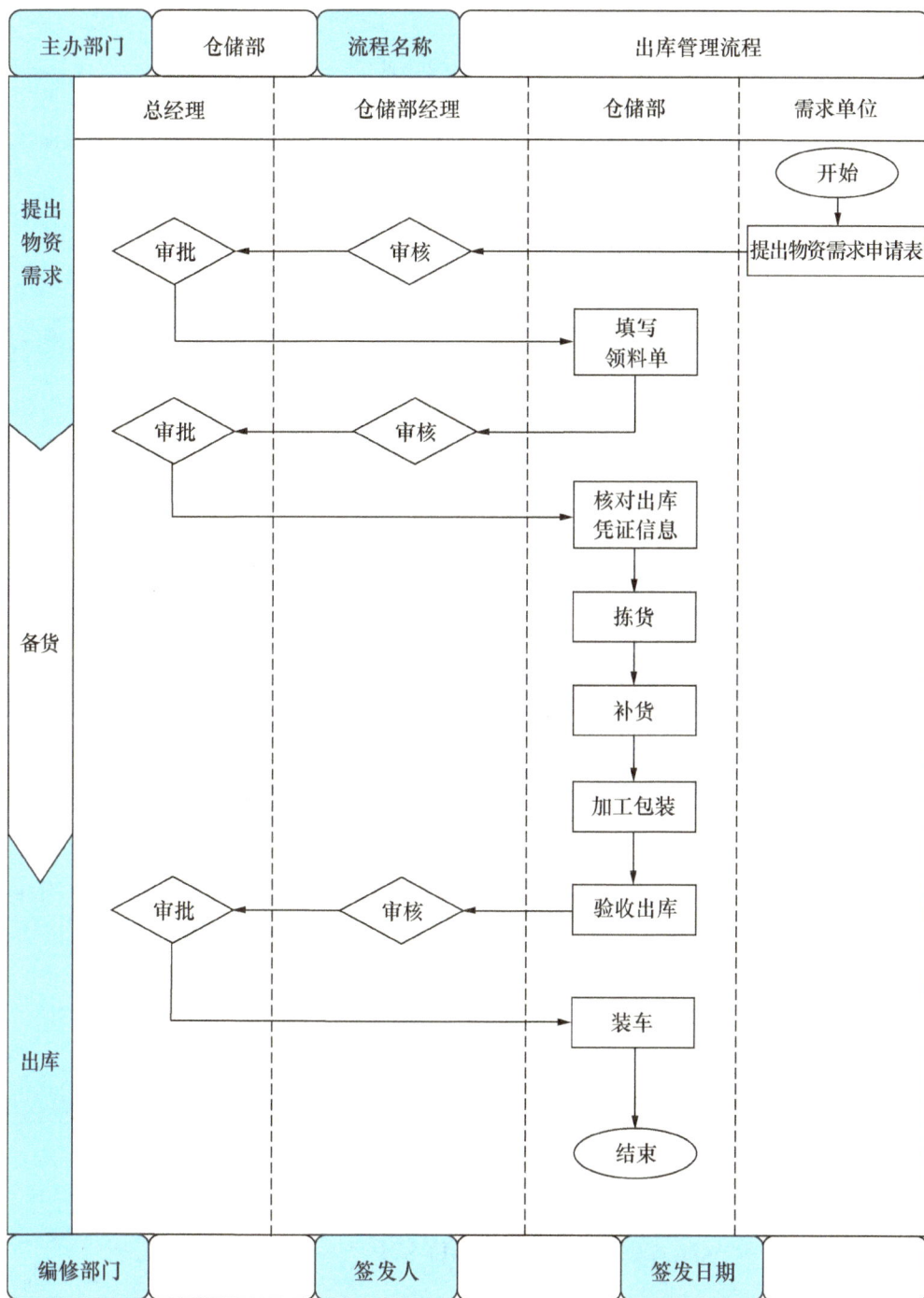

主办部门	仓储部	流程名称	出库管理流程

```
              总经理          仓储部经理         仓储部          需求单位

                                                              ┌──────┐
                                                              │  开始 │
提出                                                          └──────┘
物资          ◇审批◇  ◄──── ◇审核◇  ◄──────────  ┌────────────┐
需求                                              │提出物资需求申请表│
                                                  └────────────┘
                          ┌──────┐
                          │ 填写  │
                          │ 领料单 │
                          └──────┘
              ◇审批◇  ◄──── ◇审核◇  ◄──────┘
                          ┌──────┐
                          │核对出库│
                          │凭证信息│
                          └──────┘
备货                          ┌──────┐
                          │ 拣货  │
                          └──────┘
                          ┌──────┐
                          │ 补货  │
                          └──────┘
                          ┌──────┐
                          │加工包装│
                          └──────┘
              ◇审批◇  ◄──── ◇审核◇  ◄──── ┌──────┐
                                          │验收出库│
                                          └──────┘
                                          ┌──────┐
出库                                       │ 装车  │
                                          └──────┘
                                          ┌──────┐
                                          │ 结束  │
                                          └──────┘
```

编修部门		签发人		签发日期	

7.6.2 出库管理执行程序、工作标准、考核指标、执行规范

任务名称	执行程序、工作标准与考核指标
提出物资需求	**执 行 程 序** **1. 提出物资需求申请表** 　需求单位将物资需求申请表提交仓储部经理审核，之后报总经理审批。 **2. 填写领料单** 　物资需求申请表审批通过后，仓储部就具体需求填写领料单，并将其提交仓储部经理审核，之后报总经理审批。 **工作重点** 　领料单的填写要规范。 **工 作 标 准** 领料单项目填写清楚、数据准确。 **考 核 指 标** 领料单审批通过率，其计算公式如下： $$领料单审批通过率 = \frac{审批通过的清单数}{提交审批的清单数} \times 100\%$$
备货	**执 行 程 序** **1. 核对出库凭证信息** 　仓库管理员根据领料单，核对出库凭证信息，核对无误后执行出库任务。 **2. 拣货与补货** 　仓储部按照领料单准备物资，根据品类、数量拣货，对所缺货品进行补货。 **3. 加工包装** 　物资拣货与补货完成后，仓储部对出库物资进行简易的加工包装，并做好标记。 **工作重点** 　仓库管理员要仔细核对出库凭证信息与领料单信息是否一致。 **工 作 标 准** ☆内容标准：需要核对的出库凭证信息具体包括出库物资的品名、规格和编号，物资所处的货区和库位编号。 ☆质量标准：出库凭证信息核对严格、认真、准确。 **考 核 指 标** 出库凭证信息核对准确率：目标值为100%。

（续）

任务名称	执行程序、工作标准与考核指标
出库	**执 行 程 序** **1. 验收出库** 　物资包装完成后，仓储部应填写出库单，并将其提交仓储部经理审核，之后报总经理审批。 **2. 装车** 　出库单审批通过后，仓储部应及时将货物装车，完成出库作业。 **工作重点** 　物资在出库之前，仓储部要认真清点物资数量。 **工 作 标 准** 物资出库数量与出库凭证规定的数量一致。 **考 核 指 标** 物资数量清点准确率：目标值为 100%。
执 行 规 范	
"物资需求申请表""领料单""货物出库明细""出库单"。	

7.7 财务结算管理流程设计与工作执行

7.7.1 财务结算管理流程设计

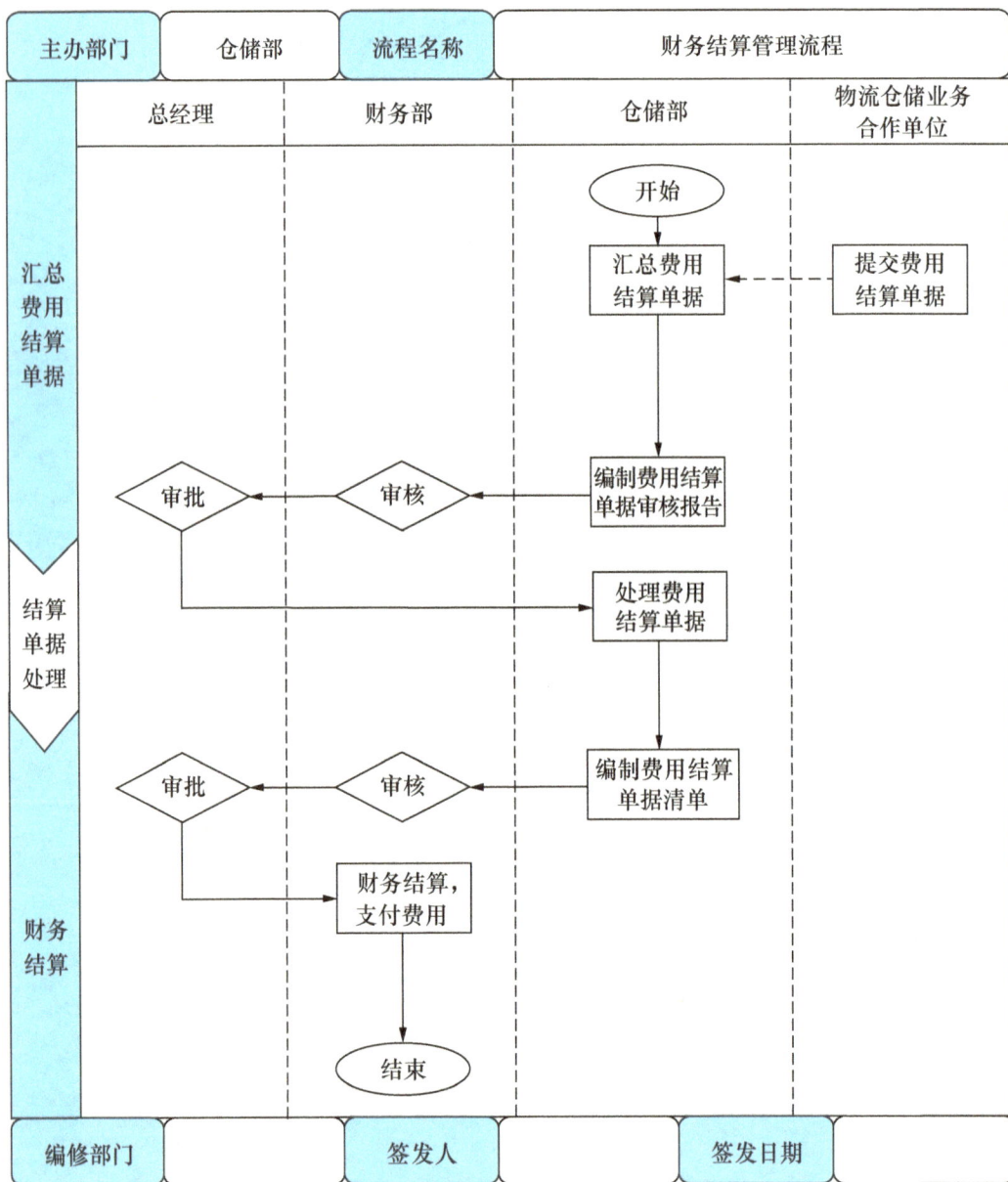

主办部门	仓储部	流程名称	财务结算管理流程

总经理	财务部	仓储部	物流仓储业务合作单位

汇总费用结算单据

开始
↓
汇总费用结算单据 ← 提交费用结算单据
↓
审批 ← 审核 ← 编制费用结算单据审核报告

结算单据处理

↓
处理费用结算单据
↓
审批 ← 审核 ← 编制费用结算单据清单

财务结算

财务结算，支付费用
↓
结束

编修部门		签发人		签发日期	

7.7.2　财务结算管理执行程序、工作标准、考核指标、执行规范

任务名称	执行程序、工作标准与考核指标
汇总费用结算单据	**执行程序** **1. 汇总费用结算单据** ☆物流仓储业务合作单位应定期整理手中的费用单据，并及时将其提交仓储部进行结算。 ☆仓储部要汇总物流仓储业务合作单位提交的费用结算单据。 **2. 编制费用结算单据审核报告** 　仓储部应编制费用结算单据审核报告，并将其提交财务部审核，之后报总经理审批。 **工作重点** 　仓储部要查看物流仓储业务合作单位提交的费用结算单据，确保单据的真实性。 **工作标准** ☆内容标准：费用结算单据包括验收单、发票、增值税发票、销货清单等。 ☆内容标准：费用结算单据审核的内容包括收款人、开票人、复核人、发票名称、数量、金额、税率、税额、价税合计、发票专用章、金额大小写等。 **考核指标** 费用结算单据审核报告编制的及时性：应在__个工作日内完成。
结算单据处理	**执行程序** 　费用结算单据审核报告审批通过后，仓储部按规定处理费用结算单据，准备结算费用。 **工作重点** 仓储部相关人员要按照本企业的规定处理费用结算单据，维护本企业的合法利益。 **工作标准** 费用结算单据齐全、金额准确。
财务结算	**执行程序** **1. 编制费用结算单据清单** 　费用结算单据处理完成后，仓储部人员应编制费用结算单据清单，并将其提交财务部审核，之后报总经理审批。 **2. 财务结算，支付费用** 　费用结算单据清单审批通过后，财务部根据总经理的审批意见进行财务结算，向物流仓储业务合作单位支付费用。 **工作重点** 　财务部要按照费用结算单据清单，向物流仓储业务合作单位支付费用。

任务名称	执行程序、工作标准与考核指标
财务结算	**工作标准**
	费用结算金额准确。
	考核指标
	费用结算单据清单编制的及时性：应在__个工作日内完成。
	执 行 规 范
	"费用结算单据审核报告""费用结算单据清单"。

7.8 报表查询管理流程设计与工作执行

7.8.1 报表查询管理流程设计

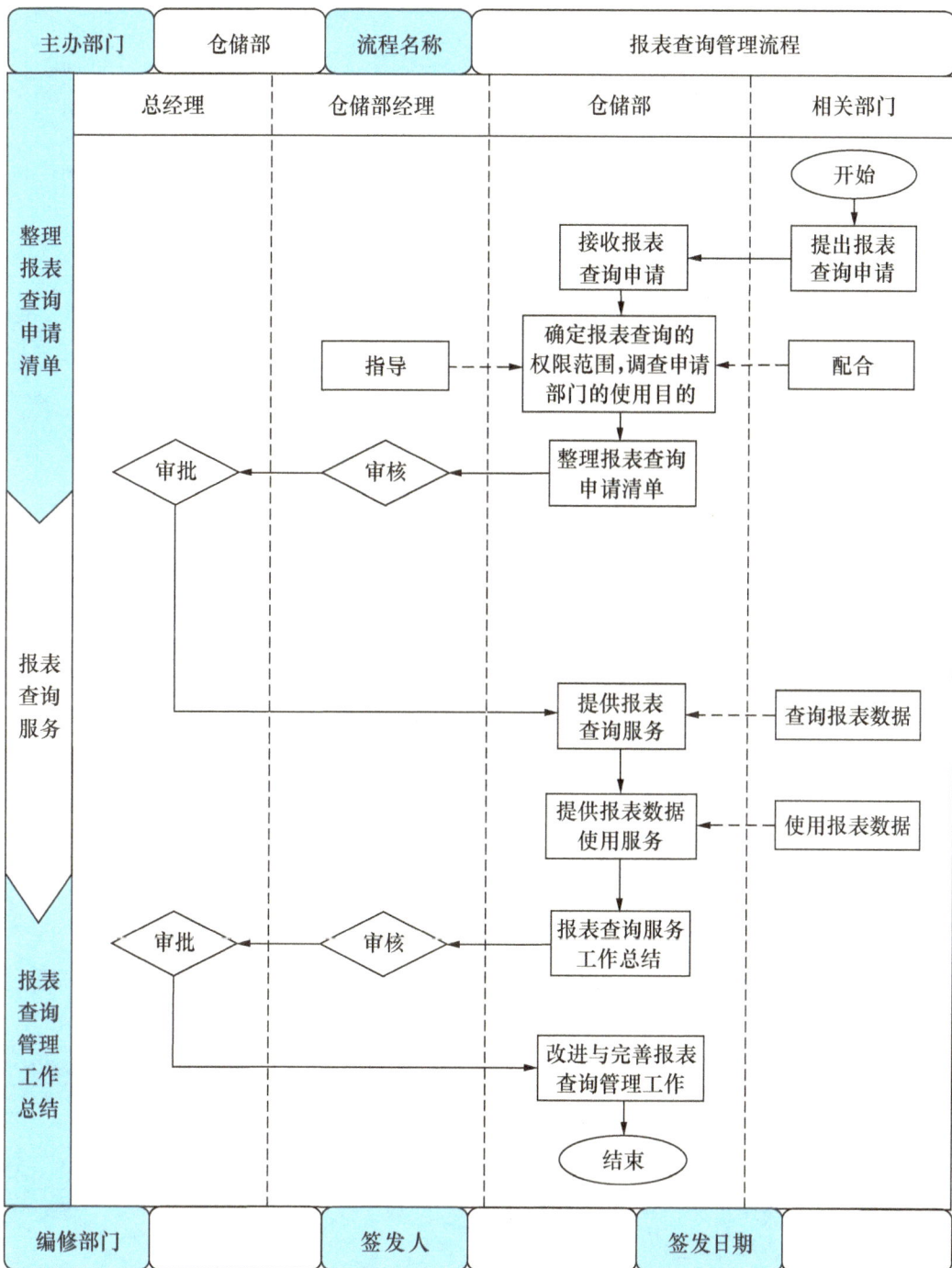

主办部门	仓储部	流程名称	报表查询管理流程

	总经理	仓储部经理	仓储部	相关部门
整理报表查询申请清单			开始	
			接收报表查询申请 ←	提出报表查询申请
	指导		确定报表查询的权限范围,调查申请部门的使用目的 ←	配合
	审批 ←	审核 ←	整理报表查询申请清单	
报表查询服务			提供报表查询服务 ←	查询报表数据
			提供报表数据使用服务 ←	使用报表数据
报表查询管理工作总结	审批 ←	审核 ←	报表查询服务工作总结	
			改进与完善报表查询管理工作	
			结束	

编修部门		签发人		签发日期	

第7章 物流仓储管理

7.8.2 报表查询管理执行程序、工作标准、考核指标、执行规范

任务名称	执行程序、工作标准与考核指标
整理报表查询申请清单	**执 行 程 序** **1. 接收报表查询申请** ☆本企业的相关部门根据自身的工作需要，向仓储部提出报表查询申请。 ☆仓储人员要及时接收相关部门提交的报表查询申请。 **2. 确定报表查询的权限范围，调查申请部门的使用目的** 仓储人员在仓储部经理的指导下，确定报表查询的权限范围，调查申请部门的使用目的。 **3. 整理报表查询申请清单** 仓储部要及时整理报表查询申请清单，并将其提交仓储部经理审核，之后报总经理审批。 **工作重点** 仓储部应详细调查申请部门的报表使用目的。 **工 作 标 准** ☆质量标准：报表查询权限结构清晰、层次严谨、易于操作。 ☆时间标准：仓储部应在__个工作日内完成报表查询申请清单的整理工作。 **考 核 指 标** 报表查询申请清单审批通过率，其计算公式如下： $$报表查询申请清单审批通过率 = \frac{审批通过的清单数}{提交审批的清单数} \times 100\%$$
报表查询服务	**执 行 程 序** **1. 提供报表查询服务** ☆仓储部向报表查询申请部门提供报表查询服务，根据其需求提供相关报表数据。 ☆相关部门查询报表数据。 **2. 提供报表数据使用服务** ☆仓储部向报表查询申请部门提供报表数据使用服务，按规定满足其报表数据使用需求。 ☆相关部门使用报表数据。 **工作重点** 仓储部应及时为报表查询申请部门提供报表查询服务。

任务名称	执行程序、工作标准与考核指标
报表查询服务	**工作标准** ☆依据标准：报表查询服务应依据本企业的物流仓储业务报表管理规定进行提供。 ☆目的标准：提供报表查询服务的目的是让数据发挥应有的价值。
报表查询管理工作总结	**执行程序** **1.报表查询服务工作总结** 仓储部根据报表查询服务的实际情况，做好报表查询服务工作总结，编制总结报告，并将其提交仓储部经理审核，之后报总经理审批。 **2.改进与完善报表查询管理工作** 报表查询服务工作总结报告审批通过后，仓储部根据总经理的审批意见改进与完善报表查询管理工作。 **工作重点** 报表查询服务工作总结报告的编制要规范。 **工作标准** 仓储部应在__个工作日内完成报表查询服务工作总结报告的编制工作。 **考核指标** 报表查询服务工作总结报告应一次性审批通过。

执 行 规 范

"报表查询权限说明""报表查询申请清单""报表查询服务工作总结报告"。

8.1 运输、装卸、搬运与配送管理流程

8.1.1 流程设计的目的

企业设计运输、装卸、搬运与配送管理流程的目的如下：

1. 确保运输、装卸、搬运与配送管理各项工作安排妥当，人员职责分工明确，各司其职；

2. 提高物流服务质量，不断改进与完善物流服务工作，提升客户满意度。

8.1.2 流程结构设计

运输、装卸、搬运与配送管理包括四大事项，我们可以就每个事项设计相应的流程，即运输管理流程、货物发运管理流程、货物装卸与搬运管理流程和货物配送管理流程，具体如图 8-1 所示。

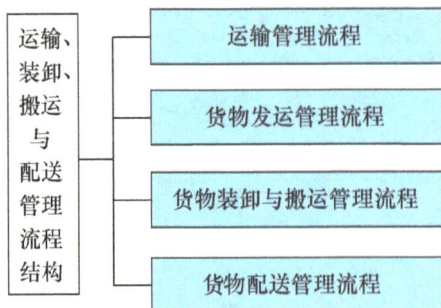

图 8-1 运输、装卸、搬运与配送管理流程结构

8.2 运输管理流程设计与工作执行

8.2.1 运输管理流程设计

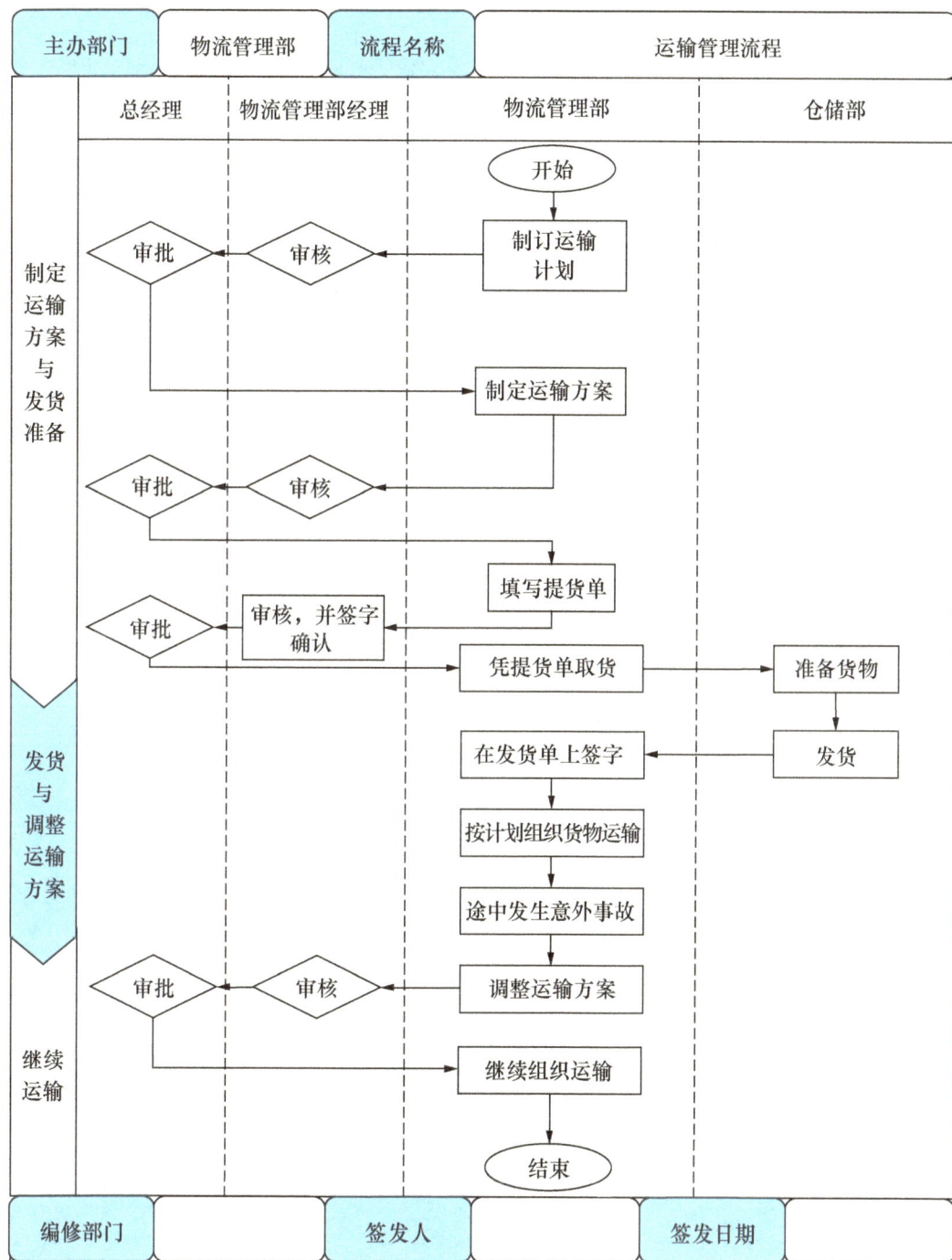

主办部门	物流管理部	流程名称	运输管理流程

	总经理	物流管理部经理	物流管理部	仓储部

制定运输方案与发货准备

开始

制订运输计划

审批 ← 审核

制定运输方案

审批 ← 审核

填写提货单

审批 ← 审核，并签字确认

凭提货单取货 → 准备货物

发货与调整运输方案

在发货单上签字 ← 发货

按计划组织货物运输

途中发生意外事故

审批 ← 审核 ← 调整运输方案

继续运输

继续组织运输

结束

编修部门		签发人		签发日期	

第8章 运输、装卸、搬运与配送管理

/ 153 /

8.2.2 运输管理执行程序、工作标准、考核指标、执行规范

任务名称	执行程序、工作标准与考核指标
制定运输方案与发货准备	**执 行 程 序** **1. 制订运输计划** 　物流管理部负责制订运输计划，并将其提交物流管理部经理审核，之后报总经理审批。 **2. 制定运输方案** 　物流管理部根据运输计划制定运输方案，并将其提交物流管理部经理审核，之后报总经理审批。 **3. 凭提货单取货** ☆物流管理部相关人员应填写提货单。 ☆物流管理部经理应审核提货单，并在提货单上签字确认。 ☆物流管理部相关人员须将提货单提交总经理审批，审批通过后，凭提货单到仓储部取货。 **4. 准备货物** 　提货单确认无误后，仓储部准备货物。 **工作重点** 　运输方案不仅要具有可操作性，更要立足实际，便于企业后期实施和操作。 **工 作 标 准** ☆参照标准：本企业过去年度的运输计划与运输方案资料。 ☆完成标准：运输计划与运输方案通过总经理的审批。 **考 核 指 标** 　运输计划与运输方案制定的及时性：应在__个工作日内完成。
发货与调整运输方案	**执 行 程 序** **1. 发货** 　仓储部发放货物，物流管理部在发货单上签字确认。 **2. 按计划组织货物运输** 　物流管理部按照既定的运输计划组织货物运输。 **3. 调整运输方案** ☆在运输的途中发生意外事故，物流管理部相关人员应及时将相关情况反映给上级领导，同时灵活调整运输方案。 ☆物流管理部相关人员应将调整后的运输方案提交物流管理部经理审核，之后报总经理审批。 **工作重点** 　货物在运输时，物流人员要把握运输过程中的细节，力争每一个环节都做到最好。

任务名称	执行程序、工作标准与考核指标
发货与调整运输方案	**工作标准** 发货及运输应严格按照规定进行，发生意外事故后应及时调整运输方案。
继续运输	**执行程序** 调整后的运输方案审批通过后，物流管理部根据该方案继续组织运输。 **工作重点** 继续运输过程中如有特殊或者异常情况，物流人员应做好记录。
	工作标准 货物运输及时，准时到货。
执行规范	
"运输方案""运输计划""提货单""发货单"。	

8.3 货物发运管理流程设计与工作执行

8.3.1 货物发运管理流程设计

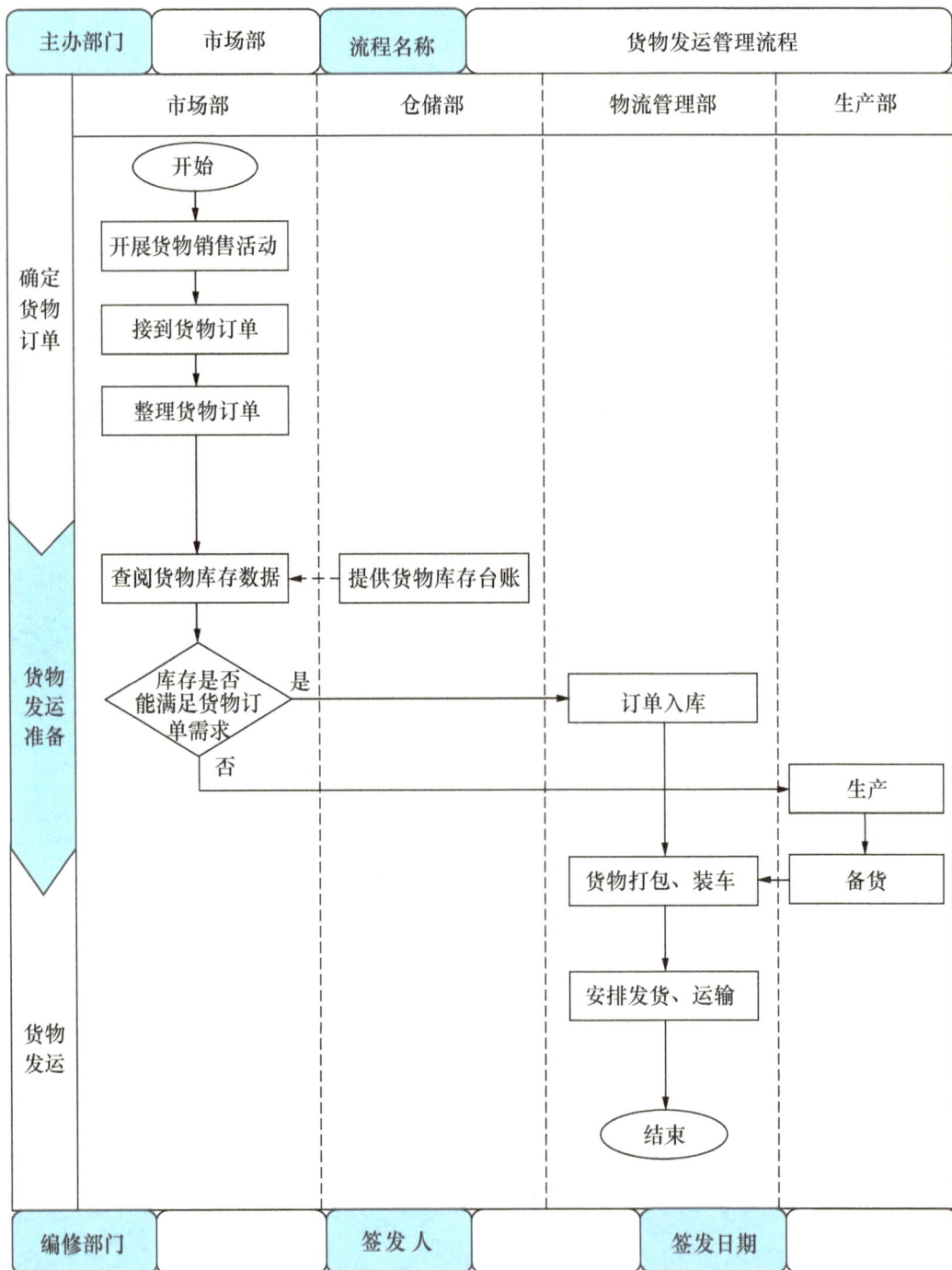

主办部门	市场部	流程名称	货物发运管理流程

	市场部	仓储部	物流管理部	生产部

确定货物订单

开始

开展货物销售活动

接到货物订单

整理货物订单

查阅货物库存数据 ← 提供货物库存台账

货物发运准备

库存是否能满足货物订单需求 — 是 → 订单入库

否 → 生产

货物打包、装车 ← 备货

货物发运

安排发货、运输

结束

编修部门		签发人		签发日期	

8.3.2　货物发运管理执行程序、工作标准、考核指标、执行规范

任务名称	执行程序、工作标准与考核指标
确定货物订单	**执 行 程 序** **1. 接到货物订单** ☆市场部面向市场各个渠道开展货物销售活动。 ☆市场部接到货物订单。 **2. 整理货物订单** 市场部应汇总、整理货物订单。 **工作重点** 市场部应确保在各个渠道都可以接收货物订单。 **工 作 标 准** 市场部应在__小时内完成货物订单的整理工作。
货物发运准备	**执 行 程 序** **1. 查阅货物库存数据** ☆市场部应根据货物订单查阅货物库存数据。 ☆仓储部应向市场部提供对应货物的库存台账。 **2. 订单入库** 库存商品可以满足货物订单需求，货物订单进入物流管理部执行发货程序。 **3. 生产** ☆库存商品无法满足货物订单需求，货物订单进入生产部。 ☆生产部根据货物订单组织生产、备货。 **工作重点** 市场部在查阅货物库存数据时，要看现有库存能否满足货物订单需求。 **工 作 标 准** 货物库存数据准确无误。
货物发运	**执 行 程 序** **1. 货物打包、装车** ☆生产部备货完成后，将货物送达物流管理部。 ☆物流管理部根据货物订单组织进行货物打包、装车。 **2. 安排发货、运输** 货物打包、装车完成后，物流管理部安排发货、运输。 **工作重点** 货物打包、装车要及时，以免影响后续工作。

任务名称	执行程序、工作标准与考核指标
货物发运	**工作标准**
	物流管理部应及时将货物运输至客户指定的地点。
	考核指标
	物流管理部应在__个工作日内完成货物发运工作。
	执行规范
	"货物订单发货管理规定""货物订单"。

8.4 货物装卸与搬运管理流程设计与工作执行

8.4.1 货物装卸与搬运管理流程设计

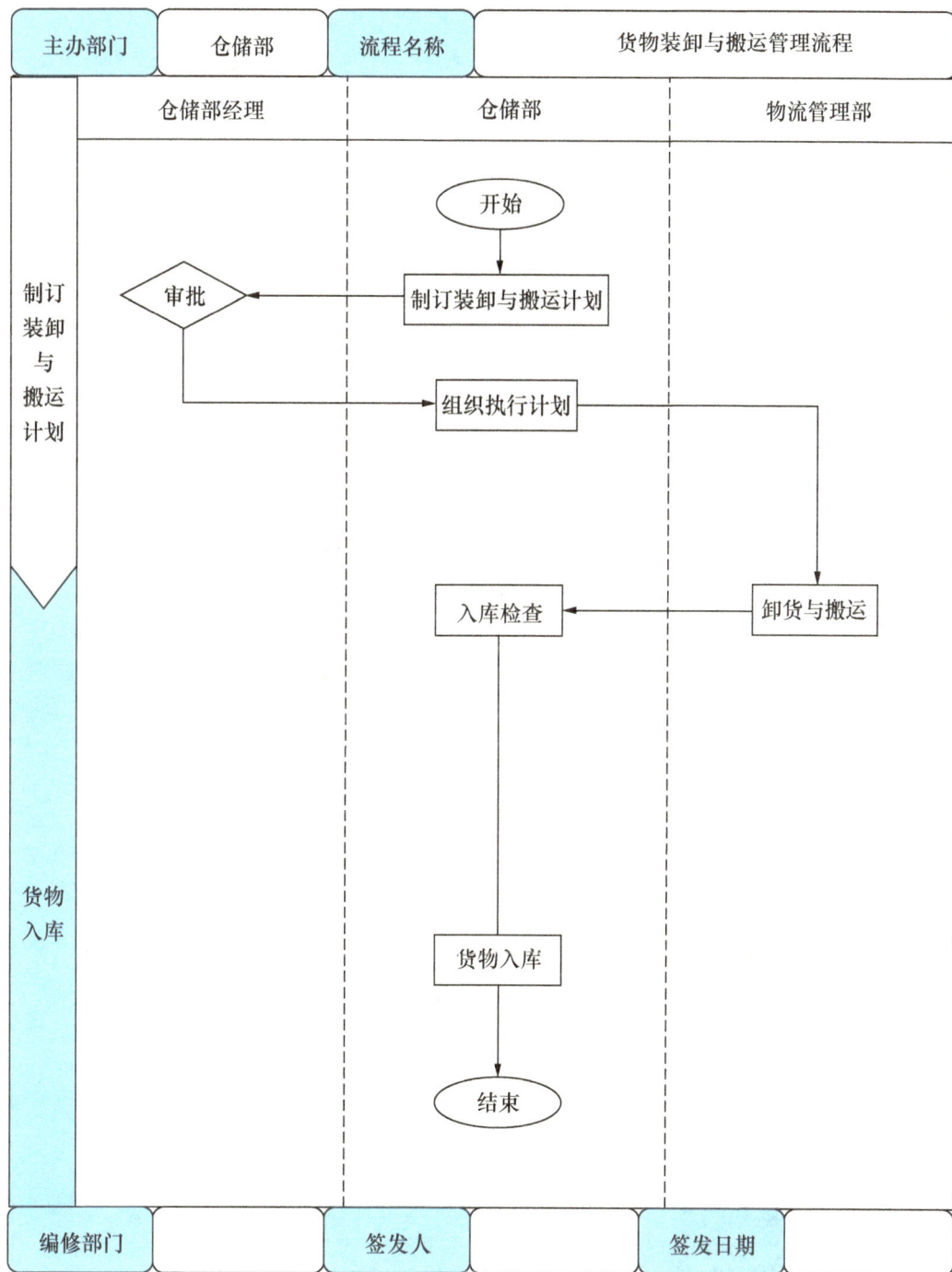

主办部门	仓储部	流程名称	货物装卸与搬运管理流程

仓储部经理	仓储部	物流管理部

制订装卸与搬运计划

货物入库

开始 → 制订装卸与搬运计划 → 审批 → 组织执行计划 → 卸货与搬运 → 入库检查 → 货物入库 → 结束

编修部门		签发人		签发日期	

8.4.2 货物装卸与搬运管理执行程序、工作标准、考核指标、执行规范

任务名称	执行程序、工作标准与考核指标
制订装卸 与 搬运计划	**执 行 程 序** **1. 制订装卸与搬运计划** 　仓储部根据接到的装卸与搬运任务，制订一段时间内的装卸与搬运计划，并将其提交仓储部经理审批。 **2. 组织执行计划** 　装卸与搬运计划审批通过后，仓储部组织执行该计划。 **3. 卸货与搬运** 　当货物送达企业后，物流管理部应及时组织卸货，并将货物搬运到仓库。 **工作重点** 装卸与搬运计划要具有可操作性。
	工 作 标 准 装卸与搬运作业安全、规范。
	考 核 指 标 　装卸与搬运作业的规范性、严谨性：应严格按照装卸与搬运作业流程、操作步骤、标准执行。
货物入库	**执 行 程 序** **1. 入库检查** 　仓储部须对待入库的货物进行入库检查。 **2. 货物入库** 　货物入库检查没有问题后，仓储部及时安排货物入库。 **工作重点** 　仓储部员工应按照规定做好货物入库工作。
	工 作 标 准 货物入库高效、规范、安全。
	考 核 指 标 货物入库的及时性：应在__个工作日内完成。
执 行 规 范	
"装卸与搬运管理制度""装卸与搬运计划"。	

8.5 货物配送管理流程设计与工作执行

8.5.1 货物配送管理流程设计

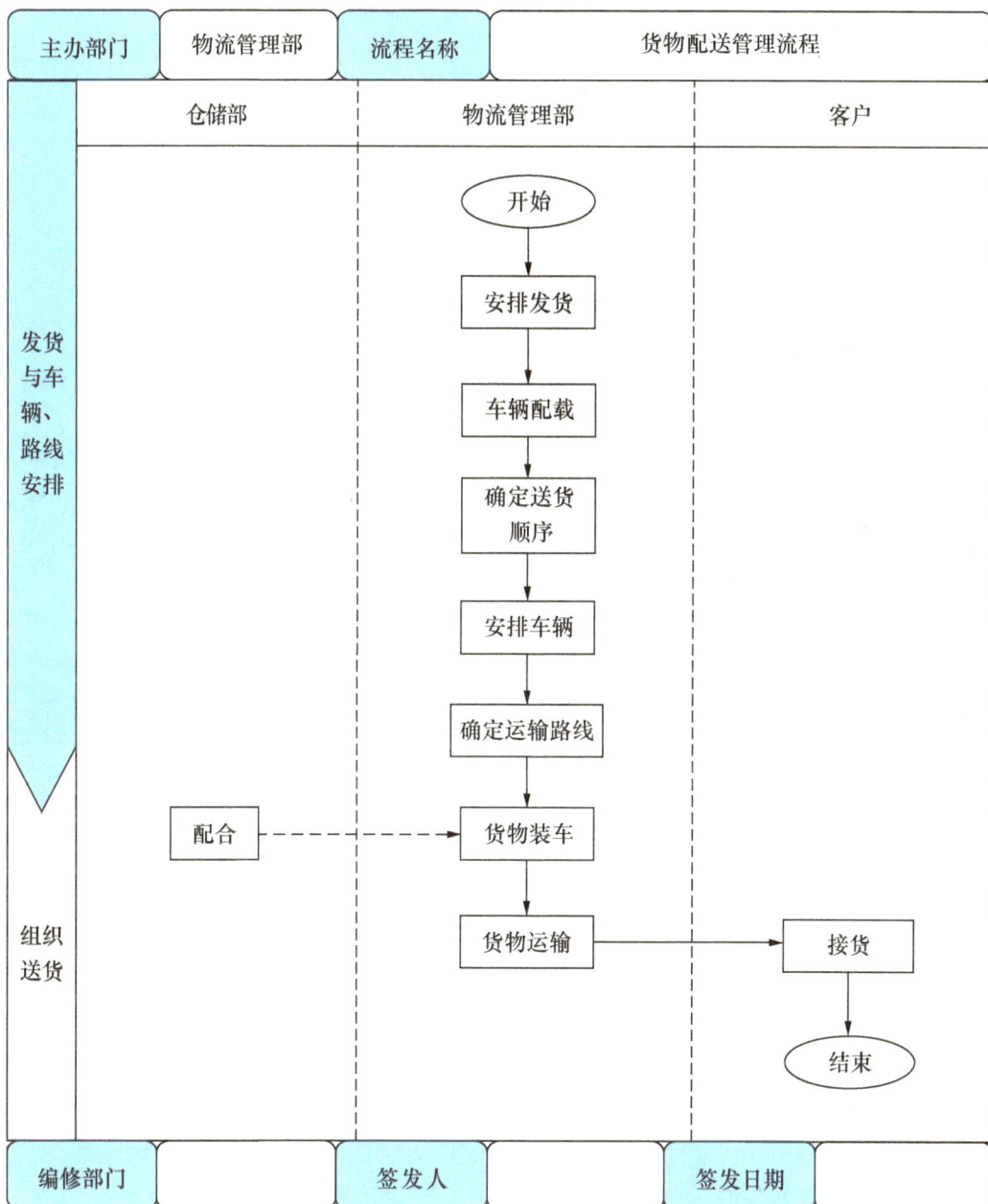

主办部门	物流管理部	流程名称	货物配送管理流程

	仓储部	物流管理部	客户

发货与车辆、路线安排

开始 → 安排发货 → 车辆配载 → 确定送货顺序 → 安排车辆 → 确定运输路线

组织送货

配合 --→ 货物装车 → 货物运输 → 接货 → 结束

编修部门		签发人		签发日期	

第8章　运输、装卸、搬运与配送管理

8.5.2 货物配送管理执行程序、工作标准、考核指标、执行规范

任务名称	执行程序、工作标准与考核指标
发货与车辆、路线安排	**执 行 程 序** **1. 安排发货** 物流管理部根据客户的需求安排发货。 **2. 车辆配载** 物流人员根据货物特性，做好车辆的配载工作。 **3. 确定送货顺序** 物流管理部根据客户订单的送货时间要求，确定送货顺序。 **4. 安排车辆** 物流管理部负责安排符合容量、载重要求的车辆。 **5. 确定运输路线** 物流管理部负责确定运输路线，通常选择路线短、时间短、成本低的路线，具体要根据客户所处的位置、沿途的交通状况确定。 **工作重点** 在送货之前，物流管理部需要综合考虑影响送货的关键因素，包括客户订单、客户所处位置、运输路线和距离，配送的各种货物的体积、形状、重量、性能和运输要求，以及运输、装卸条件等。 **工 作 标 准** ☆参照标准：同行业其他企业的发货及车辆路线安排资料。 ☆质量标准：运输路线科学、合理。 **考 核 指 标** 发货的规范性、严谨性：应严格按照发货作业流程、操作步骤执行。
组织送货	**执 行 程 序** **1. 货物装车** 物流管理部在仓储部的配合下，及时将货物装车。 **2. 货物运输** 物流管理部要做好货物运输工作，并及时通知客户准备接货。 **3. 接货** 当物流人员将货物运输至客户指定的地点时，客户要及时接货。 **工作重点** 货物在运输途中如果出现问题，物流人员要及时与客户联系，并做好记录。

（续）

任务名称	执行程序、工作标准与考核指标
组织送货	**工作标准**
	货物运输高效、规范、安全，客户满意度高。
	考核指标
	客户满意度：以接受随机调研的客户对送货满意度评分的算术平均值为准，用以衡量物流人员的工作成果。

执行规范
"物流配送管理制度"。

第9章 物流客户服务管理

9.1 物流客户服务管理流程

9.1.1 流程设计的目的

企业设计物流客户服务管理流程的目的如下：

1. 规范物流客户服务管理各项工作，人员职责分工明确，提高工作效率；

2. 加强对物流客户服务的管理，确保客户服务管理工作有效开展；

3. 不断改进物流客户服务管理工作，提升客户服务水平，更好地满足客户的需求。

9.1.2 流程结构设计

物流客户服务管理包括九大事项，我们可以就每个事项设计相应的流程，即客户服务管理流程、呼叫中心管理流程、客户接待管理流程、货物退换货管理流程、客户投诉处理流程、客服人员培训管理流程、客户信息管理流程、客户索赔管理流程和客服质量管理流程，具体如图 9-1 所示。

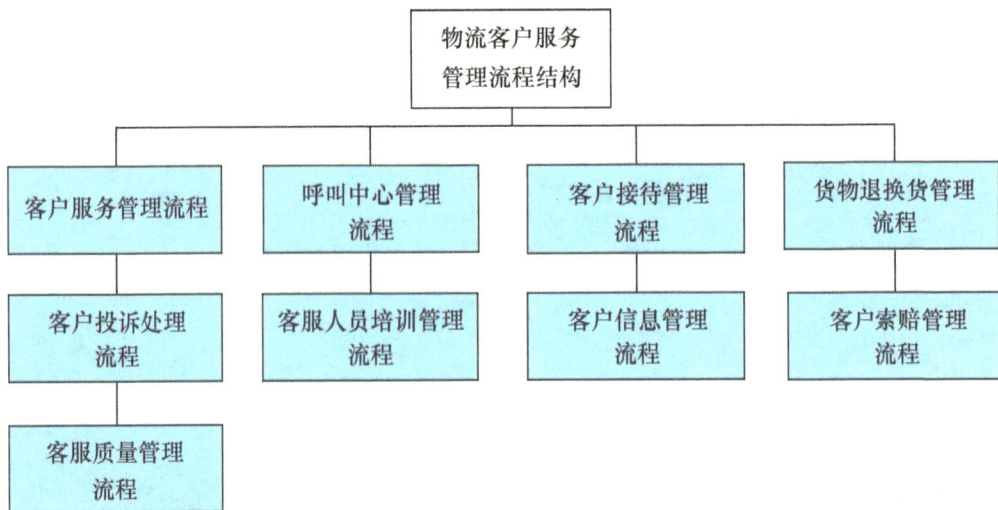

图 9-1　物流客户服务管理流程结构

9.2 客户服务管理流程设计与工作执行

9.2.1 客户服务管理流程设计

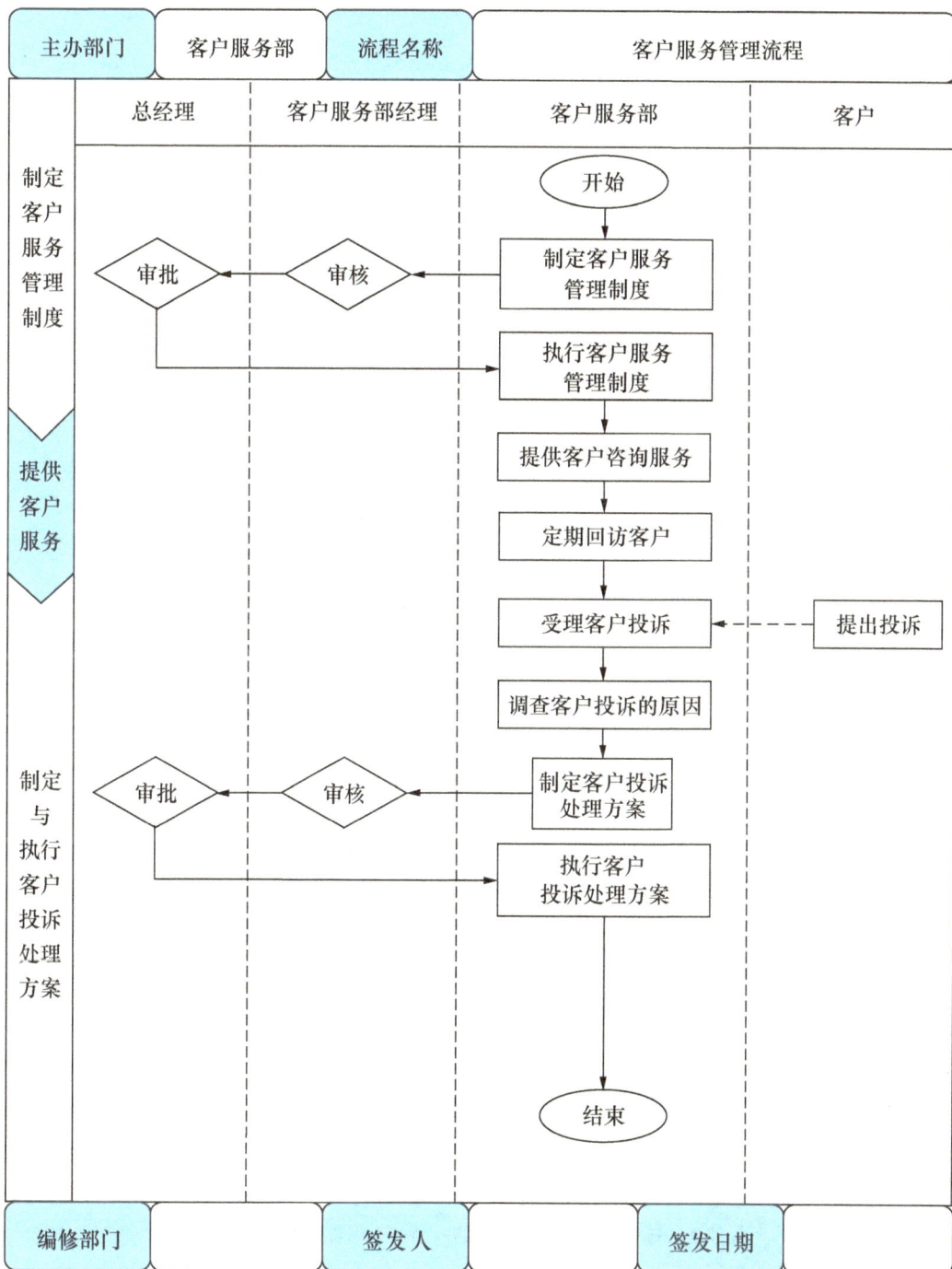

主办部门	客户服务部	流程名称	客户服务管理流程

	总经理	客户服务部经理	客户服务部	客户

制定客户服务管理制度

- 开始
- 审批 ← 审核 ← 制定客户服务管理制度
- 执行客户服务管理制度

提供客户服务

- 提供客户咨询服务
- 定期回访客户
- 受理客户投诉 ← 提出投诉
- 调查客户投诉的原因

制定与执行客户投诉处理方案

- 审批 ← 审核 ← 制定客户投诉处理方案
- 执行客户投诉处理方案
- 结束

编修部门		签发人		签发日期	

9.2.2 客户服务管理执行程序、工作标准、考核指标、执行规范

任务名称	执行程序、工作标准与考核指标
制定客户服务管理制度	**执 行 程 序** **1. 制定客户服务管理制度** ☆客户服务部根据本企业的物流产品和服务的特点，制定客户服务管理制度。 ☆客户服务部应将客户服务管理制度提交客户服务部经理审核，之后报总经理审批。 **2. 执行客户服务管理制度** 客户服务管理制度审批通过后，客户服务部组织执行该制度。 **工作重点** 客户服务部要严格执行客户服务管理制度，以便做好客户服务工作。 **工 作 标 准** 客户服务管理制度的内容全面、语言表述规范。
提供客户服务	**执 行 程 序** **1. 提供客户咨询服务** 客户服务部人员在日常工作中要向客户提供各种咨询服务。 **2. 定期回访客户** ☆客户服务部根据本企业的业务和销售情况，确定回访客户和回访时间，制定客户回访计划表。 ☆客户服务部人员按照客户回访计划表，定期回访客户。 **工作重点** 客户服务人员在回答客户提出的问题时，语言要表述清楚、简洁。 **工 作 标 准** 客户咨询服务需要解答客户疑惑，提高客户满意度，从而树立企业的良好形象。 **考 核 指 标** 客户满意度应不低于__%。
制定与执行客户投诉处理方案	**执 行 程 序** **1. 受理客户投诉** 客户服务部接受客户在使用本企业物流产品或服务过程中提出的投诉，并向客户确认本企业已经受理投诉。 **2. 调查客户投诉的原因** 客户服务部要安排专人调查客户投诉的原因，明确责任人。

任务名称	执行程序、工作标准与考核指标
制定与执行客户投诉处理方案	**3. 制定客户投诉处理方案** ☆客户服务部根据客户投诉原因的调查结果提出处理意见，制定客户投诉处理方案，并将其提交客户服务部经理审核，之后报总经理审批。 ☆客户投诉处理方案审批通过后，客户服务部根据总经理的审批意见组织执行该方案。 **工作重点** 　客户服务部人员要及时受理客户投诉，并做好记录。
	<div align="center">工 作 标 准</div>
	☆质量标准：客户投诉原因调查全面、详细；客户投诉处理方案切实可行。 ☆时间标准：客户投诉处理方案应在__个工作日内制定完成。
<div align="center" colspan="2">执 行 规 范</div>	
"客户服务管理制度""客户回访计划表""客户回访记录""客户投诉登记表""客户投诉处理方案"。	

9.3.1 呼叫中心管理流程设计

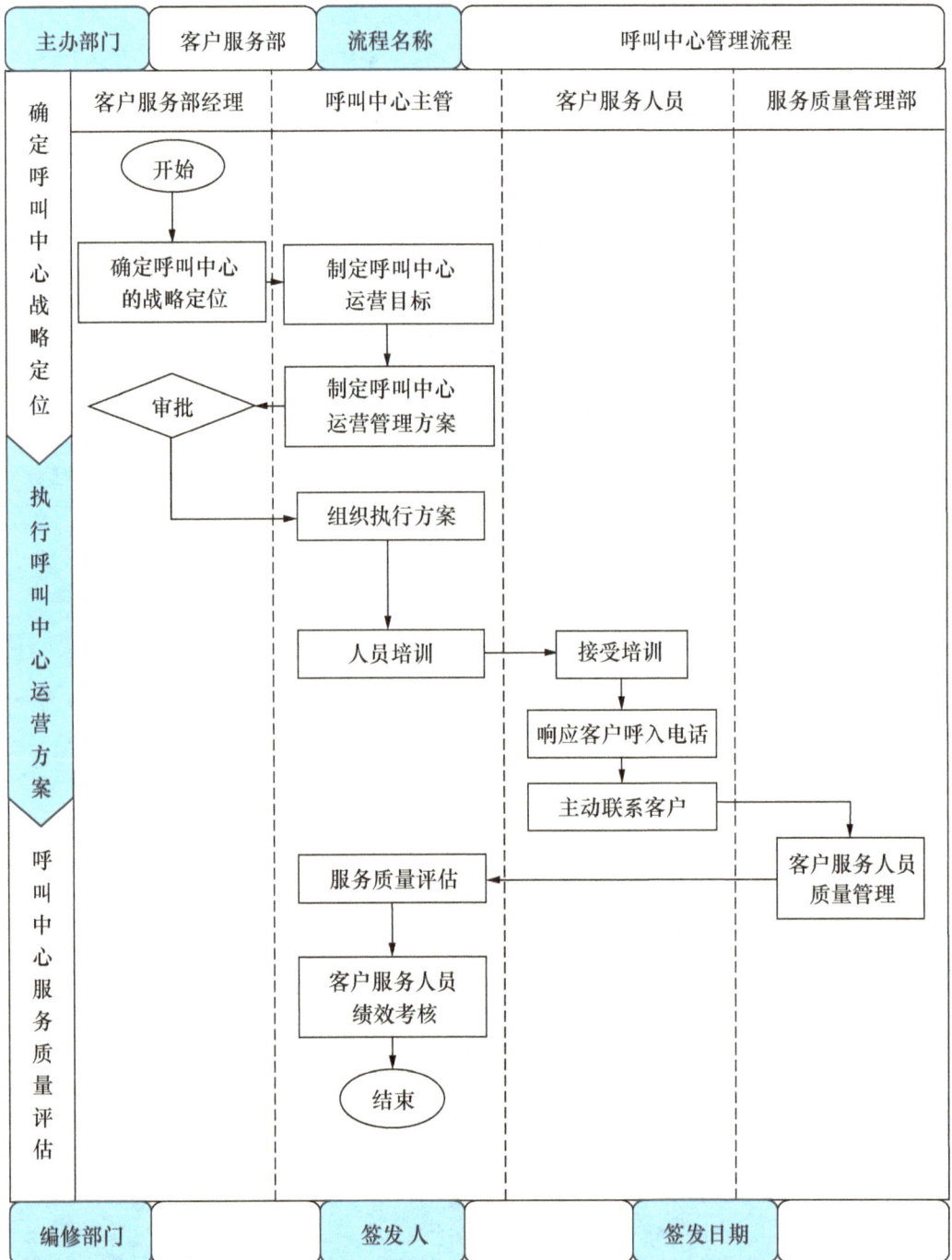

主办部门	客户服务部	流程名称	呼叫中心管理流程

	客户服务部经理	呼叫中心主管	客户服务人员	服务质量管理部

确定呼叫中心战略定位 / 执行呼叫中心运营方案 / 呼叫中心服务质量评估

开始

确定呼叫中心的战略定位 → 制定呼叫中心运营目标

制定呼叫中心运营管理方案 → 审批

组织执行方案

人员培训 → 接受培训

响应客户呼入电话

主动联系客户 ← 客户服务人员质量管理

服务质量评估

客户服务人员绩效考核

结束

编修部门		签发人		签发日期	

9.3.2　呼叫中心管理执行程序、工作标准、考核指标、执行规范

任务名称	执行程序、工作标准与考核指标
确定呼叫中心战略定位	**执 行 程 序** **1. 确定呼叫中心的战略定位** 客户服务部经理应确定呼叫中心在整个企业的战略地位。 **2. 制定呼叫中心运营目标** ☆呼叫中心主管根据已确定的呼叫中心战略定位，制定呼叫中心运营目标。 ☆呼叫中心 50% 的责任在于能够确保客户的问题能够被客户服务人员及时、专业地解答，50% 的责任在于向企业反馈客户的需求及如何有针对性地满足客户的需求。 **3. 制定呼叫中心运营管理方案** ☆呼叫中心主管在确定呼叫中心运营目标的基础上制定呼叫中心运营管理方案，方案内容要全面。 ☆呼叫中心主管应将呼叫中心运营管理方案提交客户服务部经理审批。 **工作重点** 呼叫中心主管制定的呼叫中心运营目标应明确、具体。 **工 作 标 准** 通过确定呼叫中心战略定位，为后续的工作奠定基础。 **考 核 指 标** 呼叫中心运营管理方案的内容全面、完整，并且具有可操作性。
执行呼叫中心运营方案	**执 行 程 序** **1. 人员培训** ☆呼叫中心运营管理方案审批通过后，呼叫中心主管组织执行该方案。 ☆呼叫中心主管应对呼叫中心客户服务人员进行相关培训，培训内容包括服务要求与规范、产品知识、企业文化等。 **2. 响应客户呼入电话** 客户服务人员应及时响应客户呼入电话，对客户提出的问题给予满意的回答，帮助客户解决问题。 **3. 主动联系客户** 客户服务人员要主动联系客户，进行客户满意度调查、产品信息介绍、客户关系维护等工作。 **工作重点** 呼叫中心客户服务人员的培训工作非常重要，培训内容的实用性要强，对客户服务人员的工作要有指导作用。

任务名称	执行程序、工作标准与考核指标
执行呼叫中心运营方案	**工 作 标 准** 客户服务人员的培训可参照同行业其他企业的人员服务培训标准及方法执行。 **考 核 指 标** 培训计划完成率，其计算公式如下： $$培训计划完成率 = \frac{完成培训的人数}{计划培训的人数} \times 100\%$$
呼叫中心服务质量评估	**执 行 程 序** **1. 服务质量评估** ☆服务质量管理部平时要做好客户服务人员的质量管理工作。 ☆呼叫中心主管应定期对客户服务人员的服务质量进行评估。 **2. 客户服务人员绩效考核** 　呼叫中心主管应定期对客户服务人员进行绩效考核。 **工作重点** 　呼叫中心主管要重点对客户服务人员的服务态度进行考核，因为客户服务人员的态度直接影响客户的体验。 **工 作 标 准** ☆参照标准：客户服务人员绩效考核的实施可参照同行业其他优秀企业的客户服务人员服务质量标准及绩效考核方案资料执行。 ☆目标标准：通过对呼叫中心客户服务人员服务质量的评估，提升客户服务人员的客户服务水平。 **考 核 指 标** 客户服务人员绩效考核的及时性：应在__个工作日内完成。
执 行 规 范	
"呼叫中心运营管理制度""客户服务人员培训管理办法""客户服务人员培训方案""客户服务人员绩效考核管理办法"。	

物流仓储配送管理 流程设计与工作标准

9.4.1 客户接待管理流程设计

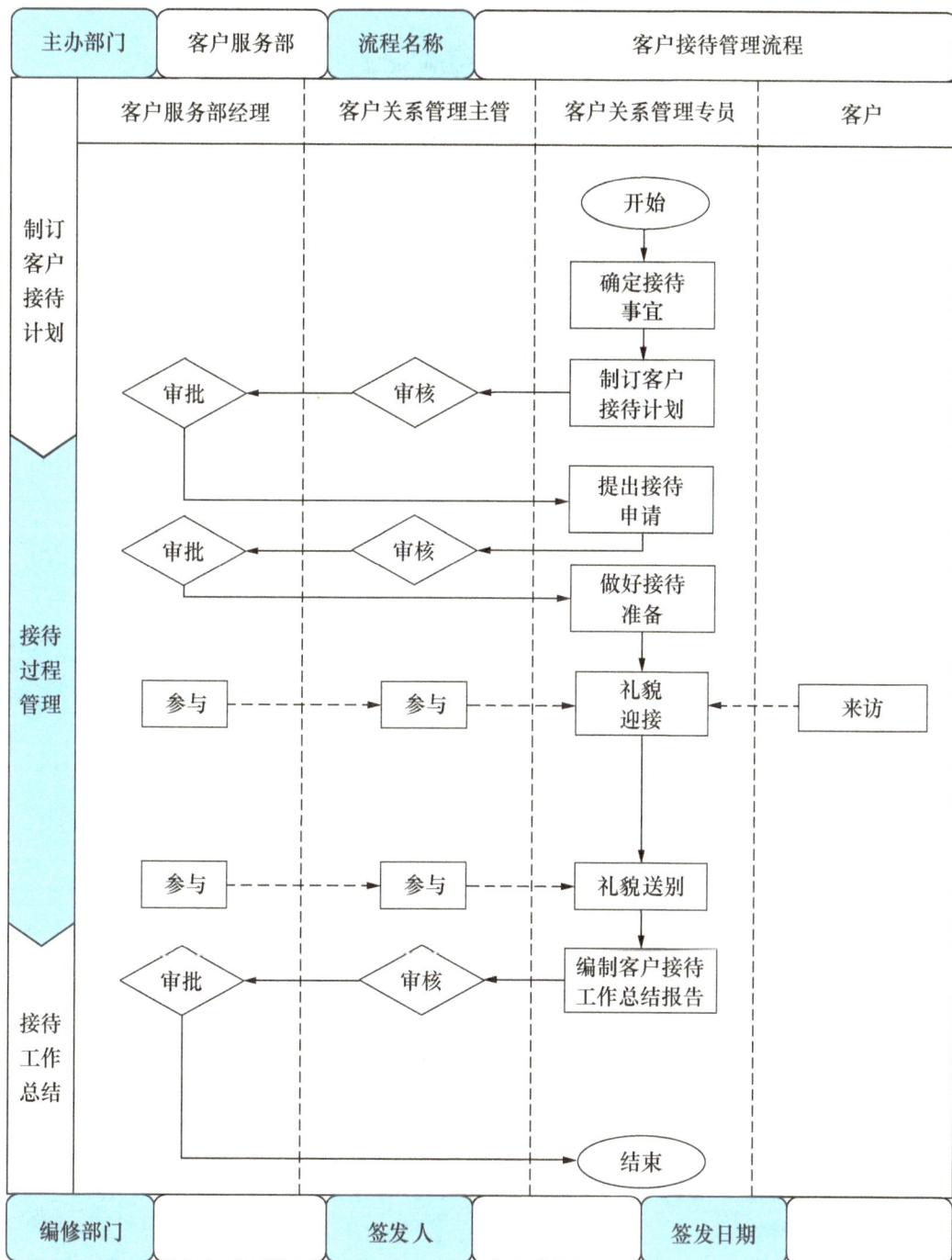

主办部门	客户服务部	流程名称	客户接待管理流程

	客户服务部经理	客户关系管理主管	客户关系管理专员	客户

制订客户接待计划

开始 → 确定接待事宜 → 制订客户接待计划 → 审核 → 审批

提出接待申请 → 审核 → 审批

接待过程管理

做好接待准备

参与 ┄ 参与 ┄ 礼貌迎接 ← 来访

参与 ┄ 参与 ┄ 礼貌送别

接待工作总结

编制客户接待工作总结报告 → 审核 → 审批

结束

编修部门		签发人		签发日期	

第9章　物流客户服务管理

9.4.2 客户接待管理执行程序、工作标准、考核指标、执行规范

任务名称	执行程序、工作标准与考核指标
制订客户接待计划	**执 行 程 序** **1. 确定接待事宜** 　客户关系管理专员根据本企业客户维护的需要和要求，确定客户接待事宜。 **2. 制订客户接待计划** 　客户关系管理专员围绕接待对象和接待事宜制订客户接待计划，并将其提交客户关系管理主管审核，之后报客户服务部经理审批。 **工作重点** 　客户关系管理专员要根据客户关系维护的需要，确定接待的对象、人数等相关事宜。 **工 作 标 准** ☆内容标准：客户接待计划的内容包括就餐安排、所需车辆、人员安排等。 ☆质量标准：客户接待计划切实可行。
接待过程管理	**执 行 程 序** **1. 提出接待申请** 　客户关系管理专员提出接待申请，填写客户接待申请表，并将其提交客户关系管理主管审核，之后报客户服务部经理审批。 **2. 做好接待准备** 　客户接待申请表审批通过后，客户关系管理专员要做好客户接待的各项准备工作。 **3. 礼貌迎接与礼貌送别** ☆客户来访，客户关系管理专员要礼貌迎接客户。 ☆接待工作结束后，客户关系管理专员要礼貌送别客户。 **工作重点** ☆必要时，客户服务部经理与客户服务关系管理主管也应参与迎接和送别客户的活动。 ☆客户关系管理专员应在客户接待记录表上做好记录。 **工 作 标 准** ☆内容标准：前期接待准备工作包括就餐安排、招待活动安排、接送车辆安排及礼品购买等。 ☆质量标准：客户接待工作规范、有秩序。
接待工作总结	**执 行 程 序** 　客户接待工作结束后，客户关系管理专员要编制客户接待工作总结报告，并将其提交客户关系管理主管审核，之后报客户服务部经理审批。 **工作重点** 　客户接待工作总结报告的编制要规范。

任务名称	执行程序、工作标准与考核指标
接待工作总结	**工作标准**
	客户接待工作总结报告的内容符合实际，有重点、有反思。
	考核指标
	客户接待工作总结报告编制的及时性：应在__个工作日内完成。
执行规范	
"客户接待计划""客户接待申请表""客户接待记录表""客户接待工作总结报告"。	

9.5 货物退换货管理流程设计与工作执行

9.5.1 货物退换货管理流程设计

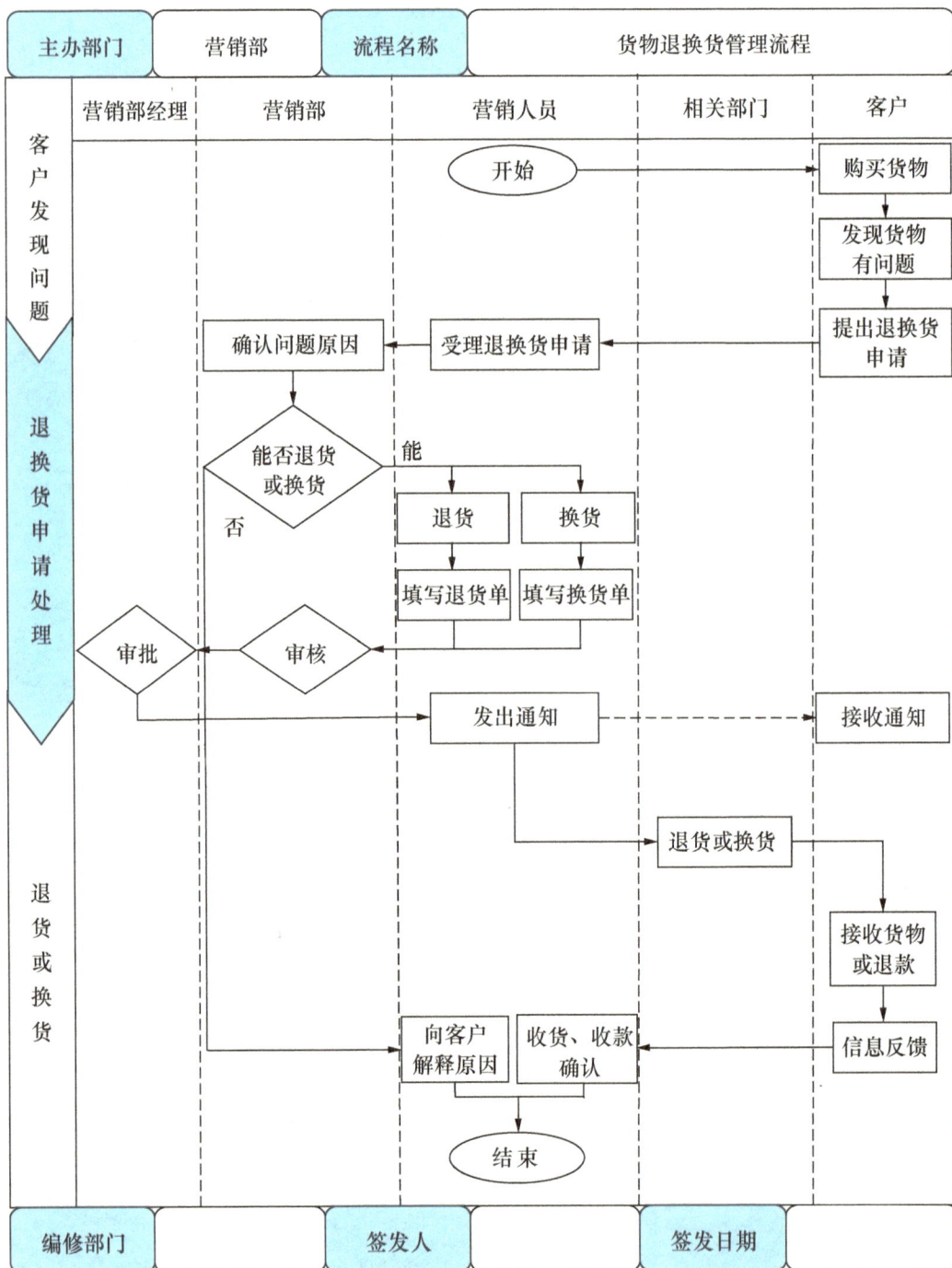

主办部门	营销部	流程名称	货物退换货管理流程

	营销部经理	营销部	营销人员	相关部门	客户

客户发现问题 / 退换货申请处理 / 退货或换货

- 开始
- 购买货物
- 发现货物有问题
- 提出退换货申请
- 受理退换货申请
- 确认问题原因
- 能否退货或换货（能／否）
- 退货
- 换货
- 填写退货单
- 填写换货单
- 审核
- 审批
- 发出通知
- 接收通知
- 退货或换货
- 接收货物或退款
- 向客户解释原因
- 收货、收款确认
- 信息反馈
- 结束

编修部门		签发人		签发日期	

9.5.2　货物退换货管理执行程序、工作标准、考核指标、执行规范

任务名称	执行程序、工作标准与考核指标
客户发现问题	**执 行 程 序** **1. 发现货物有问题** ☆客户与营销人员签订销售合同，购买企业的货物。 ☆客户在购买货物后发现货物有问题。 **2. 提出退换货申请** 　客户向营销人员提出退换货申请。 **工作重点** 　营销人员应及时受理客户提出的退换货申请。 **工 作 标 准** 退换货的处理可参照本企业的退换货管理制度执行。 **考 核 指 标** 　客户满意度：以接受随机调研的客户对本企业的产品和服务满意度评分的算术平均值为准，用以衡量本企业的产品和服务的品质。
退换货申请处理	**执 行 程 序** **1. 确认问题原因** ☆营销人员在受理客户的退换货申请后，要耐心请客户等待处理结果。 ☆营销部要确认货物出现问题的原因，同时判断能否退货或换货。若是客户的原因造成的货物问题，营销部应耐心向客户解释不能退换货的原因；若确实是本企业的问题，营销部要根据本企业的规定进行退换货处理。 **2. 填写退货单或换货单** ☆经营销部判定可以退货，营销人员应填写退货单。 ☆经营销部判定可以换货，营销人员应填写换货单。 ☆营销人员须将退货单或换货单提交营销部审核，之后报营销部经理审批，审批通过后方可安排退货或换货事宜。 **工作重点** 　营销部人员在确认问题原因时，要与客户进行深入沟通。 **工 作 标 准** 与客户及时沟通，确认问题原因。

任务名称	执行程序、工作标准与考核指标
退换货 申请处理	**考核指标** 对客户提出的退换货申请受理及时，由于客户不满意而引起的投诉每月不超过__起。
退货或 换货	**执 行 程 序** **1. 发出通知** 　退货单或换货单审批通过后，营销人员要及时将相关信息通知客户。 **2. 退货或换货** ☆客户收到营销人员的通知后，应及时将退货发回企业。 ☆相关部门要及时将新的货物发给客户。 **3. 接收货物或退款** 　客户收到新的货物或退款后，应及时将相关信息反馈给营销人员。 **4. 收货、收款确认** 　营销人员要确认客户已收到新的货物或退款。 **工作重点** 　不管是退货还是换货，营销人员都要严格按照本企业的规定执行。
	工 作 标 准 ☆参照标准：同行业其他企业的退换货流程资料。 ☆完成标准：客户收到新的货物或退款。
	考 核 指 标 信息通知的及时性：应在退货单或换货单审批通过后__个工作日内将信息通知客户。
	考 核 指 标 退款金额准确无误，无多退或少退现象。
执 行 规 范	
"退换货管理制度""退货单""换货单"。	

物流仓储配送管理 流程设计与工作标准

9.6 客户投诉处理流程设计与工作执行

9.6.1 客户投诉处理流程设计

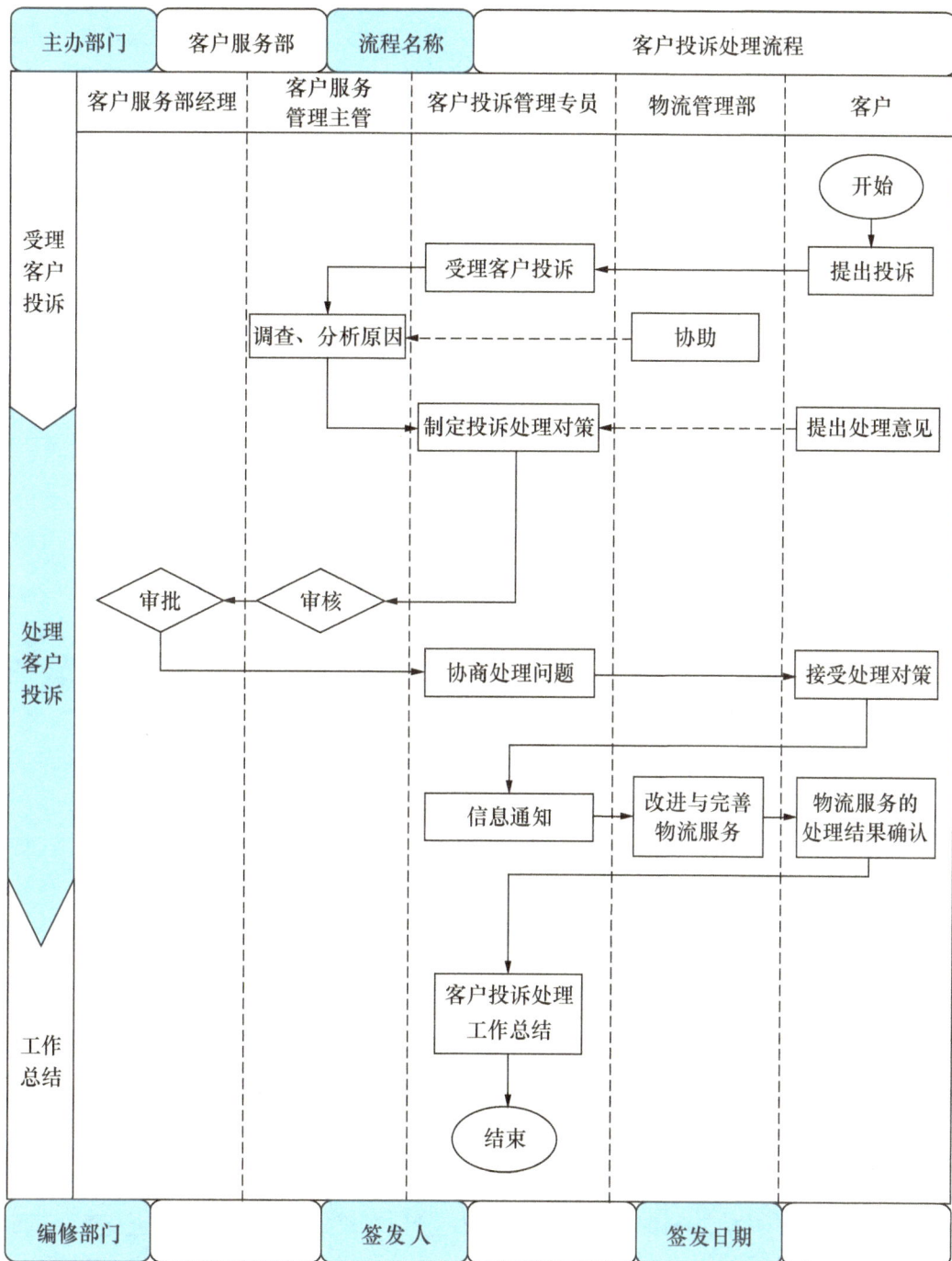

主办部门	客户服务部	流程名称	客户投诉处理流程

	客户服务部经理	客户服务管理主管	客户投诉管理专员	物流管理部	客户

受理客户投诉

- 开始
- 提出投诉
- 受理客户投诉
- 调查、分析原因 ← 协助
- 制定投诉处理对策 ← 提出处理意见

处理客户投诉

- 审批 ← 审核
- 协商处理问题 → 接受处理对策
- 信息通知 → 改进与完善物流服务 → 物流服务的处理结果确认

工作总结

- 客户投诉处理工作总结
- 结束

编修部门		签发人		签发日期	

9.6.2　客户投诉处理执行程序、工作标准、考核指标、执行规范

任务名称	执行程序、工作标准与考核指标
受理客户投诉	**执 行 程 序** **1. 受理客户投诉** ☆客户因不满意企业提供的物流服务而提出投诉。 ☆客户投诉管理专员要及时受理客户投诉，做好客户投诉记录，追溯客户投诉物流运单的编号、交运日期。 **2. 调查、分析原因** 物流管理部要协助客户服务管理主管调查、分析客户投诉的原因。 **工作重点** 客户投诉管理专员要做好客户投诉记录，并将相关信息反馈给客户服务管理主管。 **工 作 标 准** 客户投诉原因调查全面、详细。
处理客户投诉	**执 行 程 序** **1. 制定投诉处理对策** 客户投诉管理专员根据客户投诉的原因，结合客户提出的处理意见制定投诉处理对策，并将其提交客户服务管理主管审核，之后报客户服务部经理审批。 **2. 协商处理问题** ☆客户投诉处理对策审批通过后，客户投诉管理专员与客户协商处理问题。 ☆客户接受处理对策后，客户投诉管理专员将相关信息通知物流管理部。 **3. 改进与完善物流服务** 物流管理部接到通知后，要及时改进与完善物流服务。 **4. 物流服务的处理结果确认** 客户要确认物流服务的处理结果。 **工作重点** 对于常规性问题，企业的相关人员要按照规定的程序与方法及时处理；对于非常规性问题，企业的相关人员应根据投诉的内容授权给合适的部门进行处理。 **工 作 标 准** 客户投诉的处理可参照同行业其他企业的客户投诉处理对策、程序执行。 **考 核 指 标** 客户投诉处理对策制定的及时性：应在__个工作日内完成。

任务名称	执行程序、工作标准与考核指标
工作总结	**执 行 程 序** 　客户投诉处理工作结束后，客户投诉管理专员要及时总结经验，编制客户投诉处理工作总结报告。 **工作重点** 　客户投诉处理工作总结报告的编制要规范，报告内容应全面、结构要清晰且无重大纰漏。
	工 作 标 准 　通过及时总结，进一步提升客户投诉管理专员的服务水平，同时为日后的客户服务工作提供借鉴。

执 行 规 范
"客户投诉处理制度""客户投诉处理工作总结报告"。

9.7 客服人员培训管理流程设计与工作执行

9.7.1 客服人员培训管理流程设计

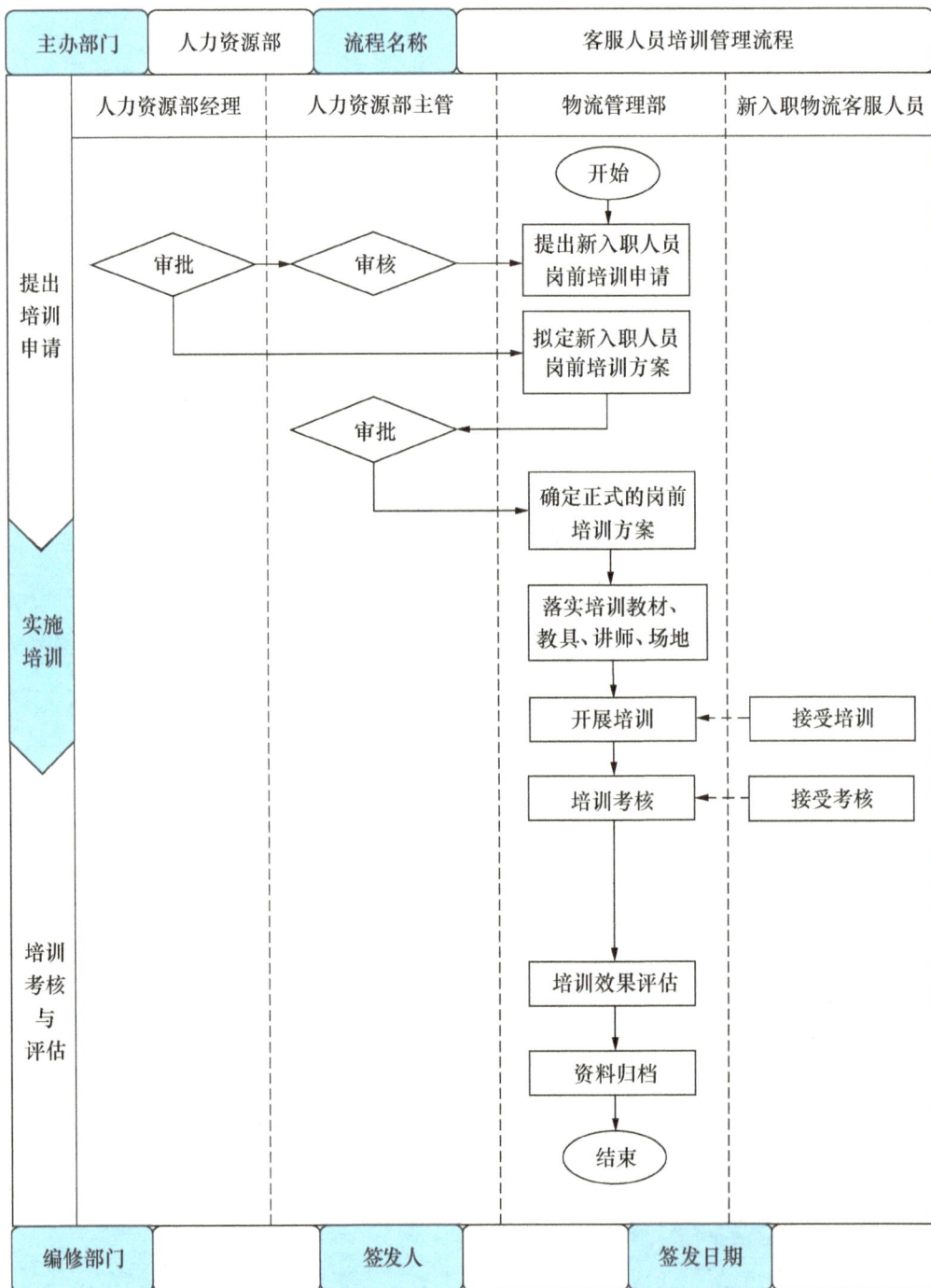

主办部门	人力资源部	流程名称	客服人员培训管理流程

人力资源部经理	人力资源部主管	物流管理部	新入职物流客服人员

提出培训申请

开始 → 提出新入职人员岗前培训申请（审核、审批）

拟定新入职人员岗前培训方案（审批）

实施培训

确定正式的岗前培训方案

落实培训教材、教具、讲师、场地

开展培训 ← 接受培训

培训考核 ← 接受考核

培训考核与评估

培训效果评估

资料归档

结束

编修部门		签发人		签发日期	

9.7.2 客服人员培训管理执行程序、工作标准、考核指标、执行规范

任务名称	执行程序、工作标准与考核指标
提出培训申请	**执 行 程 序** **1. 提出新入职人员岗前培训申请** ☆物流管理部对新入职物流客服人员的素质水平、性格特点、技能要求等进行考察，并依据考察结果向人力资源部提出新入职人员岗前培训申请。 ☆新入职人员岗前培训申请须经人力资源部主管审核、人力资源部经理审批。 **2. 拟定新入职人员岗前培训方案** ☆新入职人员岗前培训申请审批通过后，人力资源部主管应拟定新入职人员岗前培训方案，方案内容包括培训的内容、方法、时间、地点等。 ☆新入职人员岗前培训方案提交人力资源部经理审批通过后，人力资源部主管应根据总经理的审批意见，修订与完善方案，确定正式的岗前培训方案。 **工作重点** ☆新入职人员岗前培训方案的拟定要规范。 ☆培训需求分析全面、详细。 **工 作 标 准** 新入职人员岗前培训方案可参照本企业以往年度的新员工入职培训方案进行拟定。 **考 核 指 标** 新入职人员岗前培训方案合理，具有可操作性，符合新入职物流客服人员的实际工作需要。
实施培训	**执 行 程 序** **1. 落实培训教材、教具、讲师、场地** 人力资源部主管要安排专人落实培训教材、教具、讲师、场地等。 **2. 开展培训** 人力资源部主管根据新入职人员岗前培训方案的要求，组织人员培训。 **工作重点** 新入职人员培训的重点是让新员工认真学习本企业的规章制度。 **工 作 标 准** 培训过程严格按照规范进行，新入职人员通过培训基本达到了培训目的。 **考 核 指 标** 培训目标达成率：目标值为100%。

任务名称	执行程序、工作标准与考核指标
培训考核与评估	**执 行 程 序** **1. 培训考核** 　培训结束后，人力资源部主管应对受训人员进行考核，了解受训人员对培训内容的掌握情况。 **2. 培训效果评估** ☆人力资源部主管应要求受训人员填写培训效果反馈表，据此对此次的培训效果进行评估。 ☆培训效果评估完成后，人力资源部主管要及时总结此次培训经验，并将培训过程中产生的相关资料及时归档。 **工作重点** 　人力资源部主管可以通过集中性考试和现场技能操作等方式对新入职人员进行考核，对考核中出现的问题要及时进行改进。 **工 作 标 准** 通过培训考核与评估，对新员工培训进行评价，同时进一步巩固新员工培训的效果。 **考 核 指 标** 培训考核通过率，其计算公式如下： $$培训考核通过率 = \frac{通过培训考核的人数}{参加培训考核的人数} \times 100\%$$
执 行 规 范	
"新入职人员岗前培训方案""新入职人员培训效果评估报告"。	

9.8 客户信息管理流程设计与工作执行

9.8.1 客户信息管理流程设计

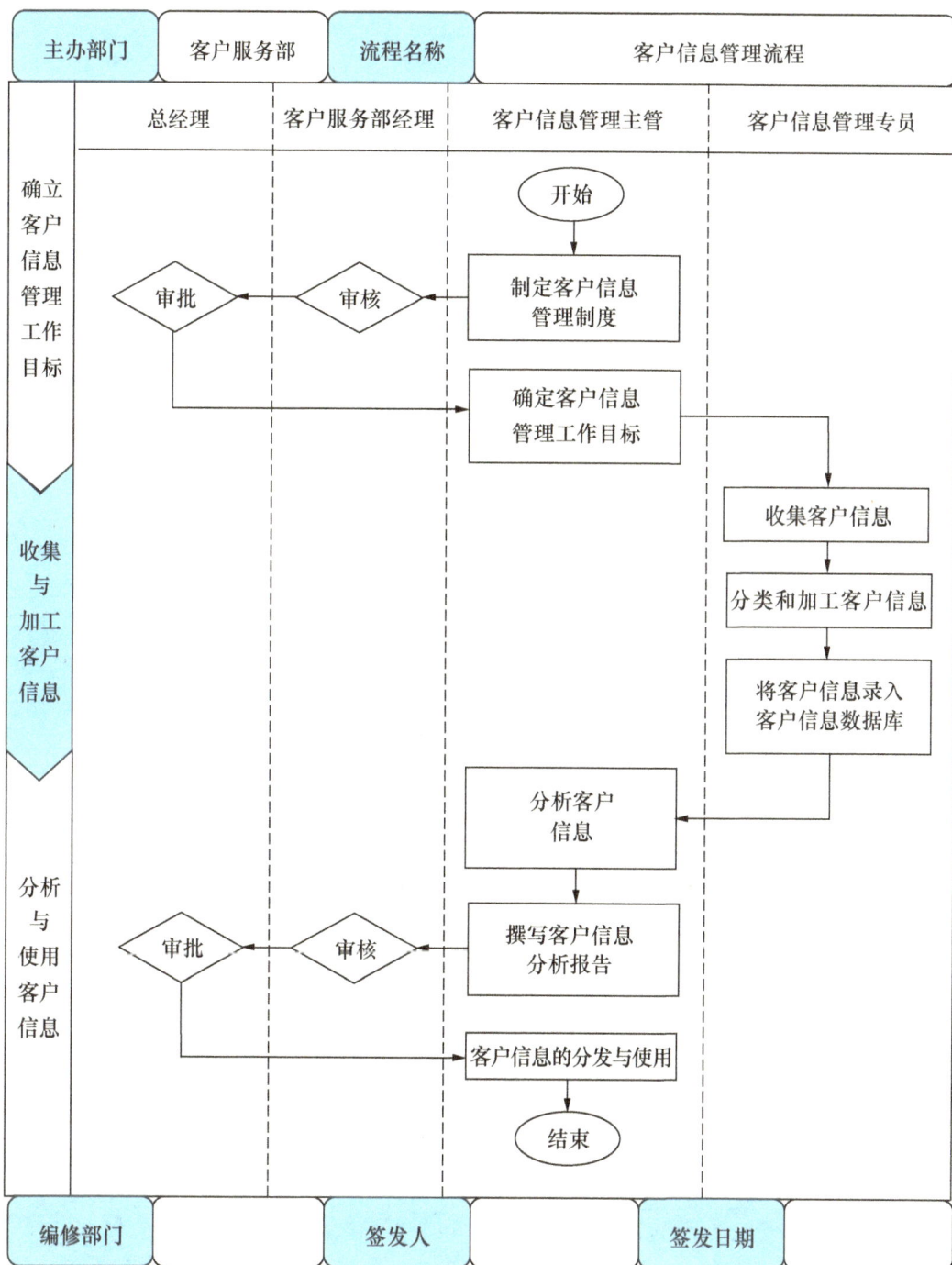

主办部门	客户服务部	流程名称	客户信息管理流程

	总经理	客户服务部经理	客户信息管理主管	客户信息管理专员

确立客户信息管理工作目标

开始

制定客户信息管理制度 → 审核 → 审批

确定客户信息管理工作目标

收集与加工客户信息

收集客户信息

分类和加工客户信息

将客户信息录入客户信息数据库

分析与使用客户信息

分析客户信息

撰写客户信息分析报告 → 审核 → 审批

客户信息的分发与使用

结束

编修部门		签发人		签发日期	

9.8.2 客户信息管理执行程序、工作标准、考核指标、执行规范

任务名称	执行程序、工作标准与考核指标
确立客户信息管理工作目标	**执 行 程 序** **1. 制定客户信息管理制度** 客户信息管理主管应制定客户信息管理制度，并将其提交客户服务部经理审核，之后报总经理审批。 **2. 确定客户信息管理工作目标** 客户信息管理制度审批通过后，客户信息管理主管根据本企业的客户信息管理情况，确定客户信息管理工作目标。 **工作重点** 客户信息管理制度的内容要全面。 **工 作 标 准** ☆质量标准：客户信息管理制度的制定符合本企业规范。 ☆参照标准：同行业其他企业的客户信息管理制度。 **考 核 指 标** 客户信息管理制度制定的及时性：应在__个工作日内完成。
收集与加工客户信息	**执 行 程 序** **1. 收集客户信息** 客户信息管理专员根据客户信息管理制度的要求，通过各种渠道收集客户信息。 **2. 分类和加工客户信息** 客户信息管理专员将收集到的客户信息进行整理、汇总，并对其进行分类和加工。 **3. 将客户信息录入客户信息数据库** 客户信息管理专员应将加工后的客户信息录入客户信息数据库。 **工作重点** 客户信息管理专员在录入客户信息时，要确保客户信息的真实性和准确性。 **工 作 标 准** 客户信息收集渠道包括直接渠道和间接渠道。直接渠道包括实地问卷调查、网络问卷调查等；间接渠道包括文案或案头调查。 **考 核 指 标** 客户信息收集的及时性：应在__个工作日内完成。

（续）

任务名称	执行程序、工作标准与考核指标
分析与使用客户信息	**执 行 程 序** **1. 分析客户信息** 　　客户信息管理主管应及时分析客户信息，从中提取出对本企业经营决策有用的信息。 **2. 撰写客户信息分析报告** ☆客户信息管理主管根据客户信息的分析结果，撰写客户信息分析报告。 ☆客户信息分析报告应提交客户服务部经理审核，之后报总经理审批。 **3. 客户信息的分发与使用** 　　客户信息分析报告审批通过后，客户信息管理主管将客户信息分发给相关部门或人员使用。 **工作重点** 　　客户信息分析报告的撰写要依据本企业的相关规章制度进行。
	工 作 标 准 　　客户信息分析的内容包括四个方面，即客户分布现状分析及各区域客户的情况分析，各类客户的需求状况分析，潜在客户与客户增加变动分析，各类客户信用状况分析。
执 行 规 范	
"客户信息管理制度""客户信息分析报告"。	

9.9 客户索赔管理流程设计与工作执行

9.9.1 客户索赔管理流程设计

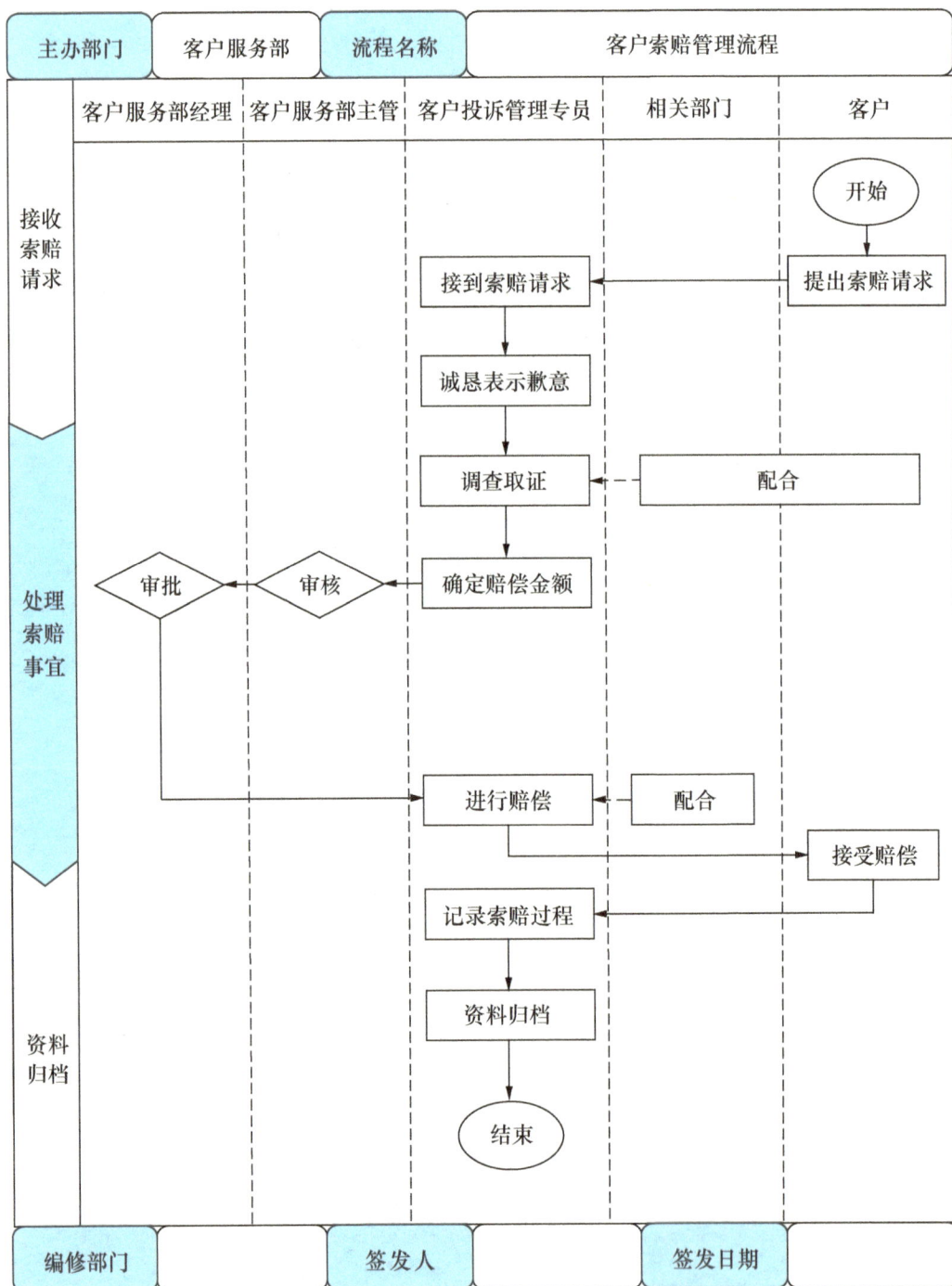

主办部门	客户服务部	流程名称	客户索赔管理流程

	客户服务部经理	客户服务部主管	客户投诉管理专员	相关部门	客户
接收索赔请求			接到索赔请求 ←		开始 → 提出索赔请求
处理索赔事宜	审批 ←	审核 ←	诚恳表示歉意 ↓ 调查取证 ←	配合	
			确定赔偿金额		
			进行赔偿 ←	配合	接受赔偿
资料归档			记录索赔过程 ↓ 资料归档 ↓ 结束		

编修部门		签发人		签发日期	

9.9.2 客户索赔管理执行程序、工作标准、考核指标、执行规范

任务名称	执行程序、工作标准与考核指标
接收索赔请求	**执行程序** **1. 接到索赔请求** 　客户投诉管理专员接到客户提出的索赔请求后，要及时与客户沟通，在沟通的过程中，态度要友好。 **2. 诚恳表示歉意** 　不管是否属于本企业的问题，客户投诉管理专员应诚恳地向客户致歉，并承诺尽快处理。 **工作重点** 　客户投诉管理专员在接到客户的索赔请求后，要及时与客户沟通协商问题的处理措施。 **工作标准** 安抚客户情绪，初步了解事情真相，为后续解决问题奠定基础。 **考核指标** 客户索赔内容记录的完整性：客户索赔案件登记表内容应填写完整、详细。
处理索赔事宜	**执行程序** **1. 调查取证** 　客户投诉管理专员就客户提出的索赔事宜进行调查取证，确定事情的真实性和责任归属，相关部门和客户应予以配合。 **2. 确定赔偿金额** ☆客户投诉管理专员根据调查取证结果，确定赔偿金额。 ☆客户投诉管理专员应将赔偿金额整理成报告提交客户服务部主管审核，之后报客户服务部经理审批。 **3. 进行赔偿** 　客户投诉管理专员在相关部门的配合下，按照报告的有关内容，对客户进行赔偿。 **工作重点** 　客户投诉管理专员在调查取证的过程中，要与客户充分沟通。 **工作标准** 通过索赔处理，挽回客户对本企业的信任，从而化危机为契机。 **考核指标** 赔偿金额的合理性：赔偿金额符合本企业投诉索赔处理的相关规定。

任务名称	执行程序、工作标准与考核指标
资料归档	**执 行 程 序** **1.记录索赔过程** 　客户投诉管理专员应将索赔发生至处理完毕的经过详细记录下来。 **2.资料归档** 　客户投诉管理专员应及时将客户投诉管理过程中产生的相关资料归档。 **工作重点** 　资料的归档要依据本企业的资料保管制度执行。 **工 作 标 准** 客户对索赔处理较为满意。 **考 核 指 标** ☆资料归档的及时性：应在＿个工作日内完成。 ☆资料归档管理的有序性：归档资料完整、合理有序且方便检索。
执 行 规 范	
"客户索赔处理办法""客户索赔处理总结报告"。	

9.10 客服质量管理流程设计与工作执行

9.10.1 客服质量管理流程设计

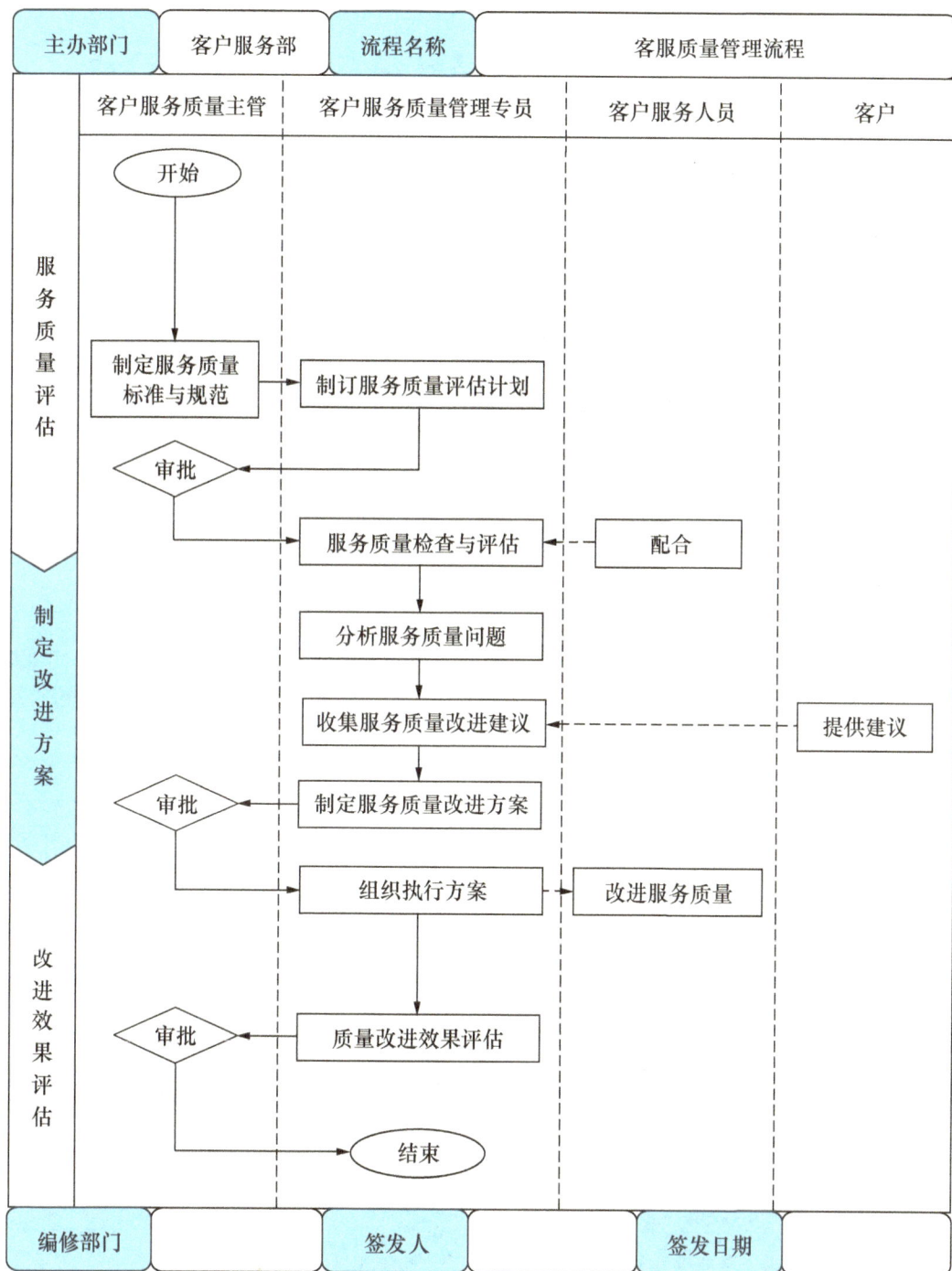

主办部门	客户服务部	流程名称	客服质量管理流程

客户服务质量主管	客户服务质量管理专员	客户服务人员	客户

服务质量评估

开始

制定服务质量标准与规范 → 制订服务质量评估计划

审批

服务质量检查与评估 ← 配合

分析服务质量问题

制定改进方案

收集服务质量改进建议 ← 提供建议

审批 ← 制定服务质量改进方案

组织执行方案 → 改进服务质量

改进效果评估

审批 ← 质量改进效果评估

结束

编修部门		签发人		签发日期	

9.10.2　客服质量管理执行程序、工作标准、考核指标、执行规范

任务名称	执行程序、工作标准与考核指标
服务质量评估	**执 行 程 序** **1.制定服务质量标准与规范** 　客户服务质量主管根据本企业物流业务客户服务的总体目标与方针,结合客户的需求特点制定物流客户服务质量标准与规范。 **2.制订服务质量评估计划** 　客户服务质量管理专员根据客户服务工作的实际情况制订服务质量评估计划,并将其提交客户服务质量主管审批。 **3.服务质量检查与评估** 　服务质量评估计划审批通过后,客户服务质量管理专员根据客户服务质量主管的审批意见执行服务质量评估任务,检查与评估客户服务人员的服务工作质量。 **工作重点** 　服务质量评估计划要具有可操作性。 **工 作 标 准** 　服务质量评估计划的内容全面、结构清晰且无重大纰漏。
制定改进方案	**执 行 程 序** **1.分析服务质量问题** 　客户服务质量管理专员根据服务质量检查与评估的结果,分析存在的服务质量问题。 **2.收集服务质量改进建议** 　客户服务质量管理专员围绕服务质量问题,广泛收集客户的改进建议。 **3.制定服务质量改进方案** 　客户服务质量管理专员根据收集到的服务质量改进建议制定服务质量改进方案,并将其提交客户服务质量主管审批。 **工作重点** 　凡与本企业物流业务服务质量改进工作有关的建议均应收集,具体包括物流服务售后、服务态度、服务种类、服务投诉、服务时间等各方面的建议。 **工 作 标 准** 　客户服务质量管理专员应依据服务质量评估结果、员工及客户提供的服务质量改进建议、行业内或市场上服务质量领先的企业的服务质量标准和措施,制定服务质量改进方案。 **考 核 指 标** 　服务质量改进方案制定的及时性:应在__个工作日内完成。

任务名称	执行程序、工作标准与考核指标
改进效果评估	**执 行 程 序** **1. 组织执行方案** 　服务质量改进方案审批通过后，客户服务质量管理专员应严格执行该方案。 **2. 质量改进效果评估** 　客户服务质量管理专员要对服务质量的改进效果进行评估，编制服务质量改进效果评估报告，并将其提交客户服务质量主管审批。 **工作重点** 　服务质量改进工作及时，有结果、有反馈、有记录。 **工 作 标 准** 通过改进服务质量，客户满意度明显提升。
执 行 规 范	
"服务质量改进效果评估报告""服务质量改进方案""服务质量评估计划""服务质量标准与规范"。	

第 **10** 章　物流服务质量管理

10.1　物流服务质量管理流程

10.1.1　流程设计的目的

企业设计物流服务质量管理流程的目的如下：

1. 确保物流服务质量管理各项工作安排妥当，人员职责分工明确，提高工作效率；

2. 提高物流服务质量，提升客户满意度，促进产品销售，保证顺利达成销售目标；

3. 不断改进与完善物流服务质量管理体系，提高客户服务水平，为企业发展提供保障。

10.1.2　流程结构设计

物流服务质量管理包括四大事项，我们可以就每个事项设计相应的流程，即物流服务质量认证管理流程、物流服务质量检查管理流程、物流服务质量评估管理流程和物流服务质量改进管理流程，具体如图 10-1 所示。

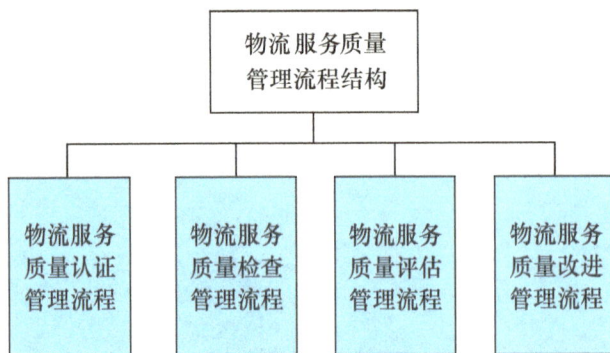

图 10-1　物流服务质量管理流程结构

10.2　物流服务质量认证管理流程设计与工作执行

10.2.1　物流服务质量认证管理流程设计

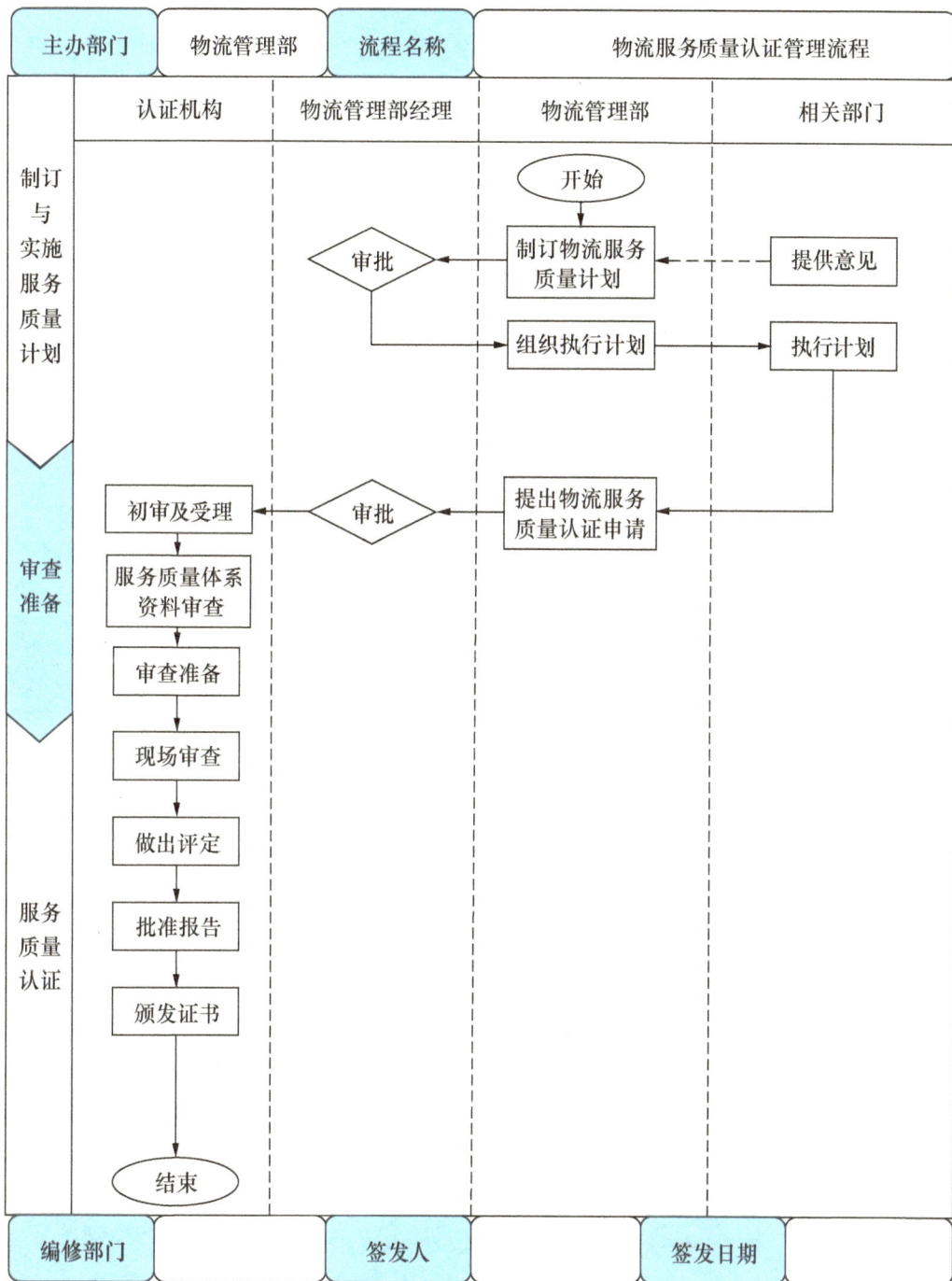

主办部门	物流管理部	流程名称	物流服务质量认证管理流程

	认证机构	物流管理部经理	物流管理部	相关部门
制订与实施服务质量计划		审批	开始 → 制订物流服务质量计划 → 组织执行计划	提供意见 / 执行计划
审查准备	初审及受理 → 服务质量体系资料审查 → 审查准备 → 现场审查	审批	提出物流服务质量认证申请	
服务质量认证	做出评定 → 批准报告 → 颁发证书 → 结束			

编修部门		签发人		签发日期	

10.2.2 物流服务质量认证管理执行程序、工作标准、考核指标、执行规范

任务名称	执行程序、工作标准与考核指标
制订与实施服务质量计划	**执 行 程 序** **1. 制订物流服务质量计划** ☆物流管理部负责制订物流服务质量计划，计划目标以实现客户的最大满意度为目标。 ☆相关部门要向物流管理部提供意见。 ☆物流管理部应将物流服务质量计划提交物流管理部经理审批。 **2. 组织执行计划** 物流服务质量计划审批通过后，物流管理部组织相关部门执行该计划。 **工作重点** 物流服务质量计划要具有可操作性。 **工 作 标 准** 物流服务质量计划可参照同行业其他企业的物流服务质量计划资料进行制订。 **考 核 指 标** 物流服务质量计划要切实可行。
审查准备	**执 行 程 序** **1. 提出物流服务质量认证申请** ☆物流管理部提出物流服务质量认证申请，与认证机构取得联系，了解有关认证程序，填写认证申请表。 ☆物流服务质量认证申请经物流管理部经理审批通过后，客户服务部准备认证申请。 ☆物流管理部负责准备认证资料，向认证机构报送申请表、企业情况调查表、质量手册、法人营业执照、申请的服务质量体系的资料，并缴纳质量体系认证审核申请费。 **2. 初审及受理** ☆认证机构对申请方的有关资料进行初审，填写质量手册初审清单，根据申请方的情况，确定是否受理认证。 ☆受理所申请的认证，认证机构会以书面的形式通知申请方，并说明理由。 ☆对受理申请的单位，认证机构会对其立卷编号，并与其签订认证审核合同，确定双方所需承担的责任。 **3. 审查准备** 认证部门拟订审查计划，确定审查的时间与地点。 **工作重点** 物流管理部要严格按照认证部门的要求准备认证资料。

任务名称	执行程序、工作标准与考核指标
审查准备	**工 作 标 准** ☆参照标准：同行业其他企业的物流服务质量认证过程资料。 ☆目标标准：通过物流服务质量认证，进一步提升本企业物流服务质量水平和客户满意度。 **考 核 指 标** ☆质量认证申请的规范性：应严格按照认证机构的规定准备申请资料。 ☆审查准备的及时性：应在__个工作日内完成。
服务质量认证	**执 行 程 序** **1. 现场审查，做出评定** ☆现场审查要双方会面，介绍检查人员、检查的内容、检查的方法，以及审查的相关内容。 ☆认证机构做现场审查，对服务质量体系进行整体参观，按计划进行现场检查工作，对申请方申请的服务质量做细致的检查、取证，并做出评定，对发现的问题予以指出，让申请方改进。 ☆物流管理部在改进服务质量后，向认证机构递交申请报告。 **2. 颁发证书** 认证机构批准申请报告，向申请部门颁发物流服务质量认证证书。 **工作重点** ☆现场审查要有针对性。 ☆物流服务部要将相关方法、经验记录归档，以为日后工作提供参考。 **工 作 标 准** ☆完成标准：物流服务质量认证成功，获得物流服务质量认证证书。 ☆目标标准：通过物流服务质量认证，企业不仅获得了物流服务质量认证证书，而且物流服务质量有明显提高。 **考 核 指 标** 客户满意度应提升__%。

执 行 规 范

认证机构的"物流服务质量认证证书""质量手册初审清单""认证审核合同"及企业的"物流服务质量认证管理办法"。

10.3 物流服务质量检查管理流程设计与工作执行

10.3.1 物流服务质量检查管理流程设计

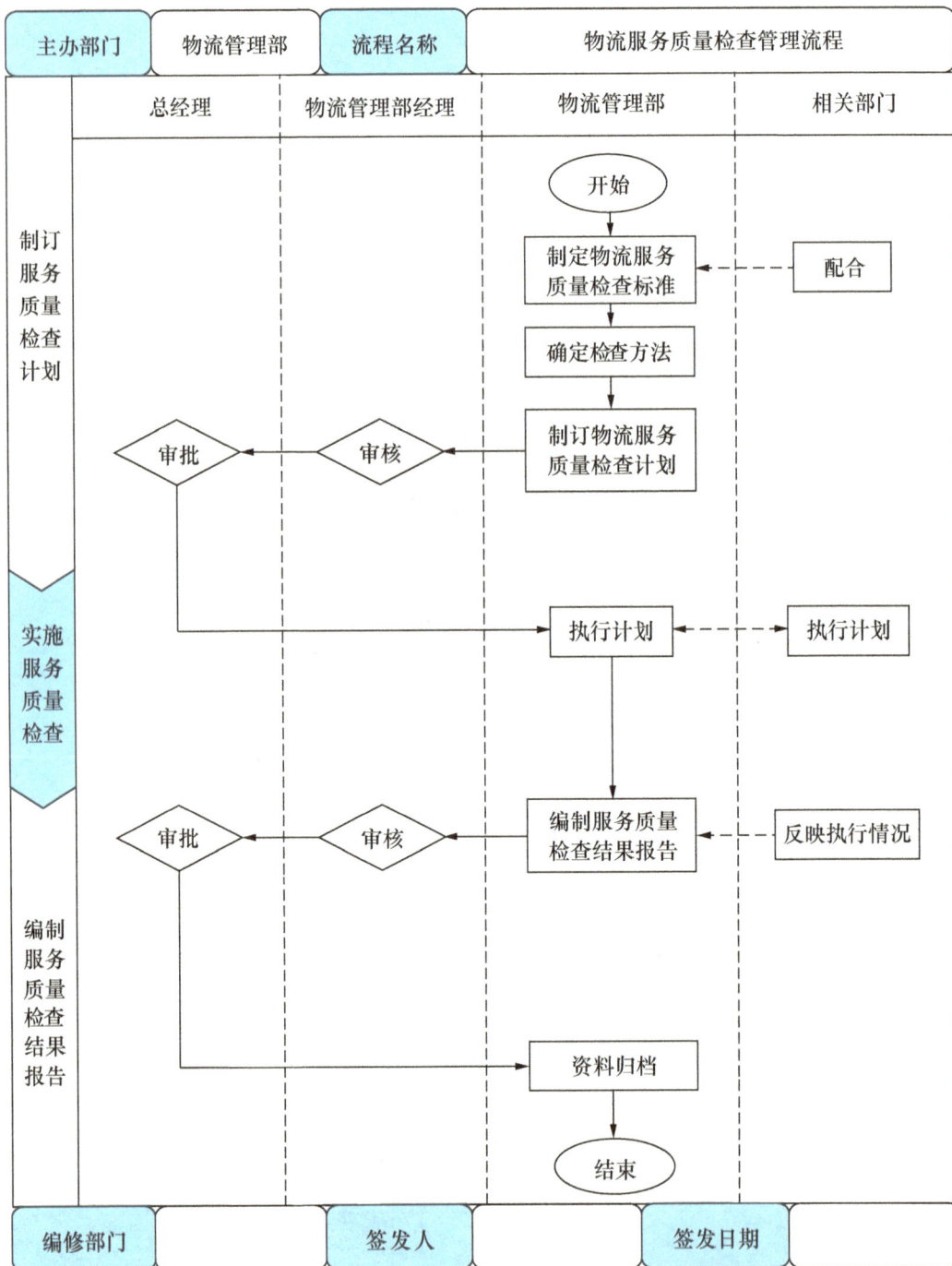

主办部门	物流管理部	流程名称	物流服务质量检查管理流程

	总经理	物流管理部经理	物流管理部	相关部门
制订服务质量检查计划			开始 → 制定物流服务质量检查标准 → 确定检查方法 → 制订物流服务质量检查计划	配合
	审批 ←	审核 ←		
实施服务质量检查			执行计划	执行计划
	审批 ←	审核 ←	编制服务质量检查结果报告	反映执行情况
编制服务质量检查结果报告			资料归档 → 结束	

编修部门		签发人		签发日期	

10.3.2 物流服务质量检查管理执行程序、工作标准、考核指标、执行规范

任务名称	执行程序、工作标准与考核指标
制订服务质量检查计划	**执 行 程 序** **1. 制定物流服务质量检查标准** 　物流管理部根据本企业的物流服务情况，制定物流服务质量检查标准。 **2. 制订物流服务质量检查计划** 　物流管理部在确定物流服务检查标准和检查方法的基础上，制订物流服务质量检查计划，并将其提交物流管理部经理审核，之后报总经理审批。 **工作重点** 　物流服务质量检查计划要具有可操作性。 **工 作 标 准** ☆依据标准：物流管理部根据所要检查的项目内容和标准，确定所要采用的检查方法。 ☆质量标准：物流管理部在制订物流服务质量检查计划时，要注意服务质量检查标准与物流服务需求的关键点相符合，检查方法符合具体的应用情境；服务质量检查标准与绩效指标保持一致，便于员工执行。
实施服务质量检查	**执 行 程 序** **1. 执行计划** ☆物流服务质量检查计划审批通过后，物流管理部组织相关部门执行该计划。 ☆各部门按照检查计划的要求对各种物流服务工作进行质量检查。 **2. 反馈执行情况** 　相关部门在执行检查计划的过程中，发现问题及时处理，并将相关情况反映给物流管理部。 **工作重点** 　各部门进行服务质量检查必须实事求是，逐项检查。 **工 作 标 准** 各部门人员要熟悉和掌握物流服务质量检查标准，严格按照物流服务质量检查计划实施检查。
编制服务质量检查结果报告	**执 行 程 序** **1. 编制服务质量检查结果报告** 　物流管理部根据相关部门反映的情况，编制物流服务质量检查结果报告，并将其提交物流管理部经理审核，之后报总经理审批。 **2. 资料归档** 　服务质量检查结果报告审批通过后，物流管理部要及时将物流服务质量检查管理过程中产生的相关资料归档。 **工作重点** 　资料的归档须依据企业的资料保管制度执行。

任务名称	执行程序、工作标准与考核指标
编制服务质量检查结果报告	**工作标准**
	服务质量检查结果报告格式规范，内容完整、准确，与实际检查结果相符，无重大纰漏。
	考核指标
	☆服务质量检查结果报告编制的及时性：应在__个工作日内完成。 ☆服务质量检查结果报告提交审批的及时率：目标值为100％。
执行规范	
"物流服务质量检查标准""物流服务质量检查计划""物流服务质量检查结果报告"。	

10.4 物流服务质量评估管理流程设计与工作执行

10.4.1 物流服务质量评估管理流程设计

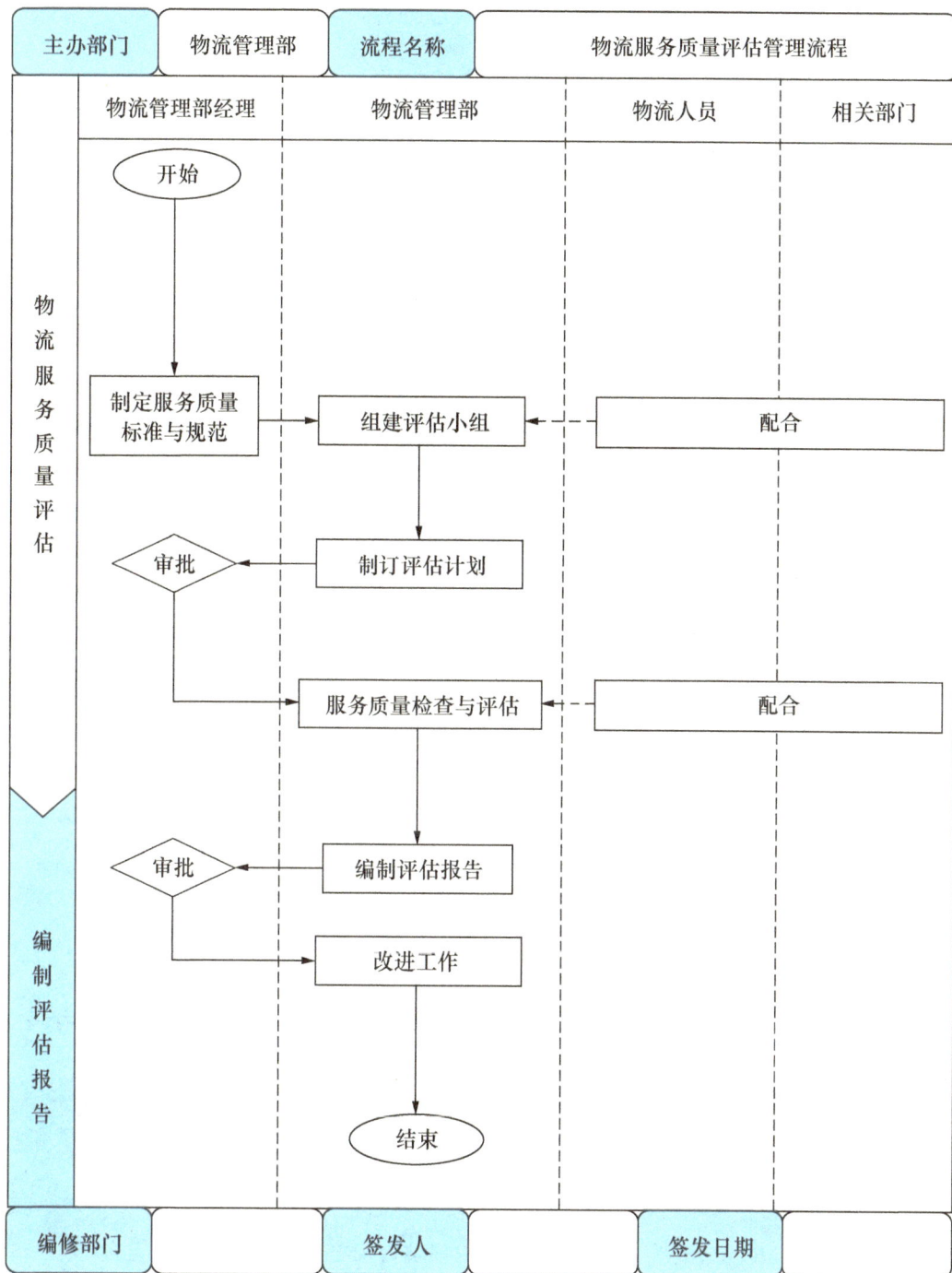

主办部门	物流管理部	流程名称	物流服务质量评估管理流程
	物流管理部经理	物流管理部	物流人员	相关部门

物流服务质量评估

开始

制定服务质量标准与规范 → 组建评估小组 ← 配合

制订评估计划

审批

服务质量检查与评估 ← 配合

编制评估报告

审批

编制评估报告

改进工作

结束

| 编修部门 | | 签发人 | | 签发日期 | |

10.4.2 物流服务质量评估管理执行程序、工作标准、考核指标、执行规范

任务名称	执行程序、工作标准与考核指标
物流服务质量评估	**执 行 程 序** **1. 制定服务质量标准与规范** 　物流管理部经理根据本企业的物流服务质量管理的总体目标与方针，结合客户的需求特点制定物流服务质量标准与规范。 **2. 组建评估小组** ☆物流管理部负责组建物流服务质量评估小组，主要负责对本企业相关部门的客户物流服务工作进行质量检查与评估。 ☆评估小组成员要有广泛的代表性，可以从质量管理部、客户服务部和物流管理部等部门抽调若干人员组成。 **3. 制订评估计划** 　物流服务质量评估小组根据本企业的物流服务工作的实际情况，围绕客户关键接触点制订物流服务质量评估计划，并将其提交物流管理部经理审批。 **4. 服务质量检查与评估** 　物流服务质量评估计划审批通过后，物流服务质量评估小组根据物流管理部经理的审批意见执行服务质量评估任务，检查与评估物流人员和其他相关部门人员的物流服务工作质量。 **工作重点** 　物流服务质量评估计划要具有可操作性。 **工 作 标 准** ☆组成标准：物流服务质量评估小组成员包括组长、副组长和评估人员。 ☆评估标准：制度执行能力；常规性工作及责任目标落实；客户问卷调查情况；部门之间服务工作配合情况；相互支持情况等。
编制评估报告	**执 行 程 序** **1. 编制评估报告** 　物流服务质量评估小组根据物流服务质量检查与评估的结果，编制物流服务质量评估报告，并将其提交物流管理部经理审批。 **2. 改进工作** 　物流服务质量评估报告审批通过后，物流管理部要根据物流管理部经理的审批意见改进自身工作。 **工作重点** 　物流服务质量评估报告的编制要规范，报告内容应全面、结构要清晰且无重大纰漏。

任务名称	执行程序、工作标准与考核指标
编制评估报告	**工作标准**
	物流服务质量评估报告可参照同行业其他企业的物流服务质量评估报告资料进行编制。
	考核指标
	物流服务质量评估报告编制的及时性：应在__个工作日内完成。
执 行 规 范	
"客户物流服务目标责任书""客户物流服务质量调查问卷""物流服务质量评估报告""客户物流服务质量责任制度"。	

10.5 物流服务质量改进管理流程设计与工作执行

10.5.1 物流服务质量改进管理流程设计

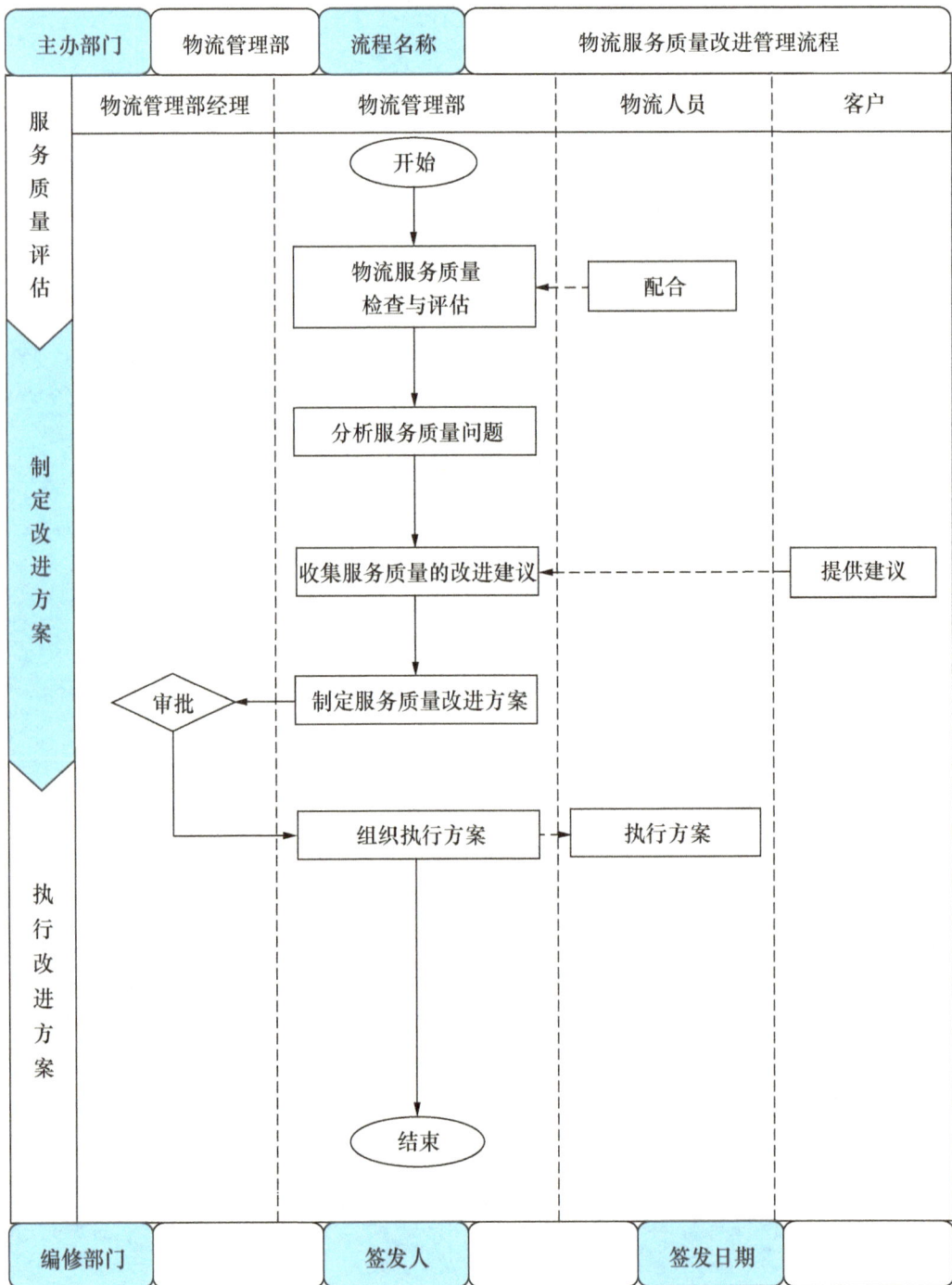

主办部门	物流管理部	流程名称	物流服务质量改进管理流程

	物流管理部经理	物流管理部	物流人员	客户
服务质量评估 制定改进方案 执行改进方案		开始 ↓ 物流服务质量检查与评估 ← 配合 ↓ 分析服务质量问题 ↓ 收集服务质量的改进建议 ← 提供建议 ↓ 制定服务质量改进方案 → 审批 ↓ 组织执行方案 → 执行方案 ↓ 结束		

编修部门		签发人		签发日期	

10.5.2 物流服务质量改进管理执行程序、工作标准、考核指标、执行规范

任务名称	执行程序、工作标准与考核指标
服务质量评估	**执行程序** 　物流管理部根据物流服务质量评估计划执行物流服务质量评估任务，检查与评估物流人员的物流服务工作质量。 **工作重点** 　物流管理部要严格按照物流服务质量评估计划，检查与评估物流人员的物流服务工作质量。 **工作标准** 　物流管理部要全面落实物流服务质量评估计划。
制定改进方案	**执行程序** **1. 分析服务质量问题** 　物流管理部根据物流服务质量检查与评估的结果，分析本企业的物流服务工作的质量问题。 **2. 收集服务质量的改进建议** 　物流管理部围绕物流服务质量问题，向客户广泛收集服务质量的改进建议。 **3. 制定服务质量改进方案** 　物流管理部根据客户提供的建议，结合本企业的实际情况制定物流服务质量改进方案，并将其提交物流管理部经理审批。 **工作重点** 　凡与本企业的物流服务质量改进工作有关的建议均应收集，具体包括售前服务、服务态度、服务种类、服务投诉、服务时间等各方面的建议。 **工作标准** 　物流管理部应依据物流服务质量检查与评估及物流服务质量问题分析的结果、物流人员及客户提供的物流服务质量改进建议、行业内或市场上物流服务质量领先的企业的服务质量标准和措施，制定物流服务质量改进方案。 **考核指标** 　物流服务质量改进方案制定的及时性：应在__个工作日内完成。
执行改进方案	**执行程序** 　物流服务质量改进方案审批通过后，物流管理部要组织执行该方案。 **工作重点** 　物流服务质量改进工作及时，有结果、有反馈、有记录。

任务名称	执行程序、工作标准与考核指标
执行改进方案	**工 作 标 准**
	通过执行物流服务质量改进方案，物流服务质量得到明显改善，客户满意度明显提高。
执 行 规 范	
"物流服务质量评估报告""物流服务质量改进方案"。	

第 11 章

物流服务成本管理

11.1 物流服务成本管理流程

11.1.1 流程设计的目的

企业设计物流服务成本管理流程的目的如下：

1. 规范物流服务成本管理的相关事项，避免资金浪费，提升物流服务成本费用利用率；

2. 规范物流服务成本管理人员的行为，安排好物流服务成本管理所需的人、财、物等各项工作，从而顺利开展物流服务成本管理活动。

11.1.2 流程结构设计

物流服务成本管理包括六大事项，我们可以就每个事项设计相应的流程，即运输成本管理流程、仓储成本管理流程、流通加工成本管理流程、包装成本管理流程、装卸与搬运成本管理流程和物流成本核算管理流程，具体如图 11-1 所示。

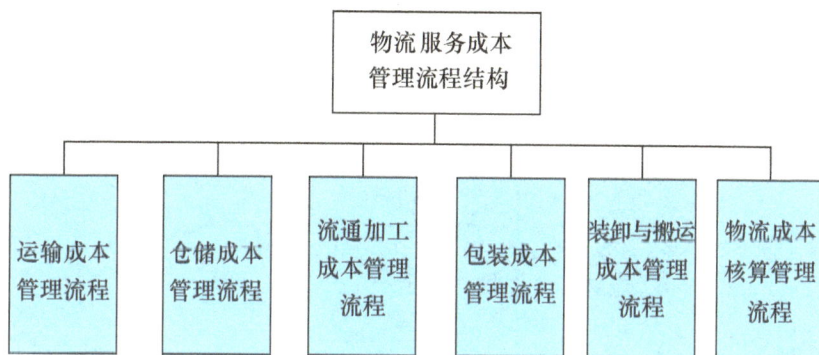

```
              ┌──────────────────┐
              │  物流服务成本      │
              │  管理流程结构       │
              └──────────────────┘
```

| 运输成本管理流程 | 仓储成本管理流程 | 流通加工成本管理流程 | 包装成本管理流程 | 装卸与搬运成本管理流程 | 物流成本核算管理流程 |

图 11-1 物流服务成本管理流程结构

11.2 运输成本管理流程设计与工作执行

11.2.1 运输成本管理流程设计

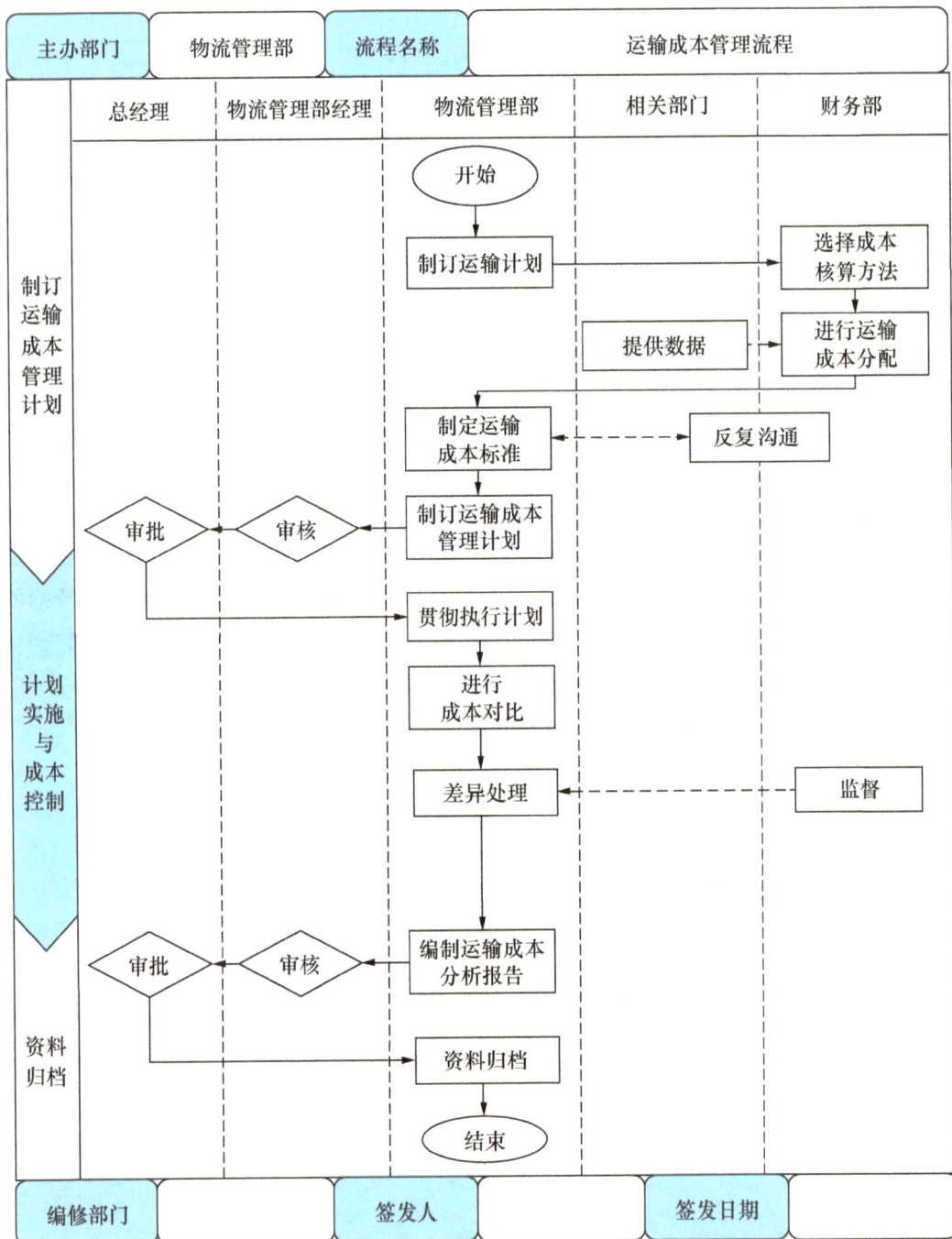

主办部门	物流管理部	流程名称	运输成本管理流程

	总经理	物流管理部经理	物流管理部	相关部门	财务部
制订运输成本管理计划			开始 → 制订运输计划 → 制定运输成本标准 → 制订运输成本管理计划	提供数据 反复沟通	选择成本核算方法 → 进行运输成本分配
计划实施与成本控制	审批 ← 审核		贯彻执行计划 → 进行成本对比 → 差异处理 → 编制运输成本分析报告		监督
	审批 ← 审核				
资料归档			资料归档 → 结束		

编修部门		签发人		签发日期	

物流仓储配送管理 流程设计与工作标准

/206/

11.2.2 运输成本管理执行程序、工作标准、考核指标、执行规范

任务名称	执行程序、工作标准与考核指标
制订运输成本管理计划	**执 行 程 序** **1. 制订运输计划** 　物流管理部根据本企业的运输规划制订运输计划,确定运输所需的车辆、人员、物资等内容,同时初步预估运输成本。 **2. 选择成本核算方法** 　财务部依据企业的自身特点,结合运输计划,选择运输成本的核算方法。常见的方法有品种法、分批法、分步法、分类法、定额法等。 **3. 进行运输成本分配** 　财务部根据相关部门提供的往年运输成本数据,对运输成本进行内部分配。 **4. 制订运输成本管理计划** ☆物流管理部根据运输成本分配的结果,制定运输成本标准,具体包括运输工具购买成本标准、油料使用成本标准、人力成本标准等。 ☆物流管理部在制定运输成本标准的过程中,要与财务部及其他相关部门反复沟通,对运输成本标准进行调整,确定最终的运输成本标准。 ☆确定运输成本标准后,物流管理部应制订运输成本管理计划,并将其提交物流管理部经理审核,之后报总经理审批。 **工作重点** 　运输成本管理计划不仅要具有可操作性,更要立足实际,便于企业后期实施和操作。 **工 作 标 准** ☆参照标准:本企业过去年度的运输成本管理计划资料。 ☆质量标准:成本核算方法科学合理,运输成本管理计划可操作性强。 **考 核 指 标** 　运输成本管理计划制订的及时性:应在＿个工作日内完成。
计划实施与成本控制	**执 行 程 序** **1. 贯彻执行计划** 　运输成本管理计划审批通过后,物流管理部要贯彻执行该计划。 **2. 进行成本对比** 　物流管理部在执行计划的过程中要对运输服务发生的实际成本进行核算,并将其与相应的运输成本标准进行对比。

任务名称	执行程序、工作标准与考核指标
计划实施与成本控制	**3. 差异处理** ☆当偏差较大时，物流管理部应改进当前工作，采用运输成本控制方法纠正工作中所造成的成本偏差后再继续工作，这样反复几次，缩小实际运输成本与运输成本标准之间的距离。运输成本控制方法包括标准控制法、授权控制法和作业分析法。 ☆当偏差很小时，物流管理部继续按照运输成本管理计划执行工作，直至阶段性工作结束。 ☆财务部须在成本控制的过程中对运输成本核算进行监督。 **工作重点** 物流管理部要及时处理差异，不可置之不理。
	工 作 标 准
	通过有效成本管理，将运输成本控制在合理范围内。
资料归档	**执 行 程 序**
	1. 编制运输成本分析报告 阶段性工作结束后，物流管理部应编制运输成本分析报告，并将其提交物流管理部经理审核，之后报总经理审批。 **2. 资料归档** 运输成本分析报告审批通过后，物流管理部应及时将运输成本管理过程中产生的相关资料归档。 **工作重点** 运输成本分析报告的编制要规范，企业应制定统一的模板，提高工作效率。
	工 作 标 准
	☆运输成本分析详尽、科学。 ☆运输成本分析报告的编制符合规范，报告内容富有启发性。
	执 行 规 范
	"运输成本控制制度""运输成本管理制度""运输成本管理计划""运输成本分析报告""运输计划"。

11.3　仓储成本管理流程设计与工作执行

11.3.1　仓储成本管理流程设计

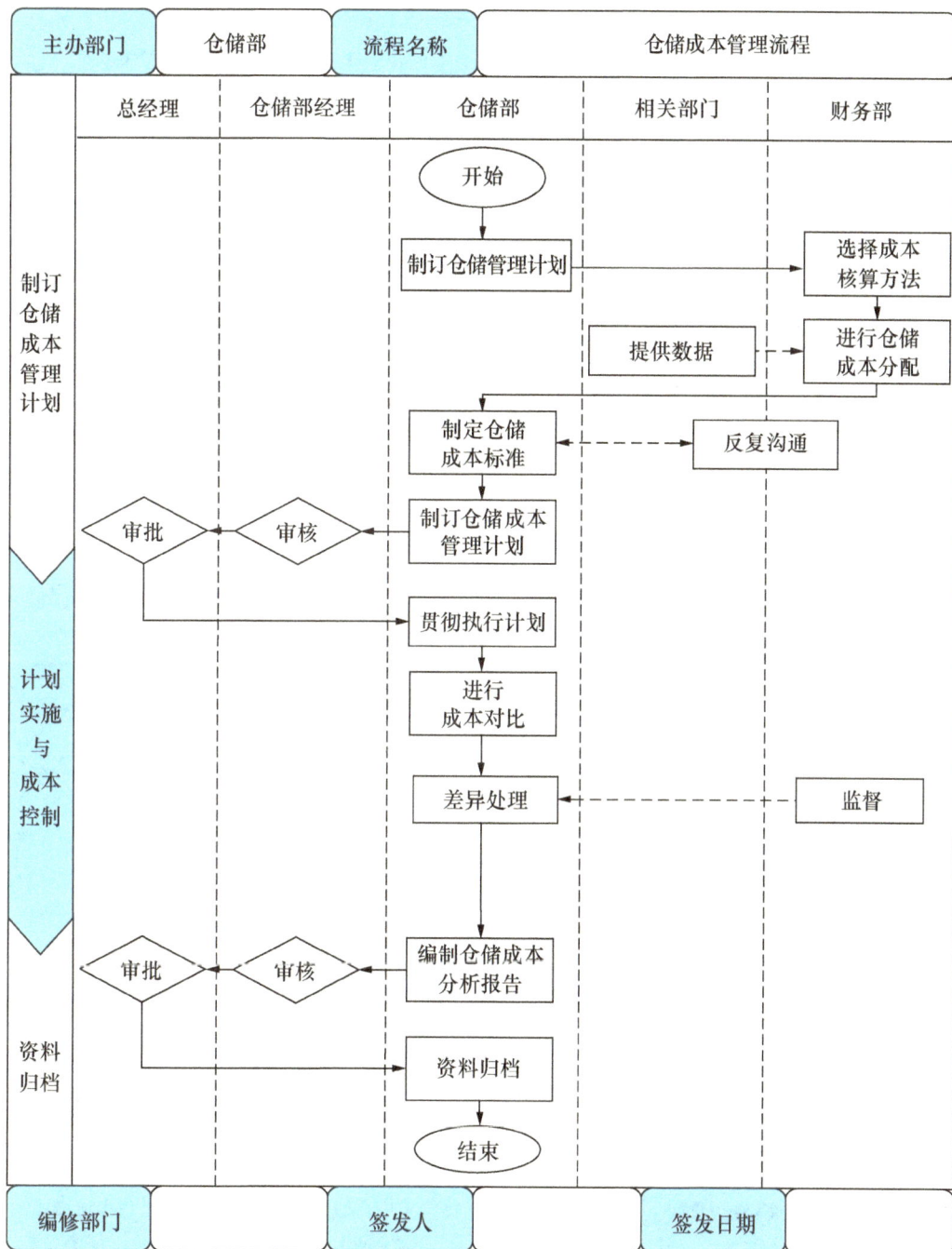

主办部门	仓储部	流程名称	仓储成本管理流程

总经理	仓储部经理	仓储部	相关部门	财务部

制订仓储成本管理计划

开始

制订仓储管理计划 → 选择成本核算方法

提供数据 ⇢ 进行仓储成本分配

制定仓储成本标准 ⇠⇢ 反复沟通

审批 ⇠ 审核 ⇠ 制订仓储成本管理计划

计划实施与成本控制

贯彻执行计划

进行成本对比

差异处理 ⇠⇢ 监督

审批 ⇠ 审核 ⇠ 编制仓储成本分析报告

资料归档

资料归档

结束

编修部门		签发人		签发日期	

11.3.2　仓储成本管理执行程序、工作标准、考核指标、执行规范

任务名称	执行程序、工作标准与考核指标
制订仓储成本管理计划	**执 行 程 序** **1. 制订仓储管理计划** 　　仓储部根据本企业的仓储管理规划制订仓储管理计划,确定仓储管理所需的场地、人员、设备等内容,同时初步预估仓储成本。 **2. 选择成本核算方法** 　　财务部依据仓储管理计划,选择仓储成本的核算方法。 **3. 进行仓储成本分配** 　　财务部根据相关部门提供的往年仓储成本数据,对仓储成本进行内部分配。 **4. 制订仓储成本管理计划** ☆仓储部根据仓储成本分配的结果制定仓储成本标准,具体包括保管成本标准、人力成本标准、折旧成本标准、维修成本标准等。 ☆仓储部在制定仓储成本标准的过程中,要与财务部及其他相关部门反复沟通,并对仓储成本标准进行调整,确定最终的仓储成本标准。 ☆确定仓储成本标准后,仓储部应制订仓储成本管理计划,并将其提交仓储部经理审核,之后报总经理审批。 **工作重点** 　　仓储成本管理计划不仅要具有可操作性,更要立足实际,便于企业后期实施和操作。 **工 作 标 准** ☆参照标准:本企业过去年度的仓储成本管理计划资料。 ☆质量标准:成本核算方法科学合理,仓储成本管理计划可操作性强。 **考 核 指 标** 　　仓储成本管理计划制订的及时性:应在__个工作日内完成。
计划实施与成本控制	**执 行 程 序** **1. 贯彻执行计划** 　　仓储成本管理计划审批通过后,仓储部要贯彻执行该计划。 **2. 进行成本对比** 　　仓储部在执行计划的过程中要对仓储服务发生的实际成本进行核算,并将其与相应的仓储成本标准进行对比。 **3. 差异处理** ☆当偏差较大时,仓储部要改进当前工作,采用仓储成本控制方法纠正工作中所造成的成本偏差后再继续工作,这样反复几次,缩小实际仓储成本与成本标准之间的距离。仓储成本控制法包括标准控制法、授权控制法和作业分析法。

任务名称	执行程序、工作标准与考核指标
计划实施与成本控制	☆当偏差较小时，仓储部继续按照仓储成本管理计划工作，直至阶段性工作结束。 ☆财务部要在成本控制的过程中对仓储成本核算进行监督。 **工作重点** 仓储部要及时处理差异，不可置之不理。
	工 作 标 准
	通过有效成本管理，将仓储成本控制在合理范围内。
资料归档	**执 行 程 序** **1. 编制仓储成本分析报告** 阶段性工作结束后，仓储部应编制仓储成本分析报告，并将其提交仓储部经理审核，之后报总经理审批。 **2. 资料归档** 仓储成本分析报告审批通过后，仓储部应及时将仓储成本管理过程中产生的相关资料归档。 **工作重点** 仓储成本分析报告的编制要规范，企业应制定统一的模板，提高工作效率。
	工 作 标 准
	☆仓储成本分析详尽、科学。 ☆仓储成本分析报告的编制符合规范，报告内容富有启发性。

执 行 规 范
"仓储成本控制制度""仓储成本管理制度""仓储成本管理计划""仓储成本分析报告""仓储管理计划"。

第三章 物流服务成本管理

11.4 流通加工成本管理流程设计与工作执行

11.4.1 流通加工成本管理流程设计

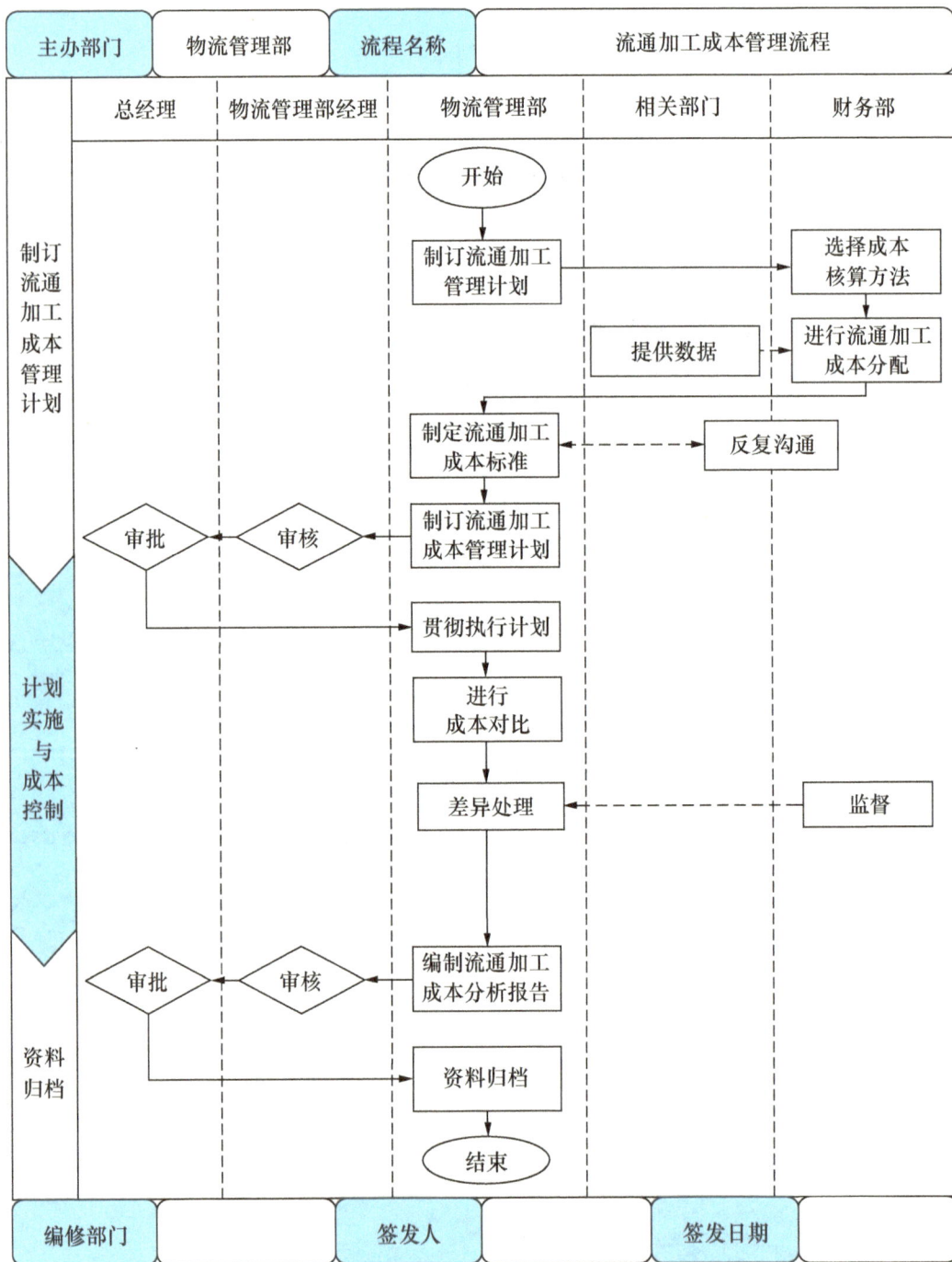

主办部门	物流管理部	流程名称	流通加工成本管理流程

	总经理	物流管理部经理	物流管理部	相关部门	财务部

制订流通加工成本管理计划
- 开始
- 制订流通加工管理计划 → 选择成本核算方法
- 提供数据 → 进行流通加工成本分配
- 制定流通加工成本标准 ← 反复沟通
- 制订流通加工成本管理计划
- 审批 ← 审核

计划实施与成本控制
- 贯彻执行计划
- 进行成本对比
- 差异处理 ← 监督
- 审批 ← 审核 ← 编制流通加工成本分析报告

资料归档
- 资料归档
- 结束

编修部门		签发人		签发日期	

11.4.2 流通加工成本管理执行程序、工作标准、考核指标、执行规范

任务名称	执行程序、工作标准与考核指标
制订流通加工成本管理计划	**执 行 程 序** **1. 制订流通加工管理计划** ☆物流管理部根据本企业的流通加工管理规划制订流通加工管理计划，确定流通加工管理所需的场地、人员、加工设备等内容，同时初步预估流通加工成本。 ☆物流管理部人员在制订流通加工管理计划时，要将货品从生产地到使用地的过程中，企业根据客户的需要所进行的包装、分割、计量、分拣、刷标志、挂标签、组装等简单作业事先确定好。 **2. 选择成本核算方法** 财务部依据流通加工管理计划，选择流通加工成本的核算方法。 **3. 进行流通加工成本分配** 财务部根据相关部门提供的往年流通加工成本数据，对流通加工成本进行内部分配。 **4. 制订流通加工成本管理计划** ☆物流管理部根据流通加工成本分配的结果制定流通加工成本标准，具体包括材料成本标准、人力成本标准、设备维修成本标准等。 ☆物流管理部在制定流通加工成本标准的过程中，要与财务部及其他相关部门反复沟通，并对流通加工成本标准进行调整，确定最终的流通加工成本标准。 ☆确定流通加工成本标准后，物流管理部应制订流通加工成本管理计划，并将其提交物流管理部经理审核，之后报总经理审批。 **工作重点** ☆流通加工作为配送的重要环节，需要配送管理人员制定相关制度规范，加强对流通加工的管理，提高流通加工的作业效率，降低配送成本。 ☆流通加工成本管理计划不仅要具有可操作性，更要立足实际，便于企业后期实施和操作。 **工 作 标 准** ☆参照标准：本企业过去年度的流通加工成本管理计划资料。 ☆质量标准：成本核算方法科学合理，流通加工成本管理计划可操作性强。 ☆目标标准：提高企业的物流配送工作的服务水平，提升客户满意度。 **考 核 指 标** 流通加工成本管理计划制订的及时性：应在__个工作日内完成。
计划实施与成本控制	**执 行 程 序** **1. 贯彻执行计划** 流通加工成本管理计划审批通过后，物流管理部要贯彻执行该计划。

第三章 物流服务成本管理

任务名称	执行程序、工作标准与考核指标
计划实施 与 成本控制	**2. 进行成本对比** 　　物流管理部在执行计划的过程中要对流通加工服务发生的实际成本进行核算，并将其与相应的流通加工成本标准进行对比。 **3. 差异处理** ☆当偏差较大时，物流管理部应改进当前工作，采用流通加工成本控制方法纠正工作中所造成的成本偏差后再继续工作，这样反复几次，缩小实际流通加工成本与成本标准之间的距离。流通加工成本控制法包括标准控制法、授权控制法和作业分析法。 ☆当偏差较小时，物流管理部可继续按照流通加工成本管理计划工作，直至阶段性工作结束。 ☆财务部要在成本控制的过程中对流通加工成本核算进行监督。 **工作重点** 　　一旦出现很大的成本偏差，相关人员在处理的同时要及时向领导汇报情况。
	工 作 标 准 　　通过有效成本管理，将流通加工成本控制在合理范围内。
资料归档	**执 行 程 序** **1. 编制流通加工成本分析报告** 　　阶段性工作结束后，物流管理部应编制流通加工成本分析报告，并将其提交物流管理部经理审核，之后报总经理审批。 **2. 资料归档** 　　流通加工成本分析报告审批通过后，物流管理部应及时将流通加工成本管理过程中产生的相关资料归档。 **工作重点** 　　流通加工成本分析报告的编制要规范，企业应制定统一的模板，提高工作效率。
	工 作 标 准 ☆流通加工成本分析详尽、科学。 ☆流通加工成本分析报告的编制符合规范，报告内容富有启发性。
	考 核 指 标 　　流通加工成本分析报告编制的及时性：应在__个工作日内完成。
执 行 规 范	
"流通加工成本控制制度""流通加工成本管理制度""流通加工成本管理计划""流通加工管理计划""流通加工成本分析报告"。	

物流仓储配送管理 流程设计与工作标准

11.5 包装成本管理流程设计与工作执行

11.5.1 包装成本管理流程设计

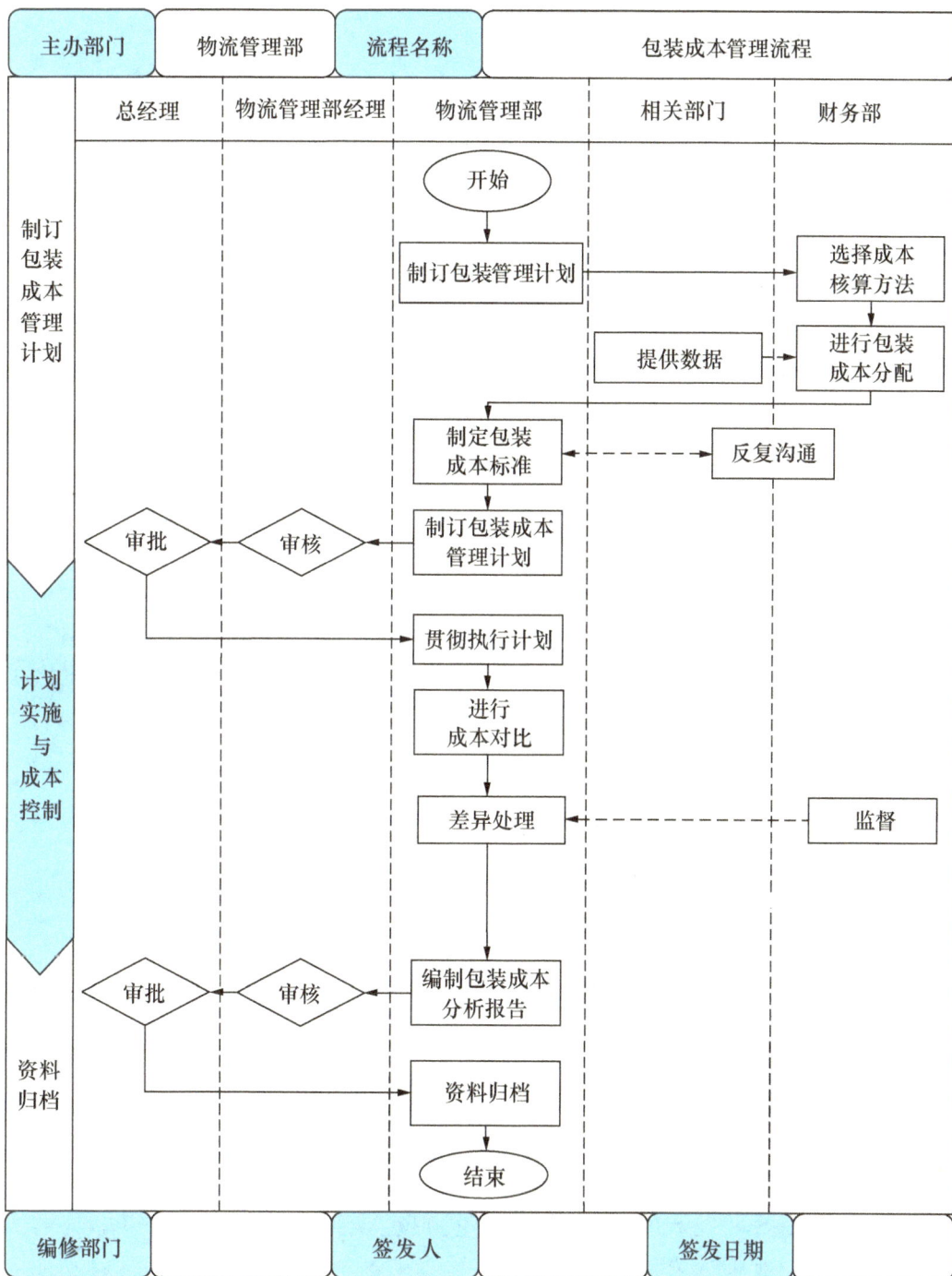

主办部门	物流管理部	流程名称		包装成本管理流程

	总经理	物流管理部经理	物流管理部	相关部门	财务部
制订包装成本管理计划			开始 ↓ 制订包装管理计划		选择成本核算方法
				提供数据	进行包装成本分配
			制定包装成本标准	反复沟通	
	审批	审核	制订包装成本管理计划		
计划实施与成本控制			贯彻执行计划		
			进行成本对比		
			差异处理		监督
	审批	审核	编制包装成本分析报告		
资料归档			资料归档		
			结束		

编修部门		签发人		签发日期	

11.5.2　包装成本管理执行程序、工作标准、考核指标、执行规范

任务名称	执行程序、工作标准与考核指标
制订包装成本管理计划	**执 行 程 序**
	1. 制订包装管理计划 ☆物流管理部根据本企业的包装管理规划制订包装管理计划，确定包装管理所需的场地、人员、设备、原材料等内容，同时初步预估包装成本。 ☆在制订包装管理计划时，相关部门要及时设计包装，同时选择包装材料。 **2. 选择成本核算方法** 　财务部依据包装管理计划，选择包装成本的核算方法。 **3. 进行包装成本分配** 　财务部根据相关部门提供的往年包装成本数据，对包装成本进行内部分配。 **4. 制订包装成本管理计划** ☆物流管理部根据包装成本分配的结果制定包装成本标准，具体包括包装物料成本标准、人力成本标准、包装设备维修成本标准等。 ☆物流管理部在制定包装成本标准的过程中，要与财务部及其他相关部门反复沟通，并对包装成本标准进行调整，确定最终的包装成本标准。 ☆确定包装成本标准后，物流管理部应制订包装成本管理计划，并将其提交物流管理部经理审核，之后报总经理审批。 **工作重点** ☆包装成本管理计划不仅要具有可操作性，更要立足实际，便于企业后期实施和操作。 ☆相关部门在设计产品包装时要注意产品特性、产品定位及质量要求；要选择高性价比的包装材料。
	工 作 标 准
	☆参照标准：本企业过去年度的包装成本管理计划资料。 ☆质量标准：成本核算方法科学合理，包装成本管理计划可操作性强。
	考 核 指 标
	包装成本管理计划制订的及时性：应在＿个工作日内完成。
计划实施与成本控制	**执 行 程 序**
	1. 贯彻执行计划 　包装成本管理计划审批通过后，物流管理部要贯彻执行该计划。 **2. 进行成本对比** 　物流管理部在执行计划的过程中要对包装服务发生的实际成本进行核算，并与相应的包装成本标准进行对比。

任务名称	执行程序、工作标准与考核指标
计划实施 与 成本控制	**3. 差异处理** ☆当偏差较大时，物流管理部应改进当前工作，采用包装成本控制方法纠正工作中所造成的成本偏差后再继续工作，这样反复几次，缩小实际包装成本与成本标准之间的距离。包装成本控制法包括标准控制法、授权控制法和作业分析法。 ☆当偏差较小时，物流管理部继续按照包装成本管理计划工作，直至阶段性工作结束。 ☆财务部要在成本控制的过程中对包装成本核算进行监督。 **工作重点** ☆物流管理部要及时处理差异，不可置之不理。 ☆一旦出现很大的成本偏差，相关人员在处理的同时要及时向领导汇报情况。 ☆成本控制的一个重要方法是积极开展节约活动，相关部门要组织进行节约宣讲与培训，培养员工的成本节约意识。
	工 作 标 准
	通过有效成本管理，将包装成本控制在合理范围内。
资料归档	**执 行 程 序** **1. 编制包装成本分析报告** 　阶段性工作结束后，物流管理部应编制包装成本分析报告，并将其提交物流管理部经理审核，之后报总经理审批。 **2. 资料归档** 　包装成本分析报告审批通过后，物流管理部应及时将包装成本管理过程中产生的相关资料归档。 **工作重点** 　包装成本分析报告的编制要规范，企业应制定统一的模板，提高工作效率。
	工 作 标 准
	☆包装成本分析详尽、科学。 ☆包装成本分析报告的编制符合规范，报告内容富有启发性。
	考 核 指 标
	包装成本分析报告编制的及时性：应在__个工作日内完成。
执 行 规 范	
"包装成本控制制度""包装成本管理制度""包装成本管理计划""包装管理计划""包装成本分析报告"。	

11.6 装卸与搬运成本管理流程设计与工作执行

11.6.1 装卸与搬运成本管理流程设计

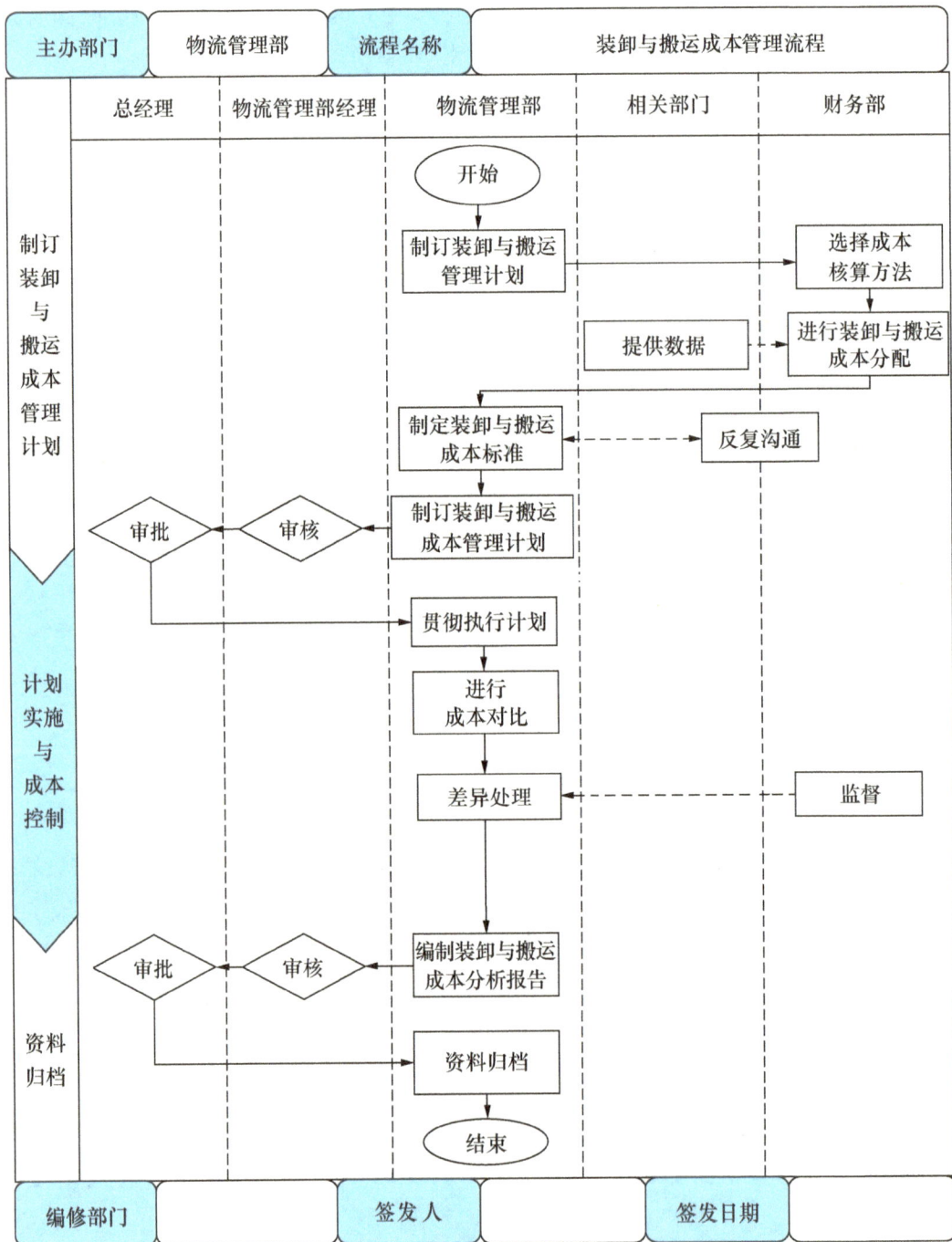

主办部门	物流管理部	流程名称		装卸与搬运成本管理流程
	总经理	物流管理部经理	物流管理部	相关部门	财务部

制订装卸与搬运成本管理计划

开始

制订装卸与搬运管理计划 → 选择成本核算方法

提供数据 → 进行装卸与搬运成本分配

制定装卸与搬运成本标准 ⇢ 反复沟通

审批 ← 审核 ← 制订装卸与搬运成本管理计划

计划实施与成本控制

贯彻执行计划

进行成本对比

差异处理 ⇢ 监督

编制装卸与搬运成本分析报告

审批 ← 审核 ←

资料归档

资料归档

结束

编修部门		签发人		签发日期	

物流仓储配送管理 流程设计与工作标准

/218/

11.6.2 装卸与搬运成本管理执行程序、工作标准、考核指标、执行规范

任务名称	执行程序、工作标准与考核指标
制订装卸与搬运成本管理计划	**执 行 程 序** **1. 制订装卸与搬运管理计划** ☆物流管理部根据本企业的装卸与搬运管理规划制订装卸与搬运管理计划，确定装卸与搬运管理所需的场地、人员、设备等内容，同时初步预估装卸与搬运的成本。 ☆装卸与搬运过程中安全保护工作要做到位，物流管理部要在计划中做出明确规定。 **2. 选择成本核算方法** 财务部依据装卸与搬运管理计划，选择装卸与搬运成本的核算方法。 **3. 进行装卸与搬运成本分配** 财务部根据相关部门提供的往年装卸与搬运成本数据，对装卸与搬运成本进行内部分配。 **4. 制订装卸与搬运成本管理计划** ☆物流管理部根据装卸与搬运成本分配的结果制定装卸与搬运成本标准，具体包括安全防护成本标准、装卸成本标准、人力成本标准、搬运成本标准、设备维修成本标准等。 ☆物流管理部在制定装卸与搬运成本标准的过程中，要与财务部及其他相关部门反复沟通，并对装卸与搬运成本标准进行调整，确定最终的装卸与搬运成本标准。 ☆确定装卸与搬运成本标准后，物流管理部应制订装卸与搬运成本管理计划，并将其提交物流管理部经理审核，之后报总经理审批。 **工作重点** 装卸与搬运成本管理计划不仅要具有可操作性，更要立足实际，便于企业后期实施和操作。 **工 作 标 准** ☆参照标准：本企业过去年度的装卸与搬运成本管理计划资料。 ☆质量标准：成本核算方法科学合理，装卸与搬运成本管理计划可操作性强。 **考 核 指 标** 装卸与搬运成本管理计划制订的及时性：应在__个工作日内完成。
计划实施与成本控制	**执 行 程 序** **1. 贯彻执行计划** 装卸与搬运成本管理计划审批通过后，物流管理部应贯彻执行该计划。 **2. 进行成本对比** 物流管理部在执行计划的过程中要对装卸与搬运服务发生的实际成本进行核算，并与相应的装卸与搬运成本标准进行对比。

任务名称	执行程序、工作标准与考核指标
计划实施与成本控制	**3.差异处理** ☆当偏差较大时，物流管理部应改进当前工作，采用装卸与搬运成本控制方法纠正工作中所造成的成本偏差后再继续工作，这样反复几次，缩小实际装卸与搬运成本与成本标准之间的差距。装卸与搬运成本控制法包括标准控制法、授权控制法和作业分析法。 ☆当偏差较小时，物流管理部可继续按照装卸与搬运成本管理计划执行工作，直至阶段性工作结束。 ☆财务部要在成本控制的过程中对装卸与搬运成本核算进行监督。 **工作重点** 物流管理部要及时处理差异，不可置之不理。 **工 作 标 准** 通过有效成本管理，将装卸与搬运成本控制在合理范围内。
资料归档	**执 行 程 序** **1.编制装卸与搬运成本分析报告** 阶段性工作结束后，物流管理部应编制装卸与搬运成本分析报告，并将其提交物流管理部经理审核，之后报总经理审批。 **2.资料归档** 装卸与搬运成本分析报告审批通过后，物流管理部应及时将装卸与搬运成本管理过程中产生的相关资料归档。 **工作重点** 装卸与搬运成本分析报告的编制要规范，企业应制定统一的模板，提高工作效率。 **工 作 标 准** ☆装卸与搬运成本分析详尽、科学。 ☆装卸与搬运成本分析报告的编制符合规范，报告内容富有启发性。 **考 核 指 标** 装卸与搬运成本分析报告编制的及时性：应在__个工作日内完成。

执 行 规 范

"装卸与搬运成本控制制度""装卸与搬运成本管理制度""装卸与搬运成本管理计划""装卸与搬运成本分析报告""装卸与搬运管理计划"。

物流仓储配送管理 流程设计与工作标准

11.7 物流成本核算管理流程设计与工作执行

11.7.1 物流成本核算管理流程设计

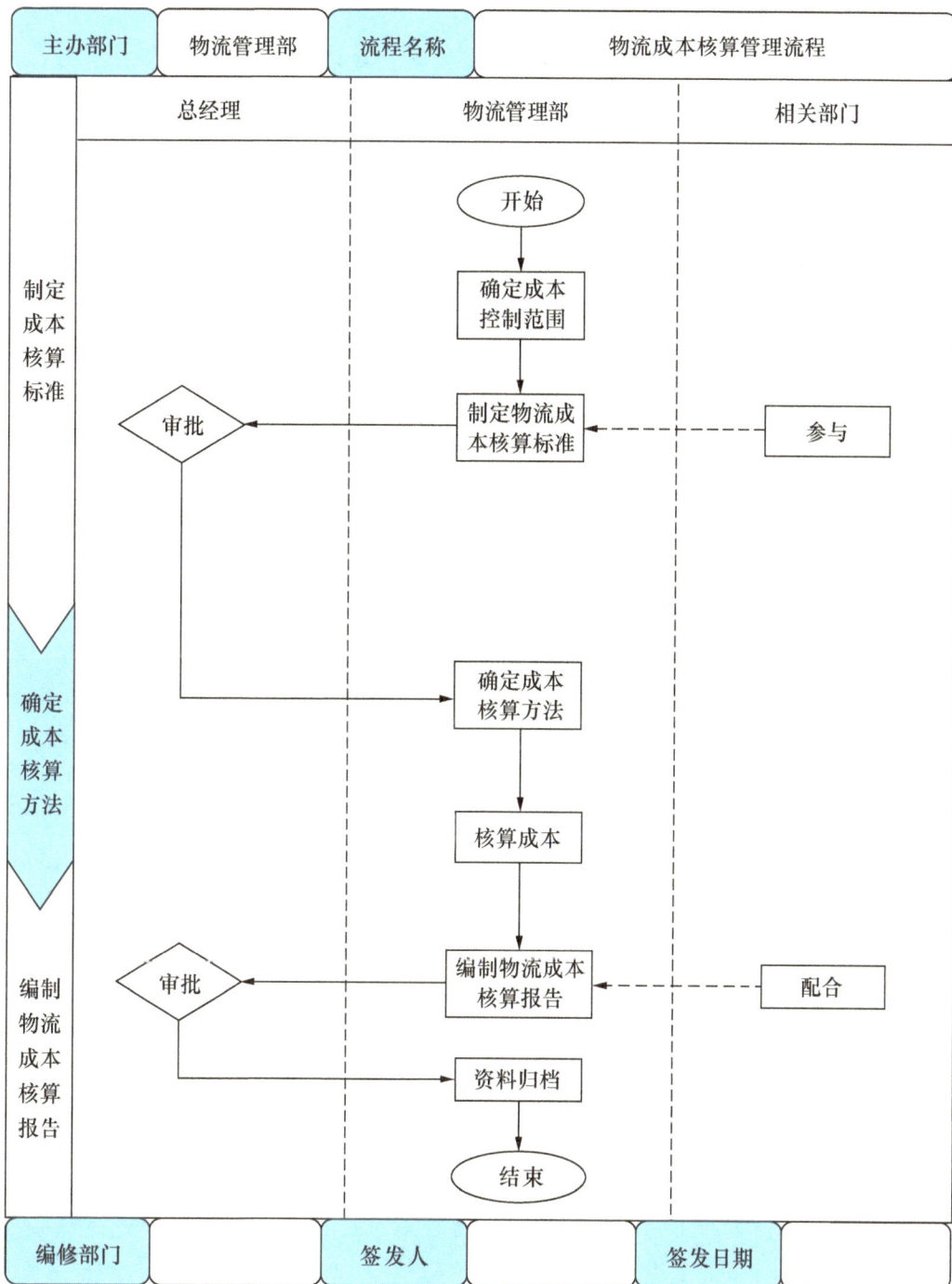

主办部门	物流管理部	流程名称	物流成本核算管理流程

	总经理	物流管理部	相关部门

制定成本核算标准

开始

确定成本控制范围

制定物流成本核算标准 ← 审批 ← ─ ─ 参与

确定成本核算方法

确定成本核算方法

核算成本

编制物流成本核算报告 ← 审批 ← ─ ─ 配合

编制物流成本核算报告

资料归档

结束

编修部门		签发人		签发日期	

11.7.2　物流成本核算管理执行程序、工作标准、考核指标、执行规范

任务名称	执行程序、工作标准与考核指标
制定成本核算标准	**执 行 程 序** **1.确定成本控制范围** 　物流管理部根据本企业的物流业务情况，确定物流成本控制的范围。 **2.制定物流成本核算标准** 　确定成本控制范围后，物流管理部应制定物流成本核算标准，并将其提交总经理审批。 **工作重点** 　物流管理部要合理设定物流成本控制的范围。 **工 作 标 准** ☆参照标准：本企业过去年度的物流成本核算资料。 ☆质量标准：物流成本控制范围符合实际，成本核算标准得到财务部的认可。 **考 核 指 标** 物流成本核算标准制定的及时性：应在__个工作日内完成。
确定成本核算方法	**执 行 程 序** **1.确定成本核算方法** 　物流管理部依据本企业物流业务的特点，结合物流成本管理规划和成本核算标准，确定物流成本的核算方法。 **2.核算成本** ☆确定成本核算方法后，物流管理部对物流成本进行核算。 ☆物流成本核算主要包括仓储成本核算、运输成本核算、配送成本核算、物流包装成本核算、装卸与搬运成本核算、物流信息成本核算及其他物流成本核算等。 **工作重点** 　物流成本核算的方法主要有三种：一是按物流功能核算物流成本，如仓储成本、运输成本、配送成本、物流包装成本、装卸搬运成本等；二是按物流活动范围核算物流成本，如供应物流费、生产物流费、销售物流费、退货物流费、废弃物流费等；三是按物流形态核算物流成本，如企业自家物流费、委托物流费、外部企业代垫物流费等。 **工 作 标 准** 物流成本核算方法可参照同行业其他企业的物流成本核算方法进行选择。

（续）

任务名称	执行程序、工作标准与考核指标
编制物流成本核算报告	**执 行 程 序** 　　物流管理部在财务部的配合下，根据物流成本核算的结果编制物流成本核算报告，并将其提交总经理审批。 **工作重点** 物流成本核算报告的编制要规范。 **工 作 标 准** 物流成本核算报告通过总经理的审批。 **考 核 指 标** 物流成本核算报告应一次性审批通过。
执 行 规 范	
"物流成本核算标准""物流成本核算报告"。	

12.1 物流信息系统管理流程

12.1.1 流程设计的目的

企业设计物流信息系统管理流程的目的如下：

1. 加强对物流信息系统的管理，提高物流服务水平，提升物流业务质量，降低物流仓储成本；

2. 合理配置物流仓储资源，促进物流战略目标的实现；

3. 向客户提供必要的物流订单运输信息，使货物运输状态可视化。

12.1.2 流程结构设计

物流信息系统管理包括两大事项，我们可以就每个事项设计相应的流程，即物流信息系统设计管理流程和物流信息系统开发管理流程，具体如图 12-1 所示。

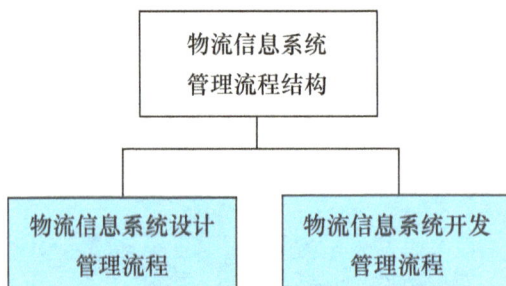

图 12-1 物流信息系统管理流程结构

12.2 物流信息系统设计管理流程设计与工作执行

12.2.1 物流信息系统设计管理流程设计

主办部门	物流管理部	流程名称	物流信息系统设计管理流程

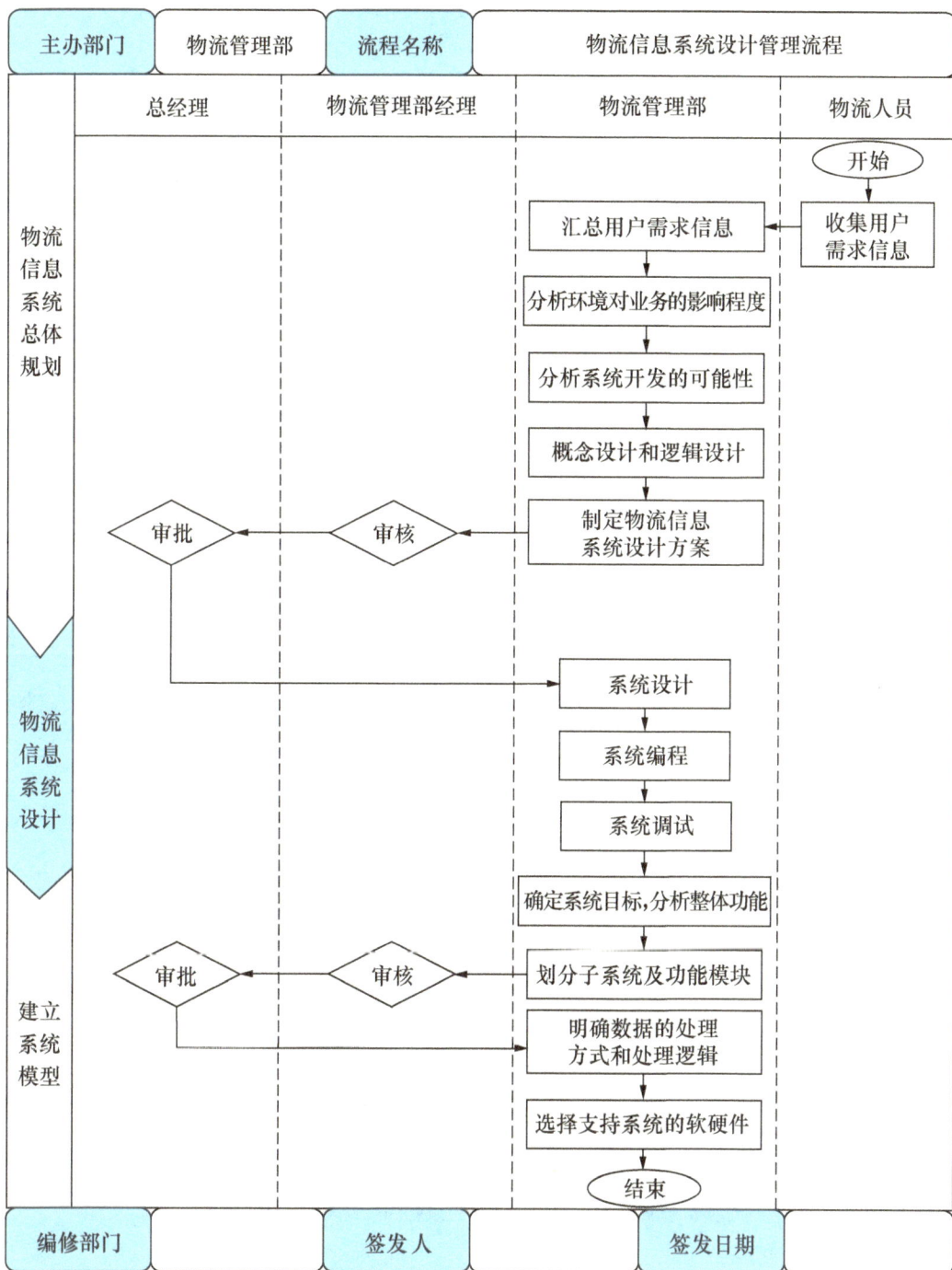

总经理	物流管理部经理	物流管理部	物流人员

物流信息系统总体规划

- 开始
- 收集用户需求信息
- 汇总用户需求信息
- 分析环境对业务的影响程度
- 分析系统开发的可能性
- 概念设计和逻辑设计
- 制定物流信息系统设计方案
- 审核
- 审批

物流信息系统设计

- 系统设计
- 系统编程
- 系统调试

建立系统模型

- 确定系统目标,分析整体功能
- 划分子系统及功能模块
- 审核
- 审批
- 明确数据的处理方式和处理逻辑
- 选择支持系统的软硬件
- 结束

编修部门		签发人		签发日期	

12.2.2 物流信息系统设计管理执行程序、工作标准、考核指标、执行规范

任务名称	执行程序、工作标准与考核指标
物流信息系统总体规划	**执 行 程 序** **1. 汇总用户需求信息** ☆物流人员要广泛收集用户需求信息，并将收集到的信息提交物流管理部。 ☆物流管理部要汇总物流人员提交的用户需求信息，精准描绘用户画像，综合分析用户需求。 **2. 分析系统开发的可能性** ☆物流管理部要分析环境对业务的影响程度。 ☆物流管理部要分析系统开发的可能性，发现实际问题，寻求解决办法。 **3. 制定物流信息系统设计方案** ☆物流管理部可参照同行业优秀企业的物流信息系统进行概念设计和逻辑设计。 ☆物流管理部应制定物流信息系统设计方案，并将其提交物流管理部经理审核，之后报总经理审批。 **工作重点** 物流信息系统设计方案要具有可操作性。 **工 作 标 准** 物流信息系统设计方案的内容完整、结构清晰且无重大纰漏。 **考 核 指 标** 物流信息系统设计方案应一次性审批通过。
物流信息系统设计	**执 行 程 序** **1. 系统设计** 物流信息系统设计方案审批通过后，物流管理部根据该方案进行系统设计。 **2. 系统编程** 物流管理部应选用合适的计算机语言进行系统编程。 **3. 系统调试** 系统编程完成后，物流管理部组织相关人员进行系统调试，及时发现并解决问题。 **工作重点** 系统设计要科学合理。 **工 作 标 准** 系统可参照同行业其他企业的物流信息系统的设计资料进行设计。

任务名称	执行程序、工作标准与考核指标
物流信息系统设计	**考 核 指 标**
	系统编程要有逻辑性。
建立系统模型	**执 行 程 序**
	1. 确定系统目标，分析整体功能 系统调试完成后，物流管理部根据重要业务决策确定系统目标，分析整体功能。 **2. 划分子系统及功能模块** 物流管理部应细化物流业务程序，据此划分子系统和功能模块，并将划分结果整理成报告提交物流管理部经理审核，之后报总经理审批。 **3. 明确数据的处理方式和处理逻辑** 子系统和功能模块划分完成后，物流管理部紧接着要明确数据的处理方式和处理逻辑，最后选择支持系统的软硬件。 **工作重点** 物流管理部应在细化物流业务程序的基础上，划分子系统和功能模块。
	工 作 标 准
	功能模块划分合理。
	考 核 指 标
	系统及功能模块划分结果应一次性审批通过。
执 行 规 范	

"物流信息系统设计方案""用户需求调查报告""物流信息系统建设方案""物流信息系统设计调试结果"。

第 12 章　物流信息系统管理

12.3　物流信息系统开发管理流程设计与工作执行

12.3.1　物流信息系统开发管理流程设计

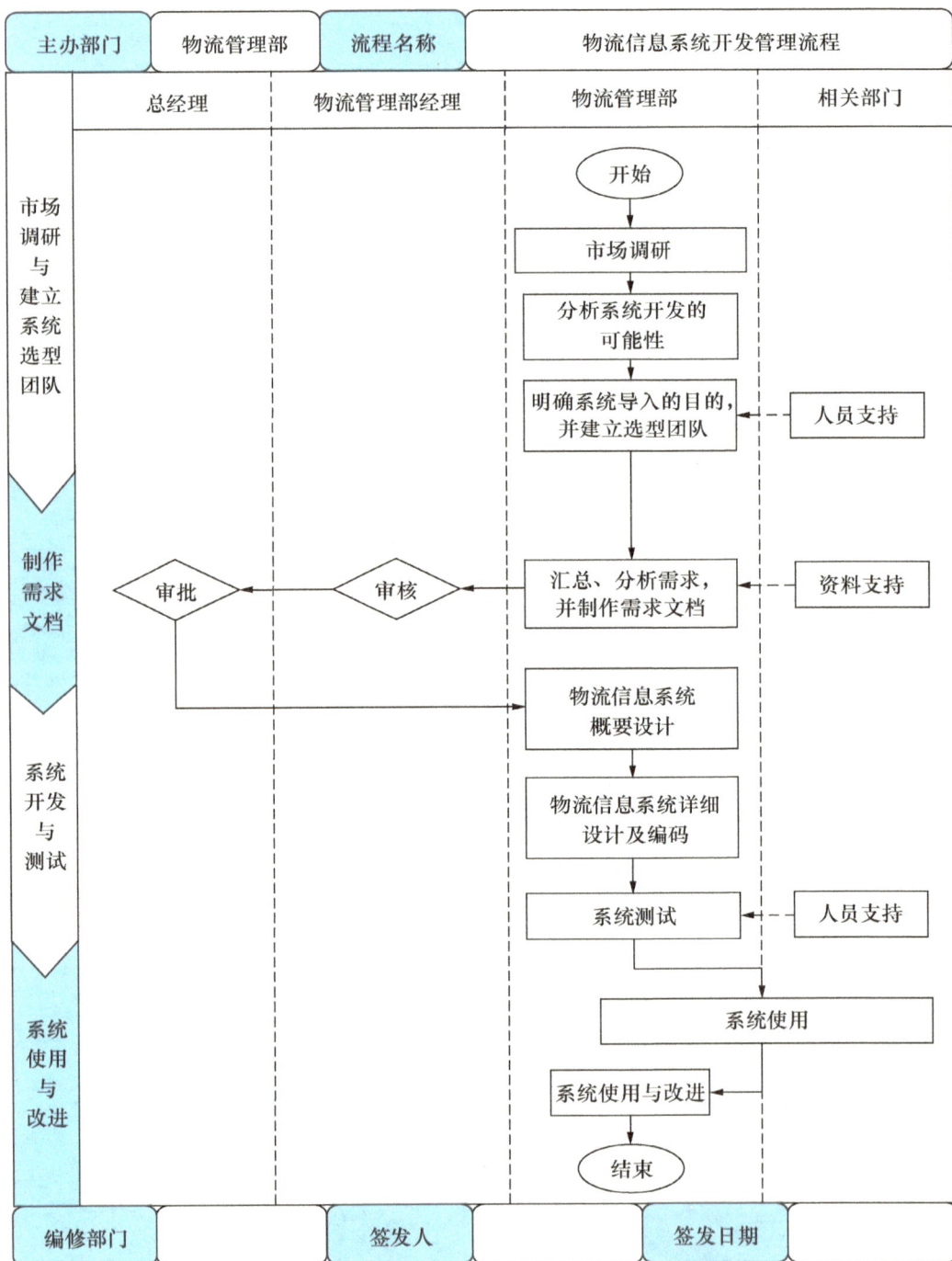

主办部门	物流管理部	流程名称	物流信息系统开发管理流程

	总经理	物流管理部经理	物流管理部	相关部门
市场调研与建立系统选型团队			开始 → 市场调研 → 分析系统开发的可能性 → 明确系统导入的目的，并建立选型团队	人员支持
制作需求文档	审批 ←	审核 ←	汇总、分析需求，并制作需求文档	资料支持
系统开发与测试			物流信息系统概要设计 → 物流信息系统详细设计及编码 → 系统测试	人员支持
系统使用与改进			系统使用 → 系统使用与改进 → 结束	

编修部门		签发人		签发日期	

12.3.2 物流信息系统开发管理执行程序、工作标准、考核指标、执行规范

任务名称	执行程序、工作标准与考核指标
市场调研与建立系统选型团队	**执 行 程 序** **1. 市场调研** 　物流管理部应对当前市场上现有的物流管理方法、管理系统和信息流程等进行市场调研。 **2. 分析系统开发的可能性** 　市场调研结束后，物流管理部要分析物流信息系统开发的可能性。 **3. 明确系统导入的目的，并建立选型团队** ☆物流管理部要明确此次物流信息系统导入的目的。 ☆从每个即将使用物流信息系统的部门中抽调代表与物流管理部、技术部工作人员一起，组建一支选型团队。 ☆选型团队可以在企业中进行物流信息系统相关概念的推广、早期培训等活动。 **工作重点** 　选型团队要让相关部门工作人员清楚认识到自己的工作对物流信息系统的需求，以及物流信息系统将如何深刻影响企业的商业活动。 **工 作 标 准** ☆参照标准：同行业其他企业的物流信息系统的使用情况资料。 ☆目标标准：企业在充分调研、讨论的基础上，建立精干的选型团队，并在企业范围内对物流信息系统概念进行初步推广与培训，为后续工作奠定基础。
制作需求文档	**执 行 程 序** 　选型团队要汇总、分析其他相关部门对物流信息系统的使用需求，在此基础上制作一份企业最高级的物流信息系统需求文档，并将其提交物流管理部经理审核，之后报总经理审批。 **工作重点** 　物流信息系统需求文档的制作要规范，文档内容应全面、结构要清晰且无重大纰漏。 **工 作 标 准** 物流信息系统需求文档经过反复审定、修改后，通过总经理的审批。 **考 核 指 标** 　物流信息系统需求文档的科学性：应符合物流信息系统的功能定位、管理水平及企业的物流信息资源管理的要求。

任务名称	执行程序、工作标准与考核指标
系统开发 与测试	**执 行 程 序** **1. 物流信息系统概要设计** 　相关人员应对物流信息系统进行软件系统设计，包括软件系统的组织结构、模板划分、功能分配、数据结构设计及出错处理等。 **2. 物流信息系统详细设计及编码** 　在概要设计的基础上，相关人员对软件系统内部各模块进行详细设计，然后进行编码。 **3. 系统测试** 　物流管理部要组织相关人员对软件系统进行测试，确认每个功能是否实现及实现的程度。 **工作重点** 　相关人员要严格按照要求测试软件，如果需要更改标准、程序，要及时进行记录、标注。 **工 作 标 准** ☆参照标准：本企业过去年度的系统项目的开发及测试报告资料。 ☆完成标准：物流信息系统完成测试。 **考 核 指 标** 软件系统应一次性测试通过。
系统使用 与改进	**执 行 程 序** **1. 系统使用** 　企业的各部门经过内部培训后，开始在工作中使用物流信息系统。 **2. 系统使用与改进** 　相关部门在使用系统的过程中如果发现问题，要及时记录，并提出改进建议。 **工作重点** 　物流信息系统的改进是一个持续的过程，企业的相关人员要不断学习并总结经验。 **工 作 标 准** ☆目标标准：物流信息系统的使用和持续改进，有效提升物流管理的效能，促进企业物流业务的发展。 ☆质量标准：物流信息系统使用规范，相关人员及时对系统进行改进。 **考 核 指 标** 改进建议采纳率：目标值为__%。
执 行 规 范	
"物流信息系统需求文档""物流信息系统使用效果监测报告"。	

第13章 物流组织与绩效管理

13.1 物流组织与绩效管理流程

13.1.1 流程设计的目的

企业设计物流组织与绩效管理流程的目的如下：

1. 增强物流组织人员结构设计的科学性和合理性，提高物流组织人员结构的设计水平，确保物流组织人员的工作业绩；

2. 规范物流组织人员的工作程序，提升物流服务工作质量，保障客户的良好体验。

13.1.2 流程结构设计

物流组织与绩效管理包括五大事项，我们可以就每个事项设计相应的流程，即物流组织设计管理流程、物流绩效评价体系设计管理流程、物流绩效考核管理流程、物流绩效改进管理流程和物流绩效管理流程，具体如图 13-1 所示。

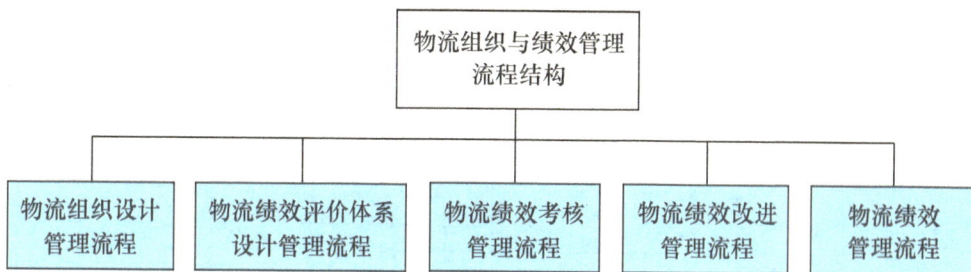

图 13-1 物流组织与绩效管理流程结构

13.2 物流组织设计管理流程设计与工作执行

13.2.1 物流组织设计管理流程设计

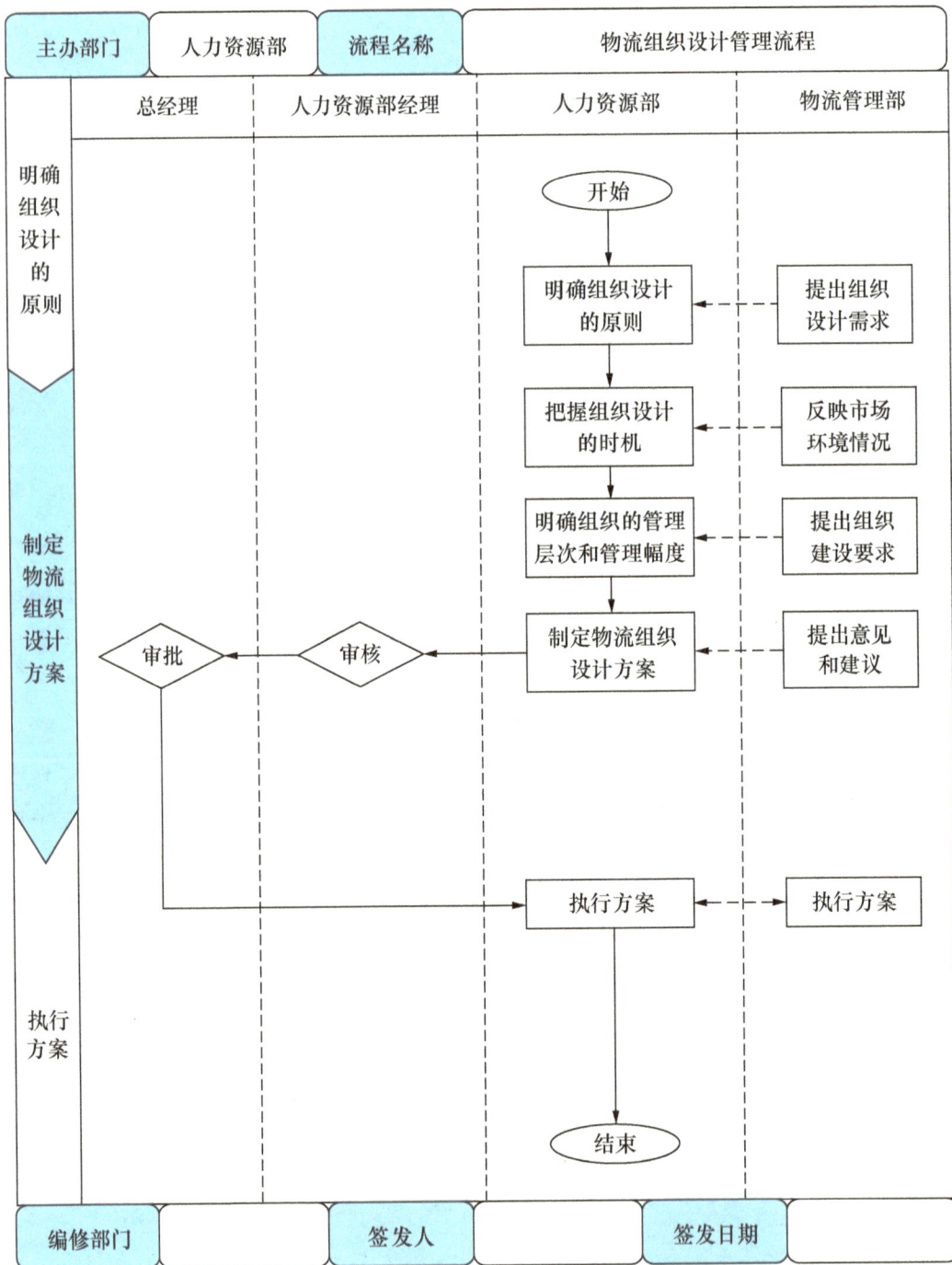

主办部门	人力资源部	流程名称	物流组织设计管理流程

	总经理	人力资源部经理	人力资源部	物流管理部

明确组织设计的原则

```
                                    ┌──────────┐
                                    │   开始   │
                                    └────┬─────┘
                                         │
                                         ▼
                              ┌──────────────┐      ┌──────────┐
                              │ 明确组织设计 │◄─────│ 提出组织 │
                              │   的原则     │      │ 设计需求 │
                              └──────┬───────┘      └──────────┘
                                     │
                                     ▼
                              ┌──────────────┐      ┌──────────┐
                              │ 把握组织设计 │◄─────│ 反映市场 │
                              │   的时机     │      │ 环境情况 │
                              └──────┬───────┘      └──────────┘
                                     │
                                     ▼
                              ┌──────────────┐      ┌──────────┐
                              │ 明确组织的管理│◄─────│ 提出组织 │
                              │ 层次和管理幅度│      │ 建设要求 │
                              └──────┬───────┘      └──────────┘
                                     │
        ◇审批◄──────◇审核◄───────────┤              ┌──────────┐
                              ┌──────────────┐      │ 提出意见 │
                              │ 制定物流组织 │◄─────│ 和建议   │
                              │   设计方案   │      └──────────┘
                              └──────────────┘

                              ┌──────────────┐      ┌──────────┐
        └────────────────────►│   执行方案   │◄─────│ 执行方案 │
                              └──────┬───────┘      └──────────┘
                                     │
                                     ▼
                              ┌──────────┐
                              │   结束   │
                              └──────────┘
```

制定物流组织设计方案

执行方案

编修部门		签发人		签发日期	

13.2.2 物流组织设计管理执行程序、工作标准、考核指标、执行规范

任务名称	执行程序、工作标准与考核指标
明确组织设计的原则	**执 行 程 序** ☆物流管理部向人力资源部提出组织设计需求。 ☆人力资源部应明确物流组织设计的原则。 **工作重点** 　物流管理部应根据本部门业务的实际需要，向人力资源部提出组织设计需求。 **工 作 标 准** 　物流组织设计的原则包括目标一致性原则、分工协调原则、管理宽度原则、权责一致原则、统一指挥原则、集权与分权结合原则、稳定性与适应性原则和均衡性原则。 **考 核 指 标** 　物流组织设计的原则科学、合理。
制定物流组织设计方案	**执 行 程 序** **1. 把握组织设计的时机** ☆物流管理部向人力资源部反映市场环境相关情况。 ☆人力资源部根据本企业内外部环境的变化情况，适时的推动物流组织设计工作。 **2. 明确组织的管理层次和管理幅度** ☆物流管理部向人力资源部提出物流组织建设要求。 ☆人力资源部根据物流管理部提出的组织建设要求，明确物流组织的管理层次和管理幅度。 **3. 制定物流组织设计方案** ☆人力资源部应制定物流组织设计方案，并将其提交人力资源部经理审核，之后报总经理审批。 ☆物流管理部向人力资源部提出关于制定物流组织设计方案的意见和建议。 **工作重点** 　物流组织设计应符合市场环境的要求。 **工 作 标 准** ☆质量标准：物流组织的管理层次和管理幅度设计合理，提高管理效率。 ☆内容标准：组织的管理层次和管理幅度设计包含核心管理团队（10%）、企业业务管理队伍（20%）、企业业务操作队伍（60%～70%）。 **考 核 指 标** 　物流组织设计方案应一次性审批通过。

（续）

任务名称	执行程序、工作标准与考核指标
执行方案	**执 行 程 序** 物流组织设计方案审批通过后，人力资源部根据总经理的审批意见组织执行该方案。 **工作重点** 物流组织设计方案的内容应全面、结构要清晰且无重大批漏。
	工 作 标 准 人力资源部要全面落实物流组织设计方案。

执 行 规 范
"市场环境调查报告""组织结构设计制度""物流组织设计方案"。

13.3 物流绩效评价体系设计管理流程设计与工作执行

13.3.1 物流绩效评价体系设计管理流程设计

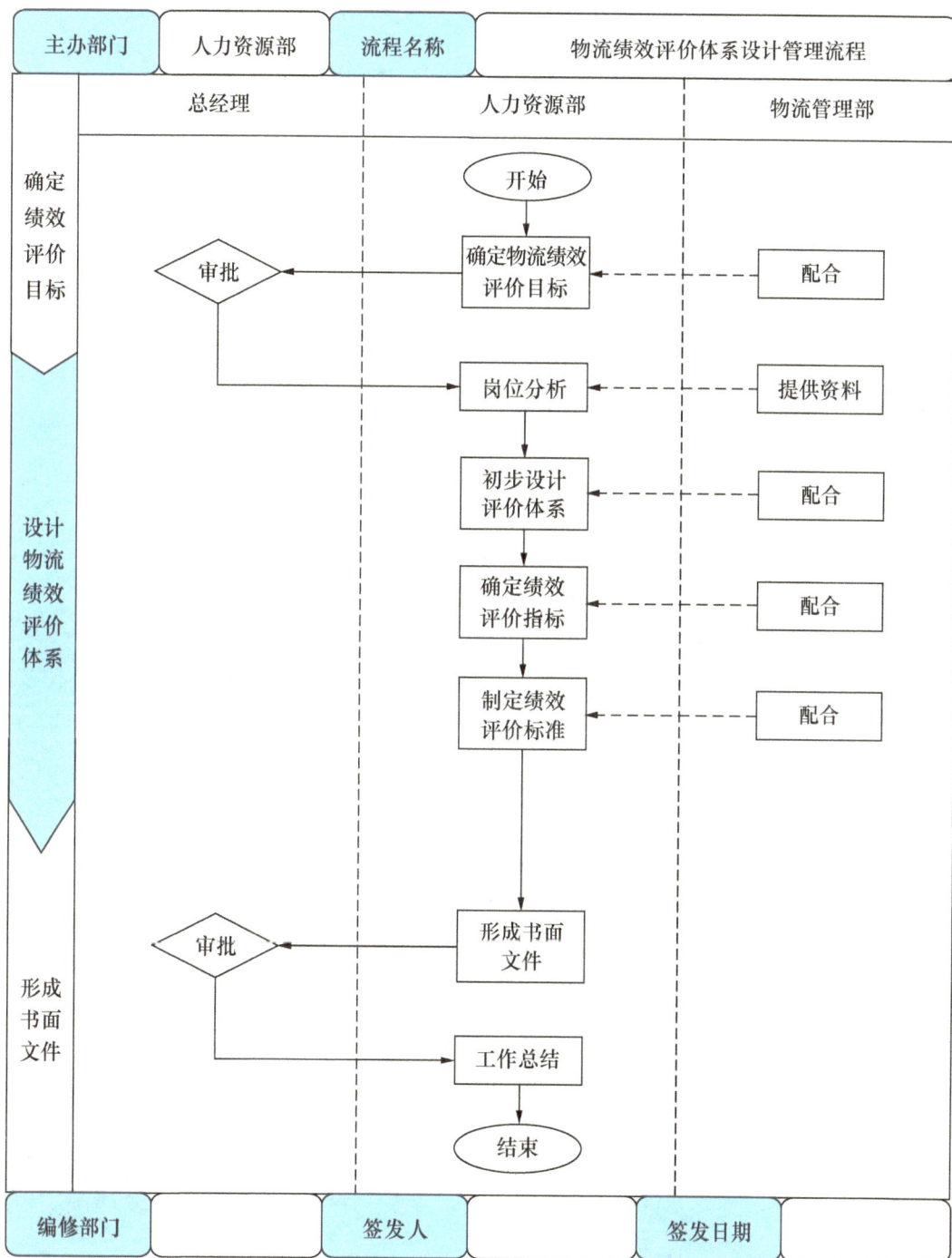

主办部门	人力资源部	流程名称	物流绩效评价体系设计管理流程

	总经理	人力资源部	物流管理部

确定绩效评价目标

开始

确定物流绩效评价目标 → 审批 → 配合

岗位分析 ← → 提供资料

设计物流绩效评价体系

初步设计评价体系 ← → 配合

确定绩效评价指标 ← → 配合

制定绩效评价标准 ← → 配合

形成书面文件

审批 ← 形成书面文件

工作总结

结束

编修部门		签发人		签发日期	

第 13 章　物流组织与绩效管理

13.3.2 物流绩效评价体系设计管理执行程序、工作标准、考核指标、执行规范

任务名称	执行程序、工作标准与考核指标
确定绩效评价目标	**执 行 程 序** 人力资源部根据本企业的发展需要，确定物流绩效评价目标，并将其形成书面文件提交总经理审批。 **工作重点** 物流管理部要配合人力资源部确定绩效评价目标。 **工 作 标 准** 物流绩效评价目标科学合理且可实现。 **考 核 指 标** 物流绩效评价目标确定的及时性：应在__个工作日内完成。
设计物流绩效评价体系	**执 行 程 序** **1. 岗位分析** ☆人力资源部对物流管理部的岗位进行分析，确定各岗位职责及具体的工作要求。 ☆物流管理部要配合人力资源部的工作，为岗位分析提供相关资料。 **2. 初步设计评价体系** 人力资源部应初步设计评价体系，建立大致的物流绩效评价指标体系。 **3. 确定绩效评价指标** 人力资源部根据物流管理部的各岗位需求，确定相应的物流绩效评价指标。 **4. 制定绩效评价标准** 确定绩效评价指标后，人力资源部应制定相应的绩效评价标准。 **工作重点** 物流绩效评价体系应围绕物流管理部的各岗位职责设计。 **工 作 标 准** ☆目的标准：设计物流绩效评价体系的目的是提升物流组织的整体服务水平。 ☆质量标准：绩效评价体系设计科学严谨。
形成书面文件	**执 行 程 序** **1. 形成书面文件** 人力资源部应将物流绩效评价体系形成书面文件，并将其提交总经理审批。

任务名称	执行程序、工作标准与考核指标
形成书面文件	**2. 工作总结** 　物流绩效评价体系设计工作告一段落后，人力资源部要及时总结经验，不断完善自身工作。 **工作重点** 人力资源部要不断完善物流绩效评价体系。
	工 作 标 准
	人力资源部要全面落实物流绩效评价体系。
执 行 规 范	
"物流绩效评价体系书面文件"。	

13.4 物流绩效考核管理流程设计与工作执行

13.4.1 物流绩效考核管理流程设计

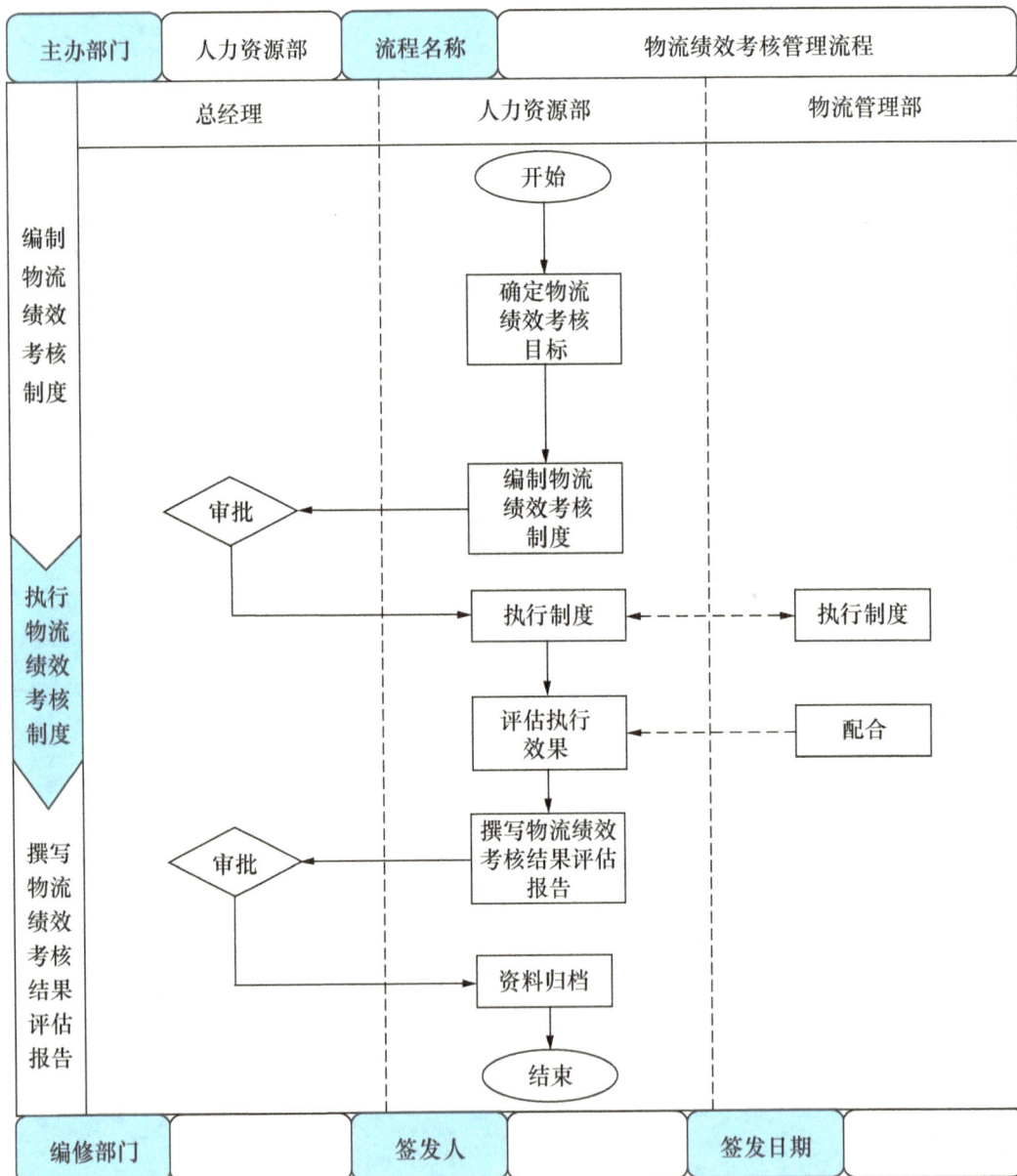

主办部门	人力资源部	流程名称	物流绩效考核管理流程

	总经理	人力资源部	物流管理部

编制物流绩效考核制度

执行物流绩效考核制度

撰写物流绩效考核结果评估报告

开始

确定物流绩效考核目标

审批 ← 编制物流绩效考核制度

执行制度 ← 执行制度

评估执行效果 ← 配合

撰写物流绩效考核结果评估报告 → 审批

资料归档

结束

编修部门		签发人		签发日期	

13.4.2　物流绩效考核管理执行程序、工作标准、考核指标、执行规范

任务名称	执行程序、工作标准与考核指标
编制物流绩效考核制度	**执 行 程 序** **1. 确定物流绩效考核目标** 　人力资源部结合本企业的物流业务发展战略和物流服务工作的实际情况，确定物流绩效考核目标。 **2. 编制物流绩效考核制度** 　人力资源部应编制物流绩效考核制度，并将其提交总经理审批。 **工作重点** 　物流绩效考核制度要严格按照规范编制。 **工 作 标 准** ☆参照标准：本企业上一年度的基础评价指标资料。 ☆质量标准：物流绩效考核制度科学严谨、合理适用。 **考 核 指 标** 物流绩效考核制度应一次性审批通过。
执行物流绩效考核制度	**执 行 程 序** **1. 执行制度** 　物流绩效考核制度审批通过后，人力资源部组织执行该制度。 **2. 评估执行效果** 　人力资源部应对物流管理部的制度执行效果进行评估。 **工作重点** 　物流管理部应严格按照物流绩效考核制度的要求，开展绩效考核工作。 **工 作 标 准** 物流绩效考核制度执行到位。
撰写物流绩效考核结果评估报告	**执 行 程 序** **1. 撰写物流绩效考核结果评估报告** 　人力资源部根据评估结果撰写物流绩效考核结果评估报告，并将其提交总经理审批。 **2. 资料归档** 　物流绩效考核结果评估报告审批通过后，人力资源部应及时将物流绩效考核管理过程中产生的相关资料归档。 **工作重点** 　物流绩效考核结果评估报告的撰写要符合企业规范。

任务名称	执行程序、工作标准与考核指标
撰写物流绩效考核结果评估报告	**工 作 标 准**
	☆质量标准：物流绩效考核结果评估报告数据准确、结果客观真实。 ☆时间标准：人力资源部应在__个工作日内完成物流绩效考核结果评估报告的撰写工作。
	考 核 指 标
	物流绩效考核结果评估报告应一次性审批通过。
执 行 规 范	
"物流业务发展战略""物流绩效考核制度""物流绩效考核结果评估报告"。	

13.5.1　物流绩效改进管理流程设计

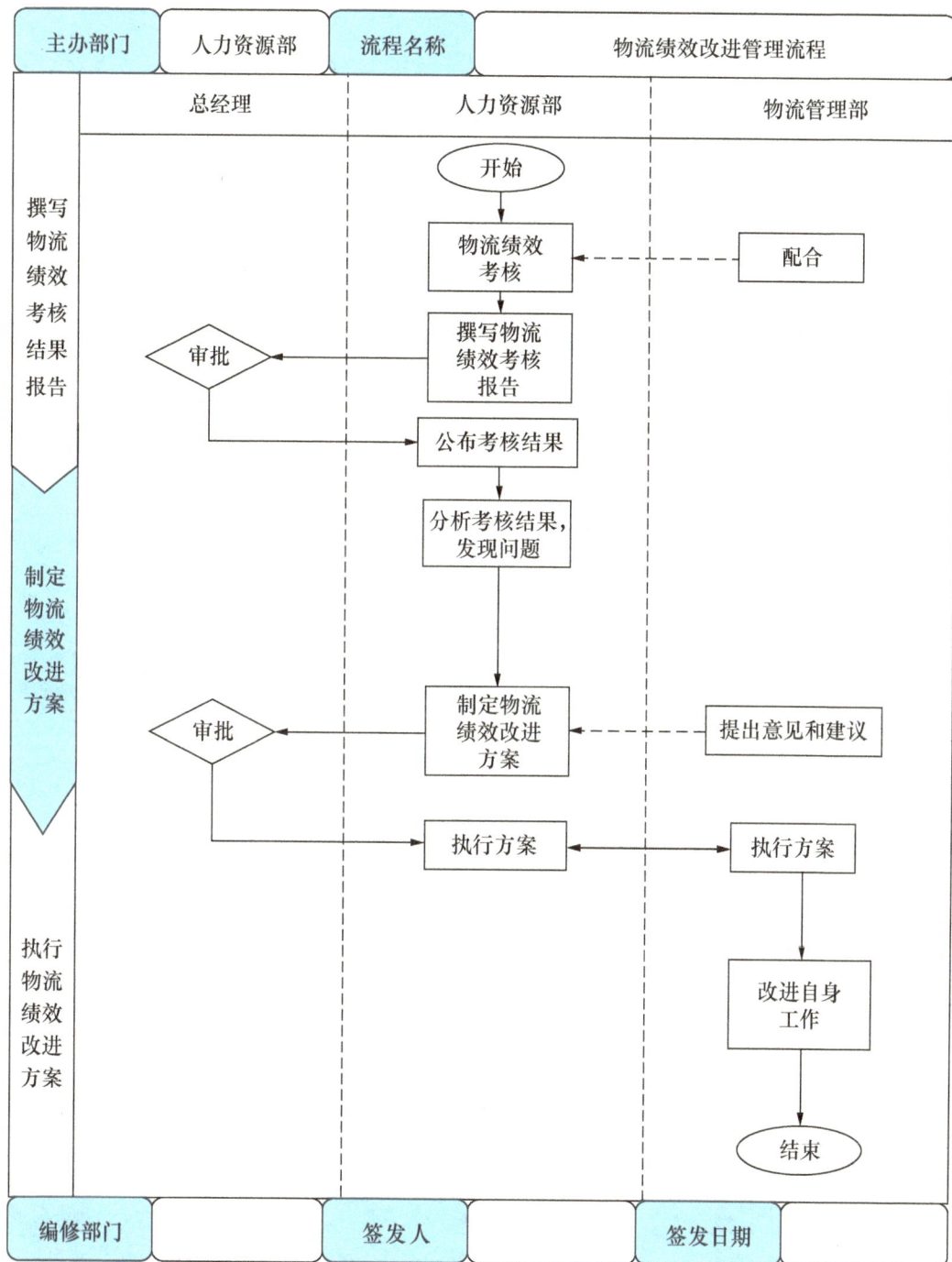

主办部门	人力资源部	流程名称	物流绩效改进管理流程

	总经理	人力资源部	物流管理部

撰写物流绩效考核结果报告

开始

物流绩效考核 ┄┄→ 配合

撰写物流绩效考核报告 → 审批

公布考核结果

分析考核结果，发现问题

制定物流绩效改进方案

制定物流绩效改进方案 → 审批

制定物流绩效改进方案 ┄┄ 提出意见和建议

执行方案 → 执行方案

执行物流绩效改进方案

改进自身工作

结束

编修部门		签发人		签发日期	

13.5.2 物流绩效改进管理执行程序、工作标准、考核指标、执行规范

任务名称	执行程序、工作标准与考核指标
撰写物流绩效考核结果报告	**执行程序** **1. 物流绩效考核** 人力资源部对物流管理部的物流服务工作进行绩效考核。 **2. 撰写物流绩效考核报告** 物流绩效考核完成后，人力资源部根据考核结果撰写物流绩效考核报告，并将其提交总经理审批。 **3. 公布考核结果** 物流绩效考核报告审批通过后，人力资源部正式将绩效考核结果公布出去。 **工作重点** 人力资源部应按照企业规定对物流管理部的物流服务工作进行绩效考核。 **工作标准** 物流绩效考核报告数据准确、结果客观真实。 **考核指标** 物流绩效考核报告应一次性审批通过。
制定物流绩效改进方案	**执行程序** **1. 分析考核结果，发现问题** 人力资源部应对物流绩效考核结果进行分析，在分析的过程中，发现物流管理部的实际工作中存在问题。 **2. 制定物流绩效改进方案** 人力资源部针对发现的问题，制定物流绩效改进方案，并将其提交总经理审批。 **工作重点** 人力资源部在制定物流绩效改进方案时，应充分考虑物流管理部的意见和建议。 **工作标准** 物流服务绩效改进方案针对性强、措施可行性高。 **考核指标** 物流绩效改进方案应一次性审批通过。

物流仓储配送管理 流程设计与工作标准

任务名称	执行程序、工作标准与考核指标
执行物流绩效改进方案	**执行程序** **1. 执行方案** 物流绩效改进方案审批通过后，人力资源部组织执行该方案。 **2. 改进自身工作** 物流管理部按照物流绩效改进方案的要求，不断改进自身工作。 **工作重点** 物流管理部要严格执行物流绩效改进方案。 **工作标准** 物流绩效改进方案执行到位。
执行规范	
"物流绩效考核报告""物流绩效改进方案""物流绩效考核制度"。	

第 13 章 物流组织与绩效管理

13.6.1 物流绩效管理流程设计

主办部门	人力资源部	流程名称	物流绩效管理流程

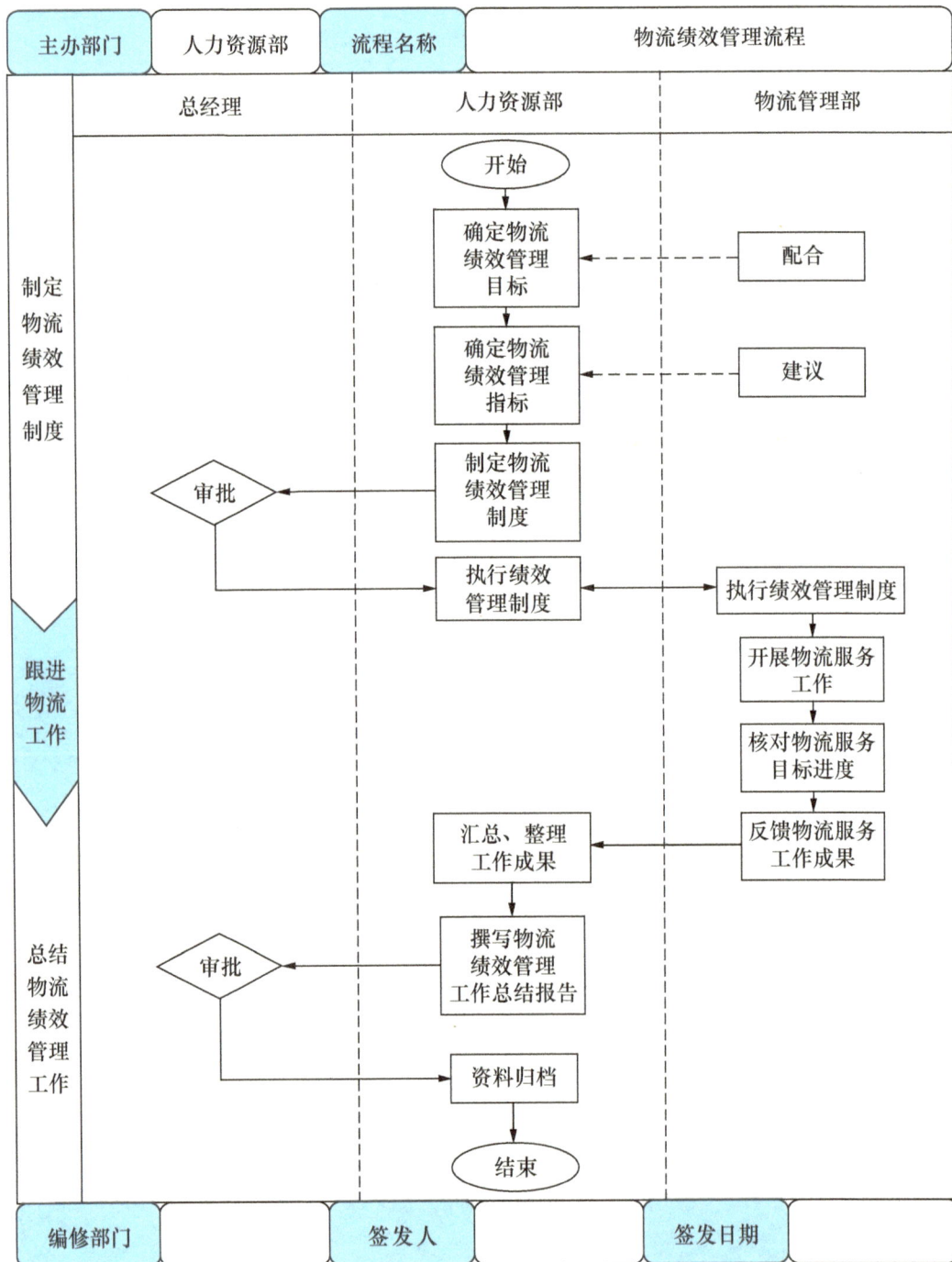

流程图：

总经理 / 人力资源部 / 物流管理部

- 制定物流绩效管理制度
  - 开始
  - 确定物流绩效管理目标 ← 配合
  - 确定物流绩效管理指标 ← 建议
  - 制定物流绩效管理制度
  - 审批（总经理）
- 跟进物流工作
  - 执行绩效管理制度 ← 执行绩效管理制度
  - 开展物流服务工作
  - 核对物流服务目标进度
  - 反馈物流服务工作成果
- 总结物流绩效管理工作
  - 汇总、整理工作成果
  - 撰写物流绩效管理工作总结报告
  - 审批（总经理）
  - 资料归档
  - 结束

编修部门		签发人		签发日期	

物流仓储配送管理 流程设计与工作标准

13.6.2　物流服务绩效管理执行程序、工作标准、考核指标、执行规范

任务名称	执行程序、工作标准与考核指标
制定物流绩效管理制度	**执 行 程 序** **1. 确定物流绩效管理目标** 　人力资源部应确定物流绩效管理目标。 **2. 确定物流服务绩效管理指标** 　确定物流绩效管理目标后，人力资源部据此确定物流绩效各方面的管理指标。 **3. 制定物流绩效管理制度** 　☆人力资源部根据本企业的物流业务实际情况，制定物流绩效管理制度，并将其提交总经理审批。 　☆物流绩效管理制度审批通过后，人力资源部组织执行该制度。 **工作重点** 　物流绩效管理制度的制定要符合企业规范。 **工 作 标 准** 制定物流绩效管理制度的目的是使物流服务工作有理可循、有章可依。 **考 核 指 标** 物流绩效管理制度应一次性审批通过。
跟进物流工作	**执 行 程 序** **1. 开展物流服务工作** 　物流管理部根据物流绩效管理制度的规定，开展物流服务工作。 **2. 核对物流服务目标进度** 　物流管理部应定期核对自身物流服务目标进度。 **3. 反馈物流服务工作成果** 　物流管理部应定期将物流服务工作成果反馈给人力资源部。 **工作重点** 　人力资源部应协助物流管理部做好绩效管理工作。 **工 作 标 准** 物流绩效管理制度执行到位。

任务名称	执行程序、工作标准与考核指标
总结物流绩效管理工作	**执 行 程 序** **1. 汇总、整理工作成果** 人力资源部应汇总、整理物流管理部的工作成果。 **2. 撰写物流绩效管理工作总结报告** 人力资源部应撰写物流绩效管理工作总结报告，并将其提交总经理审批。 **3. 资料归档** 物流绩效管理工作总结报告审批通过后，人力资源部应及时将物流绩效管理过程中产生的相关资料归档。 **工作重点** 物流绩效管理工作总结报告的撰写要规范。 **工 作 标 准** ☆质量标准：物流绩效管理工作成果分析过程客观严谨、数据真实有效。 ☆时间标准：人力资源部应在__个工作日内完成物流绩效管理工作总结报告的撰写工作。 **考 核 指 标** 物流绩效管理工作总结报告应一次性审批通过。
执 行 规 范	
"物流绩效管理制度""物流服务工作成果反馈表""物流绩效管理工作总结报告"。	